# Asia

## Kochschule

Terry Tan

Fotos von

Michael Paul, Sian Irvine, Peter Cassidy,
Gus Filgate und Richard Jung

# Asia Kochschule

DORLING KINDERSLEY

DORLING KINDERSLEY
London, New York, Melbourne, München und Delhi

Ich widme dieses Buch meinem Sohn Christopher Tan, auf den ich stolz bin, weil er als Koch, Kochbuchautor und echter »Foodie« in meine Fußstapfen getreten ist.

Für die deutsche Ausgabe
**Programmleitung** Monika Schlitzer
**Projektbetreuung** Elke Homburg
**Herstellungsleitung** Dorothee Whittaker
**Herstellung** Beate Fellner

Bibliografische Information Der Deutschen Bibliothek
Die Deutsche Bibliothek verzeichnet diese Publikation in der Deutschen Nationalbibliografie; detaillierte bibliografische Daten sind im Internet über http://dnb.ddb.de abrufbar.

Titel der englischen Originalausgabe:
ASIAN COOK

Der Originaltitel erschien in überarbeiteter und erweiterter Auflage 2010 in Großbritannien bei Jacqui Small LLP, ein Imprint von Aurum Press Limited, London.
Erstveröffentlichung bei Jaqui Small 2003.



**Gestaltung** Valerie Fong, Maggie Town, Ashley Western
**Foodstyling** Sunil Vijayakar, Terry Tan, Kit Chan, Emi Kazuko, Jayne Cross
**Requisite** Jenny Iggleden
**Lektorat** Siobhán O'Connor
**Herstellung** Peter Colley



**Übersetzung** Stephanie Schauenburg
**Redaktion** Carmen Söntgerath

ISBN 978-3-8310-1835-2

Printed and bound in Singapore

Besuchen Sie uns im Internet
www.dorlingkindersley.de

**HINWEISE ZU DEN REZEPTEN**

**Öl** Soweit nicht anders angegeben, wird ein Pflanzenöl mit neutralem Geschmack und möglichst hohem Rauchpunkt verwendet, etwa Erdnussöl, Rapsöl, Maiskeimöl, Sonnenblumenöl oder Färberdistelöl. Bei Olivenöl nur dann extra natives Öl verwenden, wenn dies ausdrücklich angegeben ist. **Eier** Gemeint sind Eier der Gewichtsklasse L. **Löffelmaße** Soweit nicht anders angegeben, sind gestrichene Löffel gemeint. **Zubereitungszeiten** Die Zeitangaben umfassen Vorbereitung und Garzeit, nicht jedoch Einweichen, Marinieren, Teigruhe etc.

# Inhalt


**6** Einführung

**8** Materialwahl

**10** China

**66** Japan und Korea

**120** Indien, Pakistan und Sri Lanka

**174** Thailand, Vietnam, Laos, Burma und Kambodscha

**232** Singapur, Malaysia und Indonesien

**278** Glossar der Zutaten

**282** Register

**286** Die Autoren

**288** Dank

# Einführung

**Im Westen stellt man sich eine asiatische Küche gern als einen Ort voller seltsamer und altmodischer Gerätschaften vor – Granitmörser, die so schwer sind, dass man einen Gabelstapler braucht, um sie zu bewegen, oder Woks, die schneller rosten, als man das Wort »pfannengerührt« aussprechen kann. Auch wenn manche asiatische Kochutensilien fraglos fremdartig wirken, sind sie aber in der Regel ganz einfach in der Handhabung. Einen Mörser mit Stößel beispielsweise kann jedes Kind bedienen. Kräuter und Gewürze verwandeln sich darin buchstäblich »im Handumdrehen« in glatte, aromatisch duftende Würzpasten.**

Es kann faszinierend und geradezu heilsam sein, mit traditionellen Utensilien zu arbeiten. Sie scheinen den Speisen eine geheimnisvolle zusätzliche Geschmacksdimension zu verleihen. Authentische Qualität gelingt nämlich bei vielen Gerichten auch in Zeiten des elektrischen Mixers nur mit den seit Jahrhunderten erprobten Gerätschaften. Die meisten sind so einfach zu benutzen, dass es keiner langen Erklärung bedarf – und je öfter man sie verwendet, desto besser kommt man damit zurecht. Manches spricht auch dafür, bestimmte Aufgaben mit speziell dafür entwickelten Utensilien zu erledigen. Die braucht man vielleicht nicht so oft, aber man kann sie an den nächsten vielversprechenden Koch in der Familie weitergeben.

Seit Generationen arbeiten asiatische Köche mit einer Vielzahl von Gerätschaften. In diesem Buch wollen wir sie vorstellen. Manche waren oder sind schon fast aus den modernen Küchen verschwunden, aber viele wurden auch weiterentwickelt, modernisiert und sogar in pfiffige Elektrogeräte umgewandelt. Den Großteil kann man in Asialäden kaufen oder über das Internet beziehen, anderes wiederum ist nur mit etwas Mühe aufzutreiben, aber ambitionierte Köche haben ja auch oft ihren Spaß daran, auf diese Weise die Küchen fremder Länder zu erkunden.

Geografisch umfasst das in diesem Buch vorgestellte Gebiet China, Indien, Pakistan und Sri Lanka, Japan und Korea, die Länder Indochinas, also Burma, Laos, Kambodscha, Thailand und Vietnam, sowie schließlich die Inseln des indonesischen Archipels mit dem benachbarten Malaysia und Singapur, also all jene Länder, die gemeinhin als Südostasien bezeichnet werden. Die Küche von Laos ist ebenso wie die kambodschanische bei uns noch ziemlich unbekannt, beide teilen aber manche kulinarische Traditionen mit ihren Nachbarländern. Anhand der Rezepte in diesem Buch können Sie die Gemeinsamkeiten und Unterschiede erkunden.

Auch wenn der heutige Lebensstil offenbar den Gebrauch von Hightech-Geräten erfordert: In asiatischen Küchen findet man nach wie vor eine Menge Dinge, die an das alte ländliche Leben erinnern – und das mit gutem Grund: Bananenblätter beispielsweise dienen nicht nur als Unterlage beim Dämpfen von Kokosreis, sie geben dem Gericht zudem eine ganz eigene Note. Auch thailändischer Klebreis bekommt mehr Geschmack, wenn er in einem traditionellen Korb aus getrockneten Bananenblättern serviert wird. Elektrogeräte mögen nützlich sein beim Zerkleinern von Zutaten, aber Geschwindigkeit ist nun mal nicht alles – gerade in der Küche! Wirklicher Genuss erfordert manchmal einen gewissen Aufwand. Das sekundengenaue Timing beim Pfannenrühren, die Glätte und Feinheit des Nudelteigs und das reiche, vielschichtige Aroma von Gewürzpasten – alles hängt davon ab, dass man die richtigen Utensilien hat und sie zu benutzen weiß. Die langen Wokstäbchen sind ein gutes Beispiel: Wenn man frittierte Happen mit einem normalen Schaumlöffel aus dem Fett holt, kann man sich leicht an spritzendem Öl verbrennen. Mit den richtigen Stäbchen und einer sicheren Hand dagegen besteht überhaupt keine Gefahr.

Manche der in diesem Buch vorgestellten Utensilien haben traditionell eine symbolische Bedeutung, die zu kennen die Freude an ihrem Gebrauch noch erhöht. Das Dekor japanischer Teller zum Beispiel spiegelt jahreszeitliche Stimmungen. In China dagegen bevorzugt man schlichte runde Formen, denn sie symbolisieren die Ewigkeit. Aber auch wenn Sie einfach nur Rezepte für Ihren Wok suchen oder ein Lieblingsessen aus dem Urlaub nachkochen wollen: Ich hoffe, dass Ihnen die Arbeit mit diesem Buch und den asiatischen Gerätschaften viel Freude macht.

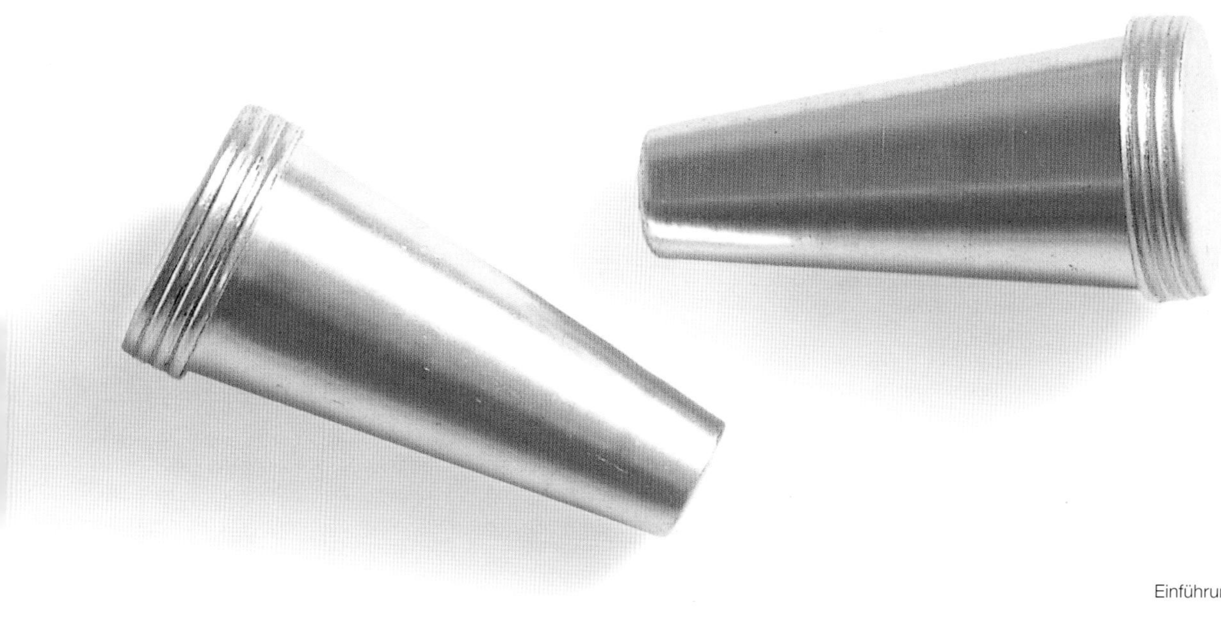

# Materialwahl

## Asiatische Kochutensilien werden aus unterschiedlichsten Materialien gefertigt. Hier erfahren Sie, was jeweils für oder gegen ein Material spricht, wie man es benutzt, pflegt, reinigt und aufbewahrt.

### ALUMINIUM

**Einsatzbereich** Töpfe, Dämpftöpfe und -einsätze, Speisebehälter, Vorratsdosen, Backformen, Kellen und Woks.

**Pro** Preiswert und leicht, leitet die Hitze gut und gleichmäßig, sofern es nicht zu dünn ist.

**Kontra** Reagiert mit säurehaltigen Lebensmitteln; kann sich selbst oder die Lebensmittel verfärben oder ihnen einen Metallgeschmack verleihen. Dünne Aluminiumutensilien verbeulen leicht und leiten die Hitze nicht gleichmäßig.

**Pflege** Mit warmem Wasser und Spülmittel auswaschen, falls nötig mit einem Scheuerschwamm behandeln. Flecken kann man auch durch Auskochen mit einer dünnen Essig-, Natron- oder Weinsteinlösung entfernen.

### ALUMINIUM, ELOXIERT

**Einsatzbereich** Wie Aluminium.

**Pro** Durch einen elektrochemischen Prozess wird das Aluminium mit einer dünnen Oxidschicht überzogen, die korrosionsbeständig ist. Dabei verändert sich die Molekularstruktur des Metalls. Es wird härter als Stahl, bewahrt dabei aber seine wärmeleitenden Eigenschaften.

**Kontra** Farbig eloxierte Aluminiumtöpfe verblassen durch die Wirkung von Spülmaschinenreinigern.

**Pflege** Mit warmem Wasser und Spülmittel auswaschen, aber keine Scheuerschwämme verwenden, da sie die Oberfläche beschädigen.

### BAMBUS

**Einsatzbereich** Küchenhelfer, Dämpfkörbe, Deckel und Grillspieße.

**Pro** Preiswert und leicht, reagiert nicht mit Lebensmitteln, seine poröse Struktur eignet sich gut zum Dämpfen.

**Kontra** Kann bei häufigem Gebrauch brüchig werden und ist nicht sehr langlebig, außerdem kann es sich bei unvorsichtiger Handhabung verbiegen oder ansengen.

**Pflege** Nur mit warmem Wasser abwaschen, da Bambus wie die meisten pflanzlichen Materialien porös ist und Spül- oder andere Reinigungsmittel absorbiert.

### BLÄTTER, FRISCH

**Einsatzbereich** Bananen-, Pandan-, Bambus und Jamsblätter werden zum Einwickeln und Aromatisieren von Lebensmitteln eingesetzt, insbesondere beim Dämpfen. In den tropischen Regionen Asiens dienen passend zurechtgeschnittene Bananenblätter auch zum Servieren von Speisen. Viele frische Blätter sind zwar aromatisch und ungiftig, zum Verzehr aber ungeeignet.

**Pro** Preiswert, leicht und unproblematisch in der Entsorgung; sie verleihen dem Essen zusätzliches Aroma und sorgen für eine natürliche, authentische Präsentation.

**Kontra** Frische Blätter sind empfindlich, sie reißen leicht und sind leicht verderblich. Manche sind daher nur in ihren Herkunftsländern erhältlich.

**Pflege** Gut verpackt an einem kühlen, trockenen Ort lagern, je nach Frische sind sie 3–4 Tage haltbar.

### BLÄTTER, GETROCKNET

**Einsatzbereich** Getrocknete Blätter, vor allem Bananen- und Lotosblätter, verwendet man als Umhüllung von herzhaften und süßen Gerichten, die dann gekocht oder gedämpft werden.

**Pro** Verströmen einen unverkennbaren Duft, sind gut gelagert lange haltbar, zudem preiswert und problemlos zu entsorgen.

**Kontra** Brechen und reißen bei unsanfter Behandlung.

**Pflege** An einem kühlen, trockenen Ort aufbewahren.

### EDELSTAHL

**Einsatzbereich** Töpfe, Pfannen, Woks, Kellen, Schöpflöffel und andere Küchenhelfer, Serviergeschirr, Vorratsbehälter, Messer und Küchenbeile.

**Pro** Zählt zu den härtesten und haltbarsten Materialien, ist rostfrei und hat einen entsprechend breiten Einsatzbereich. Edelstahl besticht durch einen makellosen Glanz, beste hygienische Eigenschaften und die Tatsache, dass er weder mit Lebensmitteln reagiert noch korrodiert oder verbeult. Der für Kochutensilien häufig verwendete 18/10-Edelstahl enthält 18 Prozent Nickel und 10 Prozent Chrom und ist speziell für hohe Temperaturen geeignet. Für Messer wird weniger Chrom eingesetzt, zusätzlich aber Karbon, was die Schneideeigenschaften verbessert.

**Kontra** Edelstahl leitet Hitze schlecht und nicht gleichmäßig, daher verfügen hochwertige Töpfe und Woks über einen speziellen Boden mit einem mindestens 5 Millimeter dicken Aluminium- oder einem 3 Millimeter dicken Kupferkern. Edelstahl ist auch nicht gänzlich unempfindlich gegen Flecken und Verfärbungen. Kalkhaltiges Wasser, Salzwasser, säurehaltige Flüssigkeiten und sogar einige Spülmittel können ihm zusetzen.

**Pflege** Mit warmem Wasser und Spülmittel reinigen und falls nötig einen milden Nylonscheuerschwamm verwenden, Bleich- und Scheuermittel meiden. Eingebrannte Essensreste einweichen, hartnäckige Flecken mit einem speziellen Edelstahlreinigungsmittel entfernen.

### GRANIT UND ANDERES GESTEIN

**Einsatzbereich** Findet heute fast nur noch bei Mörsern und Stößeln oder bei traditionellem Serviergeschirr wie dem koreanischen *bibimbap* Verwendung.

**Pro** Ist so gut wie unzerstörbar, es sei denn man lässt es aus einiger Höhe fallen. Ist unempfindlich gegen Flecken und reagiert nicht mit Lebensmitteln.

**Kontra** Schwer, unhandlich und schlecht zu reinigen.

**Pflege** Mit warmem Wasser und einem milden Spülmittel reinigen. Mörser mit Stahlwolle ausreiben und eine Stunde in heißem Wasser einweichen, um Rückstände und Gerüche zu entfernen.

### GUSSEISEN

**Einsatzbereich** Schmortöpfe, Pfannen, Grillpfannen, *teppanyaki*-Grills und Teekannen.

**Pro** Haltbar und stabil, leitet die Hitze gleichmäßig und speichert sie gut. Eignet sich bestens zum schonenen Garen mit wenig Fett.

**Kontra** Hohes Gewicht, also nur für Kochgefäße geeignet, die wenig bewegt werden müssen, wie Schmortöpfe. Wegen seiner hohen Dichte

heizt sich Gusseisen nur langsam auf. Es kann brechen, wenn es auf einen harten Boden fällt. Unbeschichtete Gusseisengefäße müssen gründlich eingeölt werden, sonst können sie Rost ansetzen.
**Pflege** Unbeschichtetes Gusseisen mit Küchenpapier ausreiben, eingebrannte Essensreste durch leichtes Scheuern unter fließendem warmem Wasser entfernen. Gründlich abtrocknen und vor dem Wegräumen mit etwas Öl einreiben. Auch vor jedem Gebrauch die Kochfläche etwas einfetten und ausreiben. Beschichtetes Gusseisen mit warmem Spülwasser auswaschen, jedoch nicht scheuern, sondern bei Bedarf längere Zeit einweichen.

### HOLZ

**Einsatzbereich** In Asien werden verschiedenste Hölzer verwendet, je nach Härte eignen sie sich für Schneidebretter, Tabletts, Schüsseln, Dämpfuntersätze, Stäbchen, Zangen, Model und Nudelhölzer.
**Pro** Haltbar, preiswert, reagiert nicht mit Säure.
**Kontra** Kann je nach Sorte schwer sein, verfärbt sich leicht im Kontakt mit bestimmten Lebensmitteln, vor allem mit Gewürzen.
**Pflege** Mit warmem Wasser waschen und sanft mit einer Spülbürste bearbeiten, insbesondere Formen mit tiefen Einbuchtungen. Schneidebretter bei Bedarf mit der Messerklinge abschaben.

### KERAMIK

**Einsatzbereich** Kochgeschirr, Kräutertöpfe, Mörser und Stößel.
**Pro** Reagiert nicht mit Lebensmitteln, ist preiswert, bewahrt Wärme und Feuchtigkeit gut. Eignet sich sehr gut zum langsamen Garen im Ofen, für den Gebrauch in der Mikrowelle, unter bestimmten Bedingungen auch zum sanften Köcheln auf dem Herd.
**Kontra** Nimmt bei plötzlichen und großen Temperaturschwankungen Schaden, sollte nicht mit offenen Flammen in Berührung kommen. Hochwertige Keramiktöpfe können zusammen mit einem Gasflammsieb oder einer Simmerplatte auch auf dem Gasherd verwendet werden.
**Pflege** Glasierte oder teilweise glasierte Gefäße mit warmem Wasser und Spülmittel auswaschen. Vollständig unglasierte Gefäße dagegen muss man in Salzwasser ausschrubben, da ihre offenporigen Wände fremde Aromen wie Seife aufnehmen und später an die Lebensmittel weitergeben.

### KOKOSNUSSHOLZ

**Einsatzbereich** Die harte Nussschale wird zu einer Vielzahl praktischer Utensilien verarbeitet, wie Schälchen, Kellen, Schöpflöffel, Bratenwender, Servier- und Salatbesteck.
**Pro** Reagiert nicht mit Lebensmitteln, ist preiswert, vielseitig und hat einen rustikalen Charme.
**Kontra** Ist bei uns nicht einfach aufzutreiben und bricht leicht. Im Kontakt mit Gewürzen kann es sich verfärben.
**Pflege** Mit warmem Wasser abwaschen. Hartnäckig anhaftende Essensreste kann man auch abschrubben, allerdings sollte man dabei kein Spülmittel verwenden, denn das Holz kann es aufnehmen und den Geschmack dann ans Essen abgeben.

### KORBWAREN

**Einsatzbereich** In Asien werden verschiedenste getrocknete Blätter und Fasern zu Korbwaren geflochten. So entstehen aus Pandan- oder Kokosblättern, Rattan und Bambus Körbe und Fächer unterschiedlicher Form und Größe.
**Pro** Sind in Form einfacher Haushaltswaren relativ günstig und eignen sich bestens zum Dämpfen und zum Servieren. Sofern nicht gewachst oder anderweitig beschichtet, reagieren Korbwaren nicht mit Lebensmitteln wie Öl oder Essig, allerdings dunkeln sie im Gebrauch nach.
**Kontra** Sind nicht unbegrenzt haltbar. Einzelne Streifen können sich aus dem Geflecht lösen, die Korbwaren können ihre Form verlieren.
**Pflege** Einfach abwaschen und trocknen, aber nicht grob handhaben.

### KUPFER

**Einsatzbereich** *Karahis*, Backformen, Drahtsiebe.
**Pro** Das Lieblingsmaterial westlicher Kochprofis ist in Asien wegen seines hohen Preises wenig verbreitet. Manche Utensilien sind mit Kupfer beschichtet, meist wird es aber nur für Drahtgeflecht verwendet. Rostet nicht und ist sehr haltbar.
**Kontra** Kostspielig und pflegebedürftig.
**Pflege** In warmem Wasser mit Spülmittel waschen, jedoch nicht scheuern. Hartnäckige Verschmutzungen in Essig einweichen. Nach dem Spülen mit einem weichen Tuch abtrocknen und polieren.

### LACKWAREN

**Einsatzbereich** Teller, Schälchen, *bentos*, Tabletts und Serviergeschirr.
**Pro** Dekorativ und leicht. Lackwaren speichern die Wärme, verfärben sich nicht und reagieren nicht mit Lebensmitteln.
**Kontra** Dürfen nicht erhitzt verwendet werden. Harte Schläge lassen die Lackoberfläche abspringen.
**Pflege** Mit warmem Wasser und Spülmittel säubern und mit einem weichen Tuch trocken reiben, damit die Oberfläche fleckenlos glänzt.

### MESSING

**Einsatzbereich** Backformen, Mörser und Stößel und *karahis*.
**Pro** Eine harte, nicht korrodierende und rostfreie Legierung aus Kupfer, und Zink mit anderen Metallen, die überdies dekorativ aussieht.
**Kontra** Die Objekte sind mitunter recht schwer.
**Pflege** Mit warmem Wasser und Spülmittel oder einem speziellen Reinigungsmittel säubern.

### PORZELLAN

**Einsatzbereich** Teller, Schüsseln, Löffel und Terrinen.
**Pro** Ist je nach Herstellung stabil oder fein. Schönheit und Funktionalität von chinesischem und japanischem Porzellan werden seit Jahrhunderten bewundert. Es hält die Wärme gut, erhitzt sich selbst aber nur langsam, reagiert nicht mit Lebensmitteln und kann (mit Ausnahme von Porzellan mit Metalldekor) auch in der Mikrowelle verwendet werden.
**Kontra** Hitzeempfindlich, zerbrechlich und je nach Glasur und Dekor aufwendig zu reinigen.
**Pflege** In warmem Wasser mit Spülmittel reinigen, Verkrustungen einweichen. Ist, falls nicht anders angegeben, auch spülmaschinenfest.

### TON UND TERRAKOTTA

**Einsatzbereich** Töpfe, Joghurttöpfe, Mörser und Stößel, Geschirr.
**Pro** Haben einen rustikalen Charme, reagieren nicht mit Lebensmitteln.
**Kontra** Sind leicht zerbrechlich, können nicht über offenen Flammen verwendet werden, sondern nur zum Garen über Kohlen oder im Ofen.
**Pflege** Ohne Spülmittel abwaschen, da die offene Struktur Flüssigkeiten aufnimmt. Sollte möglichst nicht ineinandergestapelt aufbewahrt werden, weil die Gefäße leicht springen.

# China

»Wenn es nur eine einzige Note gäbe, so entstünde keine Musik. Wenn es nur einen einzigen Geschmack gäbe, so ermöglichte er keine Befriedigung. Wenn man dagegen Zucker mit Essig vermischt, so entsteht eine universelle Harmonie aus süß und sauer.« Diese Weisheit von Yen Tzu, einem Schüler des Konfuzius (um 500 v. Chr.), ist ein Schlüssel zum Verständnis der chinesischen Küche.

1
2
3
4
5

# China und seine Regionen

**China ist ein riesiges Land mit einer enormen geografischen und klimatischen Vielfalt. Ebenso vielfältig ist seine Küche, zumal sie sich in einer über 3000-jährigen, wechselhaften Geschichte ständig weiterentwickelt hat. Bis heute befruchten sich Tradition und kulinarische Neuerungen gegenseitig.**

Etwa 80 Prozent der 1,6 Milliarden Chinesen leben auch heute noch als Bauern auf dem Land. Sie haben gelernt, wie man den knappen fruchtbaren Flächen reiche Ernten abgewinnen kann. Die jahrhundertealten Reisterrassen trocknen selbst während der Dürreperioden nicht aus. Und noch im Zeitalter des Kühlschranks schätzen die Chinesen frische Lebensmittel so sehr, dass sie notfalls mehrmals täglich einkaufen gehen.

Die kulinarischen Traditionen in den einzelnen Landesteilen unterscheiden sich stark voneinander. Innerhalb der geografischen Grenzen der nördlichen, östlichen, südlichen und westlichen Provinzen haben sich Regionalküchen herausgebildet, die aber eher unter den Namen Peking-, Schanghai- (bzw. Fujian-), Kanton- und Sichuanküche bekannt sind. Sie alle wurzeln in lokalen Traditionen. Daneben gibt es weniger bekannte Regionalküchen wie die muslimische Schule in Nordostchina, die Küchen von Hunan, der Insel Hainan und diversen kleineren Regionen innerhalb der südchinesischen Provinz Guangdong. Auch Hongkong hat, obwohl es zu Südchina gehört, seinen ganz eigenen Stil entwickelt.

Im Norden Chinas liegt die Hauptstadt des Landes, deren Name sich im Lauf von über 2500 Jahren und unter vielen wechselnden Dynastien nicht weniger als achtmal geändert hat: Aus Ji wurde nacheinander Yenking, Chungtu, Tatu, Kanbalyk, Peking, Beiping und schließlich Beijing. Harte Winter, kurze Wachstumsperioden und ein trockenes Klima haben hier eine herzhafte Küche entstehen lassen, die den Körper nährt und kräftigt. Grundnahrungsmittel sind Weizen, Hirse und Sojabohnen. Da Reis in Nordchina schlecht gedeiht, spielt er in der Küche dieser Region kaum eine Rolle. Man schätzt dagegen gedämpfte Klöße aus Weizenmehl oder Nudeln.

Die Pekingküche gilt als die anspruchsvollste unter den Regionalküchen, und das obwohl sie eher deftig ist und mit einfachen Zutaten arbeitet. Ihr wichtigstes Merkmal ist der üppige Gebrauch von Sojabohnenpaste, die auch die Grundlage vieler bekannter Würzsaucen ist, wie der Hoisin-Sauce und der gelben Bohnenpaste. Kulinarische Einflüsse kommen eher aus dem riesigen zentralasiatischen Hinterland als von der Küste im Osten. Es gibt viel Lamm und Ente, es wird gebraten, geschmort und gegrillt. Bestes Beispiel dafür ist die weltberühmte Pekingente – für die Chinesen eine Art Nationalheiligtum.

Der Jangtse oder Changjiang ist Chinas längster Fluss und nach Amazonas und Nil der drittlängste Strom der Erde. Er entspringt hoch oben in den tibetischen Bergen auf einem Plateau in der Provinz Qinghai, fließt im Westen durch Sichuan und mündet schließlich nördlich von Schanghai in das Ostchinesische Meer. Entlang des Flusses ist Ostchina durchzogen von einem ausgedehnten Netz an Seen und Nebenflüssen, das macht die Region zu einer der fruchtbarsten des Landes. Gerste, Weizen, Reis, Mais, Süß-

**LINKS** **1** Pak Choi **2** Chinesischer Brokkoli **3** Zuckerschoten **4** Frühlingszwiebeln **5** Mungbohnensprossen
**UNTEN** **1** Glasnudeln **2** Reisnudeln **3** Eiernudeln **4** Reis **5** Eiernudelteig (z. B. für Teigtaschen) **6** Reisteigblätter (z. B. für Frühlingsrollen)

kartoffeln, Erdnüsse und Sojabohnen gedeihen hier in Hülle und Fülle. Zwar gibt es verschiedene Regionalküchen, aber sie alle betonen den natürlichen Geschmack frischer Zutaten. Die pfannengerührten Gerichte Ostchinas sind schlicht und nur mit Sojasauce und Pfeffer gewürzt. Die Blätter der in den zahlreichen Gewässern üppig wachsenden Lotospflanze benutzt man, um darin eingewickelt verschiedenste Köstlichkeiten zu dämpfen.

In den Bergen der warmen südlichen Ausläufer Ostchinas liegen viele Teeplantagen. Fujian ist die wohl bekannteste chinesische Teeprovinz. Der Handel mit den kostbaren Blättern brachte ihren Bewohnern schon im frühen 19. Jahrhundert einigen Wohlstand. Dadurch entstand hier eine gehobene Küche. Besonders beliebt ist Schweinefleisch, selbst die Innereien verwertet man auf äußerst kreative Weise, eine Spezialität ist gedämpftes Schweineblut. Aber dank ausgedehnter Küsten, Fluss- und Seelandschaften sind auch Fisch und Meeresfrüchte typisch für die Küche der Region.

Die Provinz Sichuan im Westen des Landes genießt nicht nur wegen des nach ihr benannten Sichuanpfeffers den Ruf, eine besonders feurige Küche zu pflegen. Doch bei Weitem nicht alles hier ist scharf. Gerade unter den Festtagsspeisen gibt es etliche, denen sogar jegliches Feuer abgeht. Der Zweck der Schärfe ist es auch nicht, die Zunge in Brand zu setzen, sondern den Gaumen zu reizen und ihn empfänglich zu machen für die Vielfalt an Aromen. Manche Saucen der Sichuanküche verbinden scharfe, süße, saure und würzige Nuancen. So gelingen – bisweilen auch jenseits der kulinarischen Tradition – brillante Kompositionen. Die Vielfalt ist köstlich, sie reicht von feinen Jadegarnelen und feurig gewürzten Nierchen *(huo bao yao hua)* über das beliebte süß-saure Schweinefleisch *(suan tien zhou rou)*, aromatische, knusprig gebratene Ente bis hin zu scharf-saurer Suppe *(suan la rou si tang)*. Um den Geschmackssinn auf diese Köstlichkeiten vorzubereiten, serviert man zu Beginn eines typischen Festmahls in Sichuan eine Auswahl kalter Gerichte.

Der Name Sichuan bedeutet »vier Flüsse«, dennoch gibt es hier mehr als doppelt so viele große Wasserläufe. Sie alle sind Nebenflüsse des mächtigen Jangtse. Es ist eine Region der fruchtbaren Böden und ausgiebigen Niederschläge, der glühend heißen Sommer und milden Winter. Das lässt eine Vielzahl von Pflanzen gedeihen, sogar Orangen, Limetten, Äpfel, Pflaumen und Lychees. Auch der Tee aus Sichuan ist zu Recht berühmt, besonders der aus dem westlichen Seengebiet. Die renommierteste Sorte heißt *lung ching* oder »Drachenbrunnen«. Er wird bis heute vorwiegend in Handarbeit geerntet und gilt als bester Grüntee der Welt.

Die südliche Provinz Guangdong war früher mit dem heute autonomen Gebiet Guangxi verbunden. Im Schatten der Berge gelegen, wird die Region von drei Nebenflüssen des Jangtse durchzogen, der bekannteste unter ihnen ist der Perlfluss. Zwar dominiert der Reisanbau die Landwirtschaft, aber auch Erdnüsse, Kokospalmen, Ananas, Zuckerrohr, Tee, Kaffee, Tabak und Kautschukbäume gedeihen hier prächtig. Schon vor dem 15. Jahrhundert gab es einen regen Handel mit Indern, Persern und arabischen Kaufleuten. In späterer Zeit lagen die Schiffe portugiesischer, britischer, holländischer und französischer Handelsfirmen in den Häfen.

Der Zauber der meist als kantonesisch bezeichneten Küche dieser Region liegt in der Beschaffenheit der Gerichte: Die Zubereitung der Zutaten wird auf ein Minimum beschränkt, denn Ziel ist es, Biss und Feinheit zu erhalten. Noch charakteristischer ist der Geschmack der kantonesischen Küche. Zwar sollen die natürlichen Aromen nicht verfälscht werden, aber häufig lässt man auch bei Fleischgerichten einen typischen Meeresfrüchtegeschmack einfließen, zum Beispiel durch die Verwendung von Austern- oder Garnelensauce. Fermentierte schwarze Bohnen *(douchi)* verleihen vielen Rezepten ihren unverkennbaren, markanten Geschmack, während Ingwer einer fischigen Note entgegenwirkt und Knoblauch zusätzliches Aroma schenkt.

Die ehemalige britische Kolonie Hongkong war viele Jahre lang vom Hinterland abgeschnitten, bis sie 1997 wieder unter chinesische Herrschaft kam. Damals wie heute ist die Stadt ein Magnet für Reisende und Geschäftsleute aus aller Welt. Die Nachfrage nach einem hochwertigen kulinarischen Angebot zwingt die Küchenchefs, ihren Einfallsreichtum unter Beweis zu stellen und hohe berufliche Standards zu pflegen. Heute genießt Hongkong den Ruf, über eine wegweisende Spitzengastronomie zu verfügen, weswegen chinesische Restaurants auf der ganzen Welt sich gerne mit dem Prädikat »Hongkong Style« schmücken. Dahinter verbirgt sich eine kantonesische Küche mit besonders raffinierten Akzenten. Die Gastronomen der Stadt rühmen sich, nicht einfach das Beste der Kantonküche in Neuauflage anzubieten, sondern diese Tradition selbstbewusst zu einem ebenso glanzvollen wie unverwechselbaren kulinarischen Hongkong-Stil zu verfeinern.

**RECHTS** **1** Dunkle Sojasauce **2** Austernsauce **3** Bambussprossen **4** fermentierte schwarze Bohnen *(douchi)* **5** helle Sojasauce **6** Hoisin-Sauce **7** Sesamöl **8** Fünf-Gewürze-Pulver **9** Sichuanpfeffer **10** Wasserkastanien **11** helle Sesamsamen **12** frischer Ingwer **13** getrocknete chinesische Pilze

1
2
3
4
5
6
7
8
9
10
11
12
13

# Küchenbeil und Schneidebrett

Das typische chinesische Schneidewerkzeug, das Küchenbeil, mag auf den ersten Blick martialisch erscheinen, es lässt sich aber überraschend leicht handhaben. Seine Vielseitigkeit beim Schälen, Hacken, Zerdrücken, Fleischklopfen und als Spatel macht eine Kollektion verschiedener Messer überflüssig. Bei guter Pflege hält ein Küchenbeil ewig. In China und vielen anderen asiatischen Ländern wird es von Generation zu Generation weitergegeben – ein Sinnbild des kulinarischen Erbes.

1

2

3

4

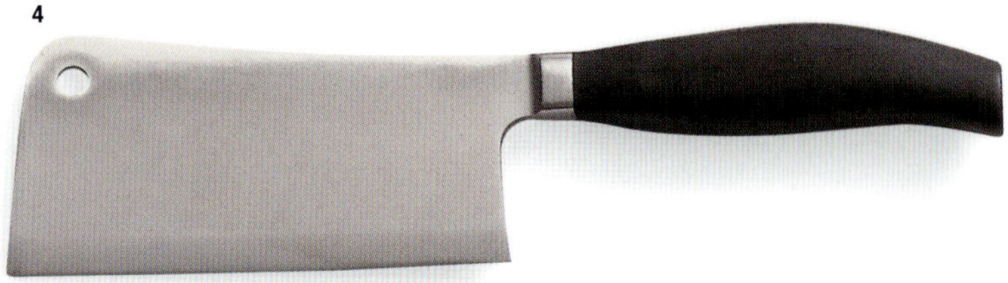

**[1] SCHNEIDEBRETT**
Das traditionelle chinesische Schneidebrett besteht aus einer massiven Scheibe Hartholz. Weder die aus Einzelstücken zusammengeleimten Schneidebretter, die im Westen üblich sind, noch Unterlagen aus synthetischem Material könnten den wilden Hieben eines Küchenbeils lange standhalten, massives Holz dagegen nimmt sie hin, ohne zu splittern. Die Reinigung kann allerdings problematisch sein. Um Nahrungsmittelreste zu entfernen und die Keimbildung zu verhindern, schaben chinesische Köche das Brett mit dem Küchenbeil ab. Dadurch wird es mit der Zeit uneben.

**[2] [3] [4] KÜCHENBEILE**
Ein Küchenbeil ist rasiermesserscharf geschliffen und recht schwer. Locker geschwungen besitzt es die nötige Durchschlagkraft, um Sehnen und sogar Knochen zu durchtrennen. Küchenbeile unterscheiden sich in Größe, Gewicht und Material. So können die Griffe aus Holz oder Kunststoff oder in einem Stück mit der Klinge geschmiedet sein. Moderne Edelstahlbeile sehen zwar eindrucksvoll aus, sie werden aber – genau wie die altmodischen Eisenbeile aus chinesischen Supermärkten – schnell stumpf und müssen oft nachgeschliffen werden. Die beste Wahl ist Karbonstahl. Damit sich solch ein Küchenbeil nicht verfärbt, sollte man es nach jedem Gebrauch abwischen. Ein dünner Film aus Pflanzenöl beugt Rost vor.

# Grundtechniken für das Küchenbeil

**Schälen** Fixieren Sie ein Stück Wurzelgemüse mit den Fingerspitzen. Setzen sie die Klinge des Beils zwischen Schale und Fleisch an, und führen Sie sie so, dass ein Streifen der Schale bis zum Ende abgetrennt wird. Dann drehen Sie das Gemüse und fahren mit dem nächsten Streifen fort.

**Fleisch klopfen** Drehen Sie das Küchenbeil um, sodass sein stumpfer Rücken nach unten zeigt. Klopfen sie das gesamte Fleischstück von beiden Seiten gleichmäßig mit kräftigen Schlägen. Danach sollte das Fleisch leicht gerillt und etwa 20 Prozent größer und flacher sein als zuvor.

**Schaufeln** Halten Sie das Küchenbeil relativ flach, die Klinge zeigt nach unten. Lassen Sie das Blatt des Beils in einer raschen Bewegung unter die vorbereiteten Lebensmittel gleiten, und befördern Sie sie mithilfe des Beils auf einen Teller, in eine Schüssel oder den Wok. Wenn nötig, helfen Sie mit der freien Hand nach.

**Hacken** Halten Sie ein Pak-Choi-Blatt locker mit einer Hand. Das Küchenbeil wird am Übergang zwischen Blatt und Stiel angesetzt, wobei das Beil mit seiner Seite leicht schräg gegen die Haltehand lehnt. Dann das Beil herunterdrücken und den Stiel mit einem sauberen Schnitt abtrennen.

**Schneiden** Um feste Zutaten wie Ingwer in feine Streifen (Julienne) zu schneiden, schälen Sie die Wurzel zunächst. Dann schneiden Sie sie in feine Scheiben, wobei Sie das ursprüngliche Stück möglichst zusammenhalten. Zum Schluss werden mehrere Scheiben übereinandergelegt und in feine Streifen zerteilt.

**Zerdrücken** Knoblauchzehen lassen sich mit dem Blatt des Küchenbeils mühelos zerdrücken, dabei löst sich gleichzeitig die Schale. Drücken Sie dazu mit der Hand nahe der stumpfen Seite auf das flach gehaltene Beil. Der Vorteil dieser Technik gegenüber dem Hacken liegt darin, dass kaum Saft verloren geht.

# Der Wok und sein Zubehör

Im Lauf seiner sagenumwobenen 3000-jährigen Geschichte hat der Wok seine typische Form nie geändert. Seit das Pfannenrühren als gesunde Art des Kochens auch im Westen in Mode gekommen ist, hat der Wok Einzug in viele Profiküchen gehalten. Aber auch aus dem Privathaushalt ist er nicht mehr wegzudenken. Er dient zum Braten, Frittieren, Dämpfen, Schmoren und Kochen – einer für alles! Dank seiner besonderen Form konzentriert sich die Hitze im Boden des Woks, während sie an den Wänden schwächer ist. Das sind die idealen Voraussetzungen für das Pfannenrühren, wie sie keine Bratpfanne bieten kann. Damit Sie alle Vorzüge des Woks nutzen können, sollten Sie sich unbedingt auch mit dem Zubehör vertraut machen.

**[1] [3] WOKS**
Heute gibt es Woks in vielerlei Größen und Ausführungen. Die besten sind aus schwerem Gusseisen gefertigt. Vor dem ersten Gebrauch muss man sie mit Öl füllen, einmal gründlich erhitzen und dann entleeren und trocknen. Modelle aus leicht rostendem Metall schrubbt man vor dem Kochen mit Stahlwolle. Beschichtete Woks eignen sich zum Pfannenrühren nicht so gut, denn die Kelle zerkratzt die empfindliche Oberfläche nur allzu leicht. Edelstahl dagegen hat den Nachteil, dass er die Hitze so gut leitet, dass leicht etwas anbrennt. Auch elektrische Woks sind zum Pfannenrühren ungünstig, denn sie heizen meist nicht stark genug oder unregelmäßig. Zum Schmoren und Dämpfen dagegen sind sie empfehlenswert. Ob Sie sich für ein Modell mit Griff oder zwei Henkeln entscheiden, ist Geschmackssache. Profiköche bevorzugen einen Griff, denn damit lässt sich der Wok mit einer Hand schwenken, während man gleichzeitig mit der Kelle rührt.

**[2] DECKEL**
Einen Deckel benötigt man zum Schmoren, Dämpfen und Räuchern. Aber auch beim Pfannenrühren kann er hilfreich sein, denn der Dampf im geschlossenen Wok beschleunigt den Garprozess.

**[4] HALTERUNG**
Der gewölbte Boden des Woks findet auf Gasherden keinen guten Halt. Darum gibt es ringförmige Halterungen, die mit vier Haken auf dem Herdgitter fixiert werden. Das gibt dem Wok einen stabilen Stand und verhindert, dass er kippt.

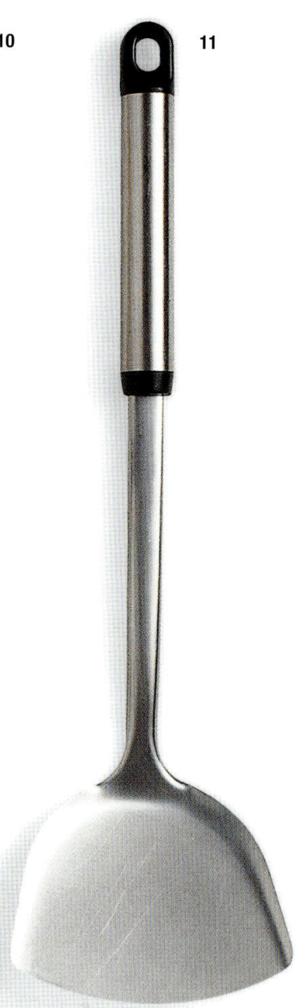


**[5] [7] ABTROPFGITTER**

Es gibt Gitter aus Bambus oder Metall. An kleinen Haken am Rand des Woks eingehängt, dienen sie zum Beispiel dazu, frittierte Frühlingsrollen abtropfen zu lassen.

**[6] DÄMPFUNTERSATZ**

Traditionell besteht er aus Bambus, heute aber oft auch aus Metall. Das Gitter wird einfach in den Wok gelegt. Darauf stellt man auf einem Teller oder in einer Schüssel das Dämpfgut, während darunter das Wasser kocht.

**[8] [9] BAMBUSBESEN**

Diese Urahnen der modernen Spülbürste sind nichts anderes als feine Bambus- oder Holzstreifen, akkurat zu handlichen Bündeln verschiedener Größe zusammengefasst. Damit lassen sich problemlos auch hartnäckigste Verschmutzungen und eingebrannte Speisereste lösen.

**[10] WOKSTÄBCHEN**

Mit den bis zu 45 Zentimeter langen Wokstäbchen kann man Nudeln und frittierte Zutaten im und aus dem Wok bewegen. So bewahren Ihre Hände einen sicheren Abstand zum heißen Fett. Das Bändchen am oberen Ende hilft bei der Handhabung.

**[11] KELLE**

Das schaufelartige Design von Wokkellen ist perfekt ausgeklügelt: Ihre Größe und Form entspricht exakt dem Boden des Woks. So kann man beim Pfannenrühren mit einer Handbewegung fast den gesamten Inhalt wenden, wobei dank der hochgezogenen Kanten nichts verschüttet wird. Die Neigung zwischen Stiel und Kelle erhöht den ergonomischen Komfort zusätzlich. Wokkellen sind traditionell aus Metall mit Holzgriff oder in einem Stück aus rostfreien Metalllegierungen gefertigt. Heute gibt es auch schicke Modelle aus Edelstahl und Holz oder durchlöcherte Kellen, die als Schaumlöffel dienen.

# Grundtechnik für das Pfannenrühren

**Das klassische Wokrezept für Pak Choi bietet eine gute Gelegenheit, um die Technik des Pfannenrührens zu erklären. Die drei wichtigsten Punkte lauten: alle Zutaten im Voraus putzen und zerkleinern, das Öl richtig stark erhitzen und den Inhalt des Woks unablässig in Bewegung halten.**

**1. Schritt** Die harten Stielenden von 200 g Pak Choi abtrennen, den Rest in 5 cm große Stücke schneiden. Ein kleines Stück Ingwerwurzel schälen und in feine Streifen schneiden (sollte 1 EL Ingwerstreifen ergeben). 2 EL Öl (am besten Erdnussöl) im Wok sehr stark erhitzen. Den Ingwer darin mit der Wokkelle so lange rühren, bis er leicht gebräunt ist.

**2. Schritt** Die festen weißen Teile des Pak Choi dazugeben und bei großer Hitze 2 Minuten pfannenrühren. Pfannenrühren bedeutet, dass man das Gemüse mit der Kelle vom heißen Wokboden aufnimmt und zu den Seiten schleudert. Diese rasche, ununterbrochene Bewegung garantiert, dass die Zutaten gleichmäßig garen und dabei schön knackig bleiben.

**3. Schritt** Die grünen Teile des Pak Choi und danach 1 EL Austernsauce sowie 100 ml Wasser dazugeben. So lange weiter pfannenrühren, bis die Flüssigkeit lebhaft zu kochen beginnt. Dann den gesamten Inhalt des Woks auf eine Platte geben. Das geht dank der schrägen Wand des Woks ganz einfach. Sofort servieren.

# Einfache Rezepte für pfannengerührtes Gemüse

## Chinesische Pilze mit Bambussprossen

6 getrocknete chinesische Pilze mit heißem Wasser bedeckt einweichen. Danach behutsam ausdrücken, die Stiele abschneiden, die Hüte in vier Stück schneiden. 6 Strohpilze vorbereiten. 100 g Bambussprossen in 1 cm breite Streifen schneiden. 2 EL Öl (z. B. Erdnussöl) im Wok stark erhitzen. 1 EL zerdrückten Knoblauch darin 1 Minute pfannenrühren. Die Bambussprossen dazugeben und weitere 2 Minuten rühren. Danach die Pilze hinzufügen und nochmals 1 Minute rühren. Mit 2 EL Sesamöl, 1 EL heller Sojasauce und 1 TL frisch gemahlenem schwarzen Pfeffer würzen. 100 ml Wasser mit 1 TL Stärke verrühren und zusammen mit 2 EL Reiswein (z. B. Shaoxing) in den Wok gießen. Unter Rühren kurz aufkochen und andicken lassen. Sofort servieren.

## Vierfache Harmonie Sichuan-Art

1 große Möhre diagonal in Scheiben schneiden und 2 Minuten in kochendem Wasser blanchieren. 1 gelbe Paprikaschote aufschneiden, Stielansatz, Samen und Scheidewände entfernen, den Rest in ähnlich große Stücke schneiden wie die Möhre.
1 große rote Zwiebel vierteln. Bei großer Hitze 1 EL zerdrückten Knoblauch mit 1 TL zerdrücktem Ingwer in 2 EL Öl (z. B. Erdnussöl) 1 Minute pfannenrühren. 1 EL Sesamöl und die Zwiebel dazugeben und weitere 2 Minuten rühren. Möhre, Paprika, 16 Zuckerschoten und 1 EL helle Sojasauce hinzufügen und nochmals 2 Minuten rühren. 100 ml Wasser mit 2 TL Stärke verrühren und gemeinsam mit 2 EL chinesischem Reiswein (z. B. Shaoxing) dazugießen. Unter Rühren kurz aufkochen und servieren, sobald die Sauce andickt.

## Stangensellerie mit Strohpilzen

Strunk und Blätter von 1 Kopf Stangensellerie entfernen. Die Stangen in 5 cm lange Stücke (und dann nach Belieben in feine Stifte) schneiden. 150 g Strohpilze aus der Dose abspülen und abtropfen lassen. 2 EL Öl (z. B. Erdnussöl) im Wok stark erhitzen. Den Sellerie darin je nach Größe der Stücke 1–2 Minuten pfannenrühren. Die Pilze dazugeben und weitere 2 Minuten rühren. 1 TL Salz und 2 EL Wasser hinzufügen und so lange unablässig pfannenrühren, bis die Flüssigkeit lebhaft kocht. Sofort servieren.

## Bohnensprossen mit Frühlingszwiebeln

350 g Bohnensprossen in ein Sieb geben, abspülen und gründlich abtropfen lassen. 2 große grüne Chilischoten aufschneiden, Stiele und Samen entfernen, den Rest in feine Streifen schneiden. 4 Frühlingszwiebeln putzen und in 5 cm lange Stücke schneiden. 2 EL Öl (z. B. Erdnussöl) im Wok stark erhitzen. Die Frühlingszwiebeln darin 30 Sekunden bewegen. Bohnensprossen und Chili dazugeben und 1 Minute pfannenrühren. 1 TL Salz darüberstreuen und nochmals 30 Sekunden rühren. Dann sofort servieren.

# Gebratener Reis Yangzhou-Art

Gebratener Reis ist das wohl am weitesten verbreitete chinesische Gericht. In verschiedener Gestalt – von schlicht bis raffiniert – begegnet es uns auf der ganzen Welt, meist unter der englischen Bezeichnung *fried rice*. Entstanden ist es eigentlich aus dem einfachen Wunsch heraus, Reste vom Vortag zu verwerten. Unser klassisches Rezept mit gebratenem Schweinefleisch und saftigen Garnelen stammt aus der südlichen Provinz Yangzhou.

FÜR 4 PERSONEN ZUBEREITUNGSZEIT: 20 MINUTEN

**KOCHUTENSILIEN**

Küchenbeil
Schneidebrett
Wok und Kelle

**ZUTATEN**

800 g gegarter Reis, abgekühlt
100 g rohe Garnelen
2 EL Erdnussöl
2 Frühlingszwiebeln, gehackt
3 Eier
150 g gebratenes Schweinefleisch oder Kochschinken, gewürfelt
100 g gegartes weißes Krebsfleisch
2 EL Tiefkühlerbsen
2 EL helle Sojasauce
1 TL frisch gemahlener schwarzer Pfeffer

**1** Den kalten Reis mit einer Gabel gründlich auflockern. (Am besten eignet sich Reis vom Vortag, schnell abgekühlt und im Kühlschrank aufbewahrt.) Die Garnelen schälen, die Därme entfernen. Dazu das Fleisch am Rücken einschneiden.

**2** Das Öl im Wok stark erhitzen. Die Frühlingszwiebeln darin 1 Minute anbraten, dann an den Rand schieben. Die Eier aufschlagen und garen, bis sie gestockt sind, grob zerteilen und herausnehmen.

**3** Reis, Garnelen, Schweinefleisch oder Schinken und Krebsfleisch in den Wok geben. 3 Minuten lang kräftig pfannenrühren, bis die Garnelen sich rosa verfärbt haben. Gefrorene Erbsen, Eier, Sojasauce und Pfeffer hinzufügen. Weitere 3 Minuten pfannenrühren und das Gericht heiß servieren.

# Grundtechniken für den Wok

Die Vielseitigkeit des Woks macht den Kauf vieler verschiedener Kochgefäße überflüssig, dennoch ist es hilfreich, zwei Woks zur Verfügung zu haben, einen mit 25 und einen zweiten mit 35 Zentimetern Durchmesser. Der große eignet sich besser zum Dämpfen und Räuchern, der kleine zum Frittieren und Schmoren. Ineinandergestellt nehmen sie im Küchenschrank gar nicht so viel Platz ein.

1

2

3

**1 Frittieren** Dank der besonderen Form des Woks braucht man dazu wesentlich weniger Öl als in einer Fritteuse. Grundsätzlich sollten Sie zum Frittieren und Pfannenrühren immer ein Öl mit hohem Rauchpunkt verwenden, z. B. Erdnussöl, Rapsöl oder raffiniertes Olivenöl (nicht nativ extra). Füllen Sie den Wok zu einem Drittel mit Öl. Ist das Fett heiß genug, frittiert man die Stücke portionsweise. Beim Herausnehmen hält man sie leicht schräg, damit überschüssiges Öl gut abfließen kann. Auf dem am Rand des Woks eingehängten Gitter können sie vollständig abtropfen.

**2 Dämpfen** Geht im Wok denkbar einfach: Legen Sie die Zutaten auf einen Teller, den sie auf dem Dämpfuntersatz platzieren. Der Teller sollte groß genug sein, um stabil zu stehen, aber nicht anstoßen, sodass man ihn ohne Probleme wieder herausnehmen kann. Füllen Sie den Wok mit so viel Wasser, dass es auch kochend den Teller nicht berührt. Dann legen Sie den Deckel auf und lassen den Wasserdampf im Wok zirkulieren. Eine Alternative zu Untersatz und Teller sind Bambuskörbe in passender Größe.

**3 Räuchern mit Tee** Eine sanfte und fein aromatisierende Garmethode für zarte Stücke von Fisch, Fleisch oder Geflügel. Füllen Sie den Wok zu einem Drittel mit rohem Reis und einigen Handvoll Gerstenkörnern. Darüber streuen Sie 1 EL Grün- oder Schwarzteeblätter, allerdings keine aromatisierten Sorten. Das Räuchergut wird fest in eine doppelte Schicht Alufolie gewickelt und direkt auf die Körner gelegt. Im geschlossenen Wok räuchert man auf kleiner Flamme etwa 1 Stunde. Für die letzten 30 Minuten öffnet man das Folienpäckchen.

**4 Schmoren** Dabei werden die Zutaten kurz angebraten und köcheln dann sanft und langsam im geschlossenen Wok. Der dabei entstehende aromatische Fond sollte das Schmorgut nur knapp bedecken. Man muss allerdings in regelmäßigen Abständen etwas Flüssigkeit nachfüllen, um die beim Schmoren verdampfte zu ersetzen. Zum Schluss nimmt man das Schmorgut heraus und kocht den Fond zur Sauce ein.

4

# FUCHSIA DUNLOP In Chilisauce geschmorter Fisch

Die aus Großbritannien stammende Radio- und Fernsehjournalistin Fuchsia Dunlop spricht fließend Mandarin und hat in Chengdu eine Ausbildung zur Köchin absolviert. Dieses auf Chinesisch *dou ban xian yu* genannte Gericht ist ein gutes Beispiel für die scharfen Rezepte Sichuans.

FÜR 4 PERSONEN ZUBEREITUNGSZEIT: 30 MINUTEN

**KOCHUTENSILIEN**
Küchenbeil
Schneidebrett
Wok und Kelle

**ZUTATEN**
1 ganzer Fisch (Karpfen, Forelle oder Meeräsche), ca. 750 g
160 ml Erdnussöl
**für die Marinade**
¾ TL Salz
1–2 EL Shaoxing (Reiswein)
**für die Sauce**
4 EL scharfe Bohnenpaste *(Sichuan chili bean paste)*
1 EL fein gehackter Ingwer
1 EL fein gehackter Knoblauch
300 ml Hühnerbrühe
1 TL Zucker
1–2 TL helle Sojasauce
¾ TL Kartoffelstärke
½ TL Chinkiang (Reisessig)
3 Frühlingszwiebeln, nur die grünen Teile, in Ringe geschnitten

**1** Mit dem Küchenbeil vier bis fünf flache, diagonale Schnitte in die Flanken des Fisches schneiden. Auch den Kopf einstechen (dadurch werden aromatische Säfte frei). Innen- und Außenseite des Fisches auf einem großen Teller mit Salz und Reiswein einreiben. Marinieren lassen, während die übrigen Zutaten vorbereitet werden.

**2** Im Wok 100 ml Öl so stark erhitzen, dass es raucht. Den Fisch mit Küchenpapier trocken tupfen und kurz von beiden Seiten anbraten, sodass seine Haut knusprig wird. Herausnehmen und beiseitestellen. Den Wok ausspülen und abtrocknen.

**3** Das restliche Öl im Wok bei mittlerer Temperatur erhitzen. Die Bohnenpaste darin 20–30 Sekunden pfannenrühren, bis das Öl sich rot gefärbt hat und duftet. Ingwer und Knoblauch dazugeben und weitere 20 Sekunden pfannenrühren, bis auch ihr Duft deutlich wahrnehmbar ist. Die Brühe angießen, die Temperatur erhöhen und die Flüssigkeit zum Kochen bringen. Mit Zucker und Sojasauce abschmecken.

**4** Den Fisch vorsichtig in den Wok gleiten lassen. Mit der Kelle etwas Sauce darüberschöpfen. Die Temperatur senken, den Wok mit dem Deckel verschließen und das Ganze 8–10 Minuten köcheln lassen, bis der Fisch gar ist und den Geschmack der Sauce angenommen hat. Während des Garens einmal wenden und erneut mit Sauce beschöpfen.

**5** Den Fisch vorsichtig aus dem Wok heben und auf eine Platte legen. Die Kartoffelstärke in einem Schälchen mit 1 EL kaltem Wasser anrühren und unter die heiße Sauce rühren, sodass sie andickt. Essig und Frühlingszwiebeln dazugeben, kurz umrühren, dann die Sauce über den Fisch gießen und servieren.

# Geschmorter Schweinebauch in Fünf-Gewürze-Sauce

Ursprünglich stammt dieses beliebte Gericht aus Nordchina, mittlerweile findet man es aber fast im ganzen Land. Traditionell gehört dazu ein typisch nordchinesisches gedämpftes Brot namens *man dou,* in den südlichen Provinzen serviert man den geschmorten Schweinebauch aber meist mit Reis.

FÜR 4 PERSONEN ZUBEREITUNGSZEIT: 45 MINUTEN

**KOCHUTENSILIEN**

Küchenbeil
Schneidebrett
Wok und Kelle

**ZUTATEN**

2 EL Erdnussöl
1 EL Zucker
500 g Schweinebauch, in Scheiben geschnitten
5 EL dunkle Sojasauce, zzgl. etwas Sojasauce zum Abschmecken
2 TL Fünf-Gewürze-Pulver
1 TL Salz

**1** Das Öl im Wok bei mittlerer Temperatur erhitzen. Den Zucker dazugeben und rühren, bis er sich aufgelöst hat und hellbraun karamellisiert. Die Schweinebauchscheiben dazugeben und in der Karamellmasse wenden.

**2** Sojasauce, Fünf-Gewürze-Pulver, Salz und 1 l Wasser unterrühren. Den Wok schließen und das Ganze auf kleiner Flamme 40 Minuten sanft köcheln lassen. Während dieser Zeit ein- bis zweimal umrühren und falls nötig etwas Wasser angießen.

**3** Mit Sojasauce abschmecken und mit lockerem Reis servieren.

# Lammfleisch mit Ingwer und Reiswein

**An beißend kalten Wintertagen kommen in Nordchina brodelnd heiße Gerichte wie dieses auf den Tisch. Traditionell serviert man sie auf einer typisch chinesischen heißen Platte (hier nicht abgebildet). Die gusseisernen Platten ähneln einer sehr flachen Stielpfanne. Man erhitzt sie über der Gasflamme, stellt sie auf einen hölzernen Untersetzer und gibt das Fleisch direkt darauf, sodass es bei Tisch appetitlich weiterbrutzelt.**

FÜR 4 PERSONEN  ZUBEREITUNGSZEIT: 20 MINUTEN, ZZGL. 1 STUNDE ZUM MARINIEREN

**KOCHUTENSILIEN**

Küchenbeil
Schneidebrett
Wok und Kelle
gusseiserne Platte mit passendem Untersetzer
Wokstäbchen

**ZUTATEN**

500g mageres Lammfleisch ohne Knochen, Fett und Sehnen
2 EL chinesischer Reiswein (z.B. Shaoxing)
½ TL Salz
1 EL zerdrückter oder pürierter Ingwer
1 TL zerdrückter oder pürierter Knoblauch
1 EL Sesamöl
2 EL Erdnussöl
3 Frühlingszwiebeln, schräg in 5cm lange Stücke geschnitten
1 TL Speisestärke

**1** Das Fleisch mit dem Küchenbeil in feine, etwa 5cm lange Streifen schneiden und in eine Schüssel aus Glas oder Keramik legen. Den Reiswein mit Salz, Ingwer, Knoblauch und Sesamöl verrühren und über das Fleisch gießen. Mit Frischhaltefolie abgedeckt mindestens 1 Stunde im Kühlschrank marinieren, zwischendurch ein- bis zweimal mit den Stäbchen umrühren. Das Fleisch herausnehmen, die Marinade aufbewahren.

**2** Das Erdnussöl im Wok stark erhitzen. Die Frühlingszwiebeln darin 10 Sekunden scharf anbraten, dann das Fleisch dazugeben und 1 Minute kräftig pfannenrühren.

**3** Die Marinade mit 100ml Wasser und der Stärke sorgfältig verrühren. In den Wok gießen und etwa 30 Sekunden rühren, bis die Sauce andickt. Den Wok vom Herd nehmen und beiseitestellen.

**4** Die Heizplatte etwa 5 Minuten stark erhitzen. Das Gericht vorsichtig auf die Platte geben und brutzelnd heiß servieren.

# Chili-Rindfleisch aus Sichuan

**Chinas westliche Provinzen Sichuan, Hunan und Hupei nehmen unter den Regionalküchen eine Sonderstellung ein. Typisch für die meist als Sichuanküche bezeichnete kulinarische Tradition des Westens ist der verschwenderische Gebrauch von Chilischoten und des berühmten Sichuanpfeffers mit seinem feinen Lakritzaroma.**

FÜR 4 PERSONEN ZUBEREITUNGSZEIT: 30 MINUTEN

**KOCHUTENSILIEN**
Küchenbeil
Schneidebrett
Wok und Kelle

**ZUTATEN**
500 g Sirloin- oder Hüftsteak
1 EL helle Sojasauce
2 Knoblauchzehen, grob zerdrückt
1 TL Sichuanpfefferkörner, zerstoßen
1 EL Speisestärke
100 ml Erdnussöl
2 getrocknete rote Chilischoten, nach Belieben von den Samen befreit, in Ringe geschnitten
½ TL Zucker

**1** Das Fleisch mit dem Küchenbeil quer zur Faser in feine Streifen schneiden. In einer Schüssel mit Sojasauce, Knoblauch, Sichuanpfeffer, Speisestärke und 100 ml Wasser vermengen und mindestens 10 Minuten marinieren.

**2** Die Hälfte des Öls im Wok bei mittlerer Temperatur erhitzen. Die getrockneten Chilischoten darin etwa 5 Sekunden pfannenrühren, dabei darauf achten, dass sie nicht anbrennen. Das dabei entstandene Chiliöl zusammen mit den Chiliringen in ein Schälchen gießen und abkühlen lassen. Den Wok mit Küchenpapier ausreiben.

**3** Das Fleisch abtropfen lassen, die Marinade aufbewahren. Das restliche Öl bei mittlerer Temperatur im sauberen Wok erhitzen. Das Fleisch darin 1 Minute pfannenrühren. Dann die Marinade und den Zucker dazugeben und etwa die Hälfte des Chiliöls darüberträufeln. Die Temperatur stark erhöhen und das Ganze nochmals 30 Sekunden kräftig pfannenrühren.

**4** Noch 1 Minute weiterrühren, bis das Fleisch fast trocken ist. Auf einer Platte anrichten, das restliche Chiliöl separat reichen.

# Karamellisierte Walnüsse Peking-Art

Lassen Sie sich nicht von der langen Vorbereitungszeit abschrecken. Diese köstlichen »lackierten« Nüsse sind die Mühe wirklich wert. Man kann sie warm oder kalt als kleine Knabberei servieren und sicher sein, dass sie das erste Gesprächsthema der Party sein werden. Das Rezept eignet sich auch für Cashewkerne.

FÜR 8 PERSONEN   ZUBEREITUNGSZEIT: 25 MINUTEN, ZZGL. 2–12 STUNDEN ZUM TROCKNEN

**KOCHUTENSILIEN**
Topf
Sieb
Backblech
Wok
Schaumlöffel
Kuchengitter

**ZUTATEN**
500g geschälte Walnüsse
200g Zucker
500ml Erdnussöl
6 EL Sesamsamen

**1** Einen großen Topf Wasser zum Kochen bringen. Die Nüsse im offenen Topf 5–10 Minuten köcheln lassen, bis sich das Wasser dunkel färbt und die Nüsse beginnen hell zu werden. Abgießen und in einem Sieb unter fließendem Wasser spülen, bis das Wasser klar ist.

**2** Die Nüsse sorgfältig mit Küchenpapier trocken tupfen und dann auf einem Backblech verteilen. Den Zucker gleichmäßig darüberstreuen, dann die Nüsse im Zucker wenden, bis sie vollständig damit bedeckt sind. Unter einer Abdeckhaube aus Netzstoff an einem kühlen, luftigen Ort mindestens 2 Stunden, besser über Nacht trocknen lassen.

**3** Das Öl bei mittlerer Temperatur im Wok erhitzen. Die Nüsse in kleinen Portionen darin jeweils 2 Minuten karamellisieren, bis der flüssige Zucker sie goldbraun überzieht.

**4** Mit einem Schaumlöffel herausheben, mit ausreichend Abstand auf einem Kuchengitter verteilen und mit etwas Sesam bestreuen.

**5** Warm oder kalt servieren. Die Nüsse halten sich in einem luftdicht verschlossenen Behälter bis zu 2 Wochen.

# Kochtöpfe

**Zwar ist der Wok der meistbenutzte Gegenstand in einer chinesischen Küche – aber nicht jedes Essen wird darin zubereitet. Für Eintopfgerichte, wie man sie in den ländlichen Gebieten des Nordens schätzt, für Suppen und Schmorgerichte braucht man diverse Töpfe. Und auch eine gute Brühe, die Basis für jede chinesische Suppe, gelingt nicht im Wok, da das Wasser darin viel zu schnell verdampft.**

1

**[1] HOHER SUPPENTOPF**

Da Suppen und Brühen eine wichtige Rolle in der chinesischen Küche spielen, braucht man einen entsprechend großen Topf. Er unterscheidet sich nicht von den bei uns üblichen. Die einfachsten Modelle sind aus Aluminium, doch heutzutage gibt es auch in China moderne Töpfe aus Edelstahl.

2

**[2] TONTOPF**

Die glasierten oder unglasierten chinesischen Tontöpfe muss man vorsichtig behandeln, denn sie brechen bei hohen Temperaturen recht leicht. Man kann sie direkt auf die elektrische Kochplatte oder das Glaskeramik-Kochfeld stellen, nicht jedoch auf den Gasherd. Sie werden immer dann benützt, wenn Gerichte brodelnd heiß auf den Tisch kommen sollen. Am besten bereitet man das Essen im Wok zu und füllt es dann mit einem Holzlöffel in den im heißen Backofen 30 Minuten vorgewärmten Tontopf.

**[3] WASSERBADTOPF**

Dieser altmodische Topf aus Email funktioniert im Prinzip wie ein Wasserbad. Man verwendet ihn zum schonenden Garen und Schmoren. In den unteren Topf füllt man Wasser, darüber sitzt ein etwas kleinerer für die Zutaten. Beide haben einen Stiel, der obere zusätzlich einen gut schließenden Deckel. In früherer Zeit hat man solche Töpfe in China für Kräutersuppen benutzt, die besonders sanft und langsam bei indirekter Hitze garen sollten. Heute dienen sie in Südostasien zur Zubereitung süßer Kokoscremes.

3

**[4] HUNAN-TOPF**

Dieser fein gearbeitete Keramiktopf mit dem »Kamin« in der Mitte stammt aus der Provinz Hunan. Töpfe dieser Art sind besonderen Anlässen vorbehalten. Ursprünglich servierte man darin in wohlhabenden Familien medizinische Gebräue und besondere Kräutersuppen. Hunan-Töpfe dürfen nicht auf die Kochplatte oder Gasflamme gestellt werden, man kann sie also nicht zum Kochen verwenden, sondern nur zum zeremoniellen Servieren.

4

# Suppe und Congee

Die Vorliebe der Chinesen für Suppe wird oft in Zusammenhang mit der Philosophie des Yin und Yang gebracht, denn das ausgewogene Verhältnis von festen und flüssigen Bestandteilen soll körperliches Ungleichgewicht regulieren. Die Vielfalt an Suppen ist riesig. Es gibt Eintöpfe mit viel Fleisch, Meeresfrüchten und Nudeln, die eine vollständige Mahlzeit abgeben. Leichtere Suppen dienen zur Erfrischung oder als Ausgleich zu eher trockenen Gerichten. *Congee* ist ein Reisbrei, der in den ländlichen Gebieten Südchinas nicht nur das typische Frühstück, sondern ein Grundnahrungsmittel darstellt. Man kann ihn mit den verschiedensten Geschmackszutaten aufwerten, z. B. mit Fisch, Hähnchenfleisch, Pilzen, Teigstangen, Korianderblättern und Chilischoten.

## Hühnersuppe mit Pilzen

Ein Hähnchenbrustfilet in 1 cm große Würfel schneiden. 250 g frische Pilze (z. B. Enokitake, Shiitake, Austernpilze und braune Champignons) mit einem Stück Küchenpapier sauber reiben und in mundgerechte Stücke schneiden. Fleisch und Pilze mit 800 ml Wasser, 1 Brühwürfel für Hühnerbrühe und 1 EL heller Sojasauce aufsetzen. Kurz aufkochen, dann bei geringer Hitze 25 Minuten köcheln lassen. Kurz vor dem Servieren 1 EL gehackte glattblättrige Petersilie und ½ TL frisch gemahlenen schwarzen Pfeffer unterrühren.

## Congee mit Garnelen und Frühlingszwiebeln

200 g Jasminreis sorgfältig waschen und mit 1,5 l Wasser aufsetzen. Kurz aufkochen, dann abdecken und bei etwas geringerer Hitze 40 Minuten köcheln lassen, bis die Reiskörner leicht breiig sind und das Wasser milchig weiß ist. 150 g kleine rohe Garnelen schälen, die Därme entfernen. Die Garnelen zum Reis geben und 5 Minuten mitgaren, dann 1 EL Sesamöl und ½ TL frisch gemahlenen schwarzen Pfeffer unterrühren. Mit 2 EL gehackten Frühlingszwiebeln garnieren und heiß servieren.

# Reis mit Klippfisch und Hähnchenfleisch

**Dieses traditionelle kantonesische Gericht stellt eine gelungene Kombination aus Fisch und Fleisch dar und duftet wunderbar nach Ingwer, Knoblauch und Sesamöl. Gepökelter Fisch ist in China sehr beliebt – nicht nur als herzhafte Zutat, sondern auch als würziger Salzersatz. Gewöhnlich verwendet man nur eine kleine, in winzige Stücke geschnittene Menge, die ihr salziges Aroma im ganzen Gericht verbreitet.**

FÜR 4 PERSONEN ZUBEREITUNGSZEIT: 30 MINUTEN

**KOCHUTENSILIEN**

Tontopf
Reiskocher
Küchenbeil
Schneidebrett
Wok und Kelle

**ZUTATEN**

200g Jasminreis, abgespült
1 Hähnchenbrustfilet
2 chinesische Würstchen
150g Klippfisch
3 EL Erdnuss- oder Rapsöl
2 EL geriebener Ingwer
3 Knoblauchzehen, gehackt
2 EL Sesamöl
2 EL Austernsauce
2 EL dunkle Sojasauce
1 TL frisch gemahlener schwarzer Pfeffer
2 EL in Ringe geschnittene Frühlingszwiebeln

**1** Den Backofen auf 240 °C erhitzen und den Tontopf darin vorwärmen.

**2** Den Reis im Reiskocher mit 750 ml Wasser 12 Minuten garen. In der Zwischenzeit das Hähnchenfleisch in 2 cm große Würfel und die Würstchen diagonal in 5 mm dicke Scheiben schneiden. Den Klippfisch fein hacken.

**3** Das Öl im Wok bei mittlerer Temperatur erhitzen. Ingwer und Knoblauch darin pfannenrühren, bis sie goldbraun sind. Fleisch, Würstchen, Fisch, Sesamöl, Austernsauce, Sojasauce und Pfeffer dazugeben und 4 Minuten lang kräftig rühren.

**4** Den Inhalt des Woks mit dem gekochten Reis vermengen und in den heißen Tontopf füllen. Mit den Frühlingszwiebeln garnieren und sofort servieren.

# DEH-TA HSIUNG Hammelfleisch Tung-Po

Su Tung-Po (1036–1101) war Dichter, Kalligraf und Genießer. Er stammte aus Sichuan, verbrachte aber den größten Teil seines Lebens auf Reisen durch ganz China. Ihm wird die Erfindung dieses berühmten Gerichts zugeschrieben.

FÜR 4 PERSONEN  ZUBEREITUNGSZEIT: 1 STUNDE

**KOCHUTENSILIEN**
Küchenbeil
Schneidebrett
Wok und Kelle
Suppentopf

**ZUTATEN**
4 EL Erdnussöl
400 g zum Schmoren geeignetes Hammel- oder Lammfleisch, gewürfelt
2 große Kartoffeln, geschält und gewürfelt
1 große Möhre, gewürfelt
100 ml Reiswein (z. B. Shaoxing)
2 EL dunkle Sojasauce
1 EL zerdrückter oder pürierter Ingwer
1 TL Fünf-Gewürze-Pulver
1 TL Zucker
1 TL Salz

**1** Das Öl im Wok bei mittlerer Temperatur erhitzen. Das Fleisch darin kräftig anbraten, dann herausnehmen und auf Küchenpapier abtropfen lassen.

**2** Im selben Öl die Kartoffeln einige Minuten pfannenrühren, bis sie leicht gebräunt sind. Die Möhre dazugeben und weitere 2 Minuten rühren, dann beides herausnehmen und beiseitestellen.

**3** Das Fleisch mit Reiswein, Sojasauce, Ingwer, Gewürzen und 1 l Wasser in einem geschlossenen Suppentopf 40 Minuten köcheln lassen, bis der Fond dickflüssig ist.

**4** Kartoffeln und Möhre dazugeben und weitere 15 Minuten köcheln lassen, dann heiß servieren.

# Dämpfbehälter

Das Dämpfen von Lebensmitteln wurzelt tief in der Philosophie von Yin und Yang. In China glaubt man, gebratenes Essen müsse immer durch etwas ausgeglichen werden, das kein oder nur ganz wenig Öl enthält und daher gesünder ist. Beim Dämpfen verwendet man kaum Gewürze, der natürliche Geschmack der Zutaten bleibt erhalten. Die Technik eignet sich hervorragend für Fisch, auch mageres Fleisch und Geflügel gelingt besonders saftig und aromatisch. Zugleich gehen beim Dämpfen weniger Nährstoffe verloren als beim Kochen. Und das Beste daran: Es ist wirklich ganz einfach!

**1 DÄMPFKÖRBE AUS BAMBUS**
Die traditionellen aus Bambusstreifen geflochtenen Körbe gibt es in vielen verschiedenen Größen zwischen 15 und 35 Zentimetern Durchmesser. Je größer der Korb ist, desto größer muss allerdings auch der Wok oder Kochtopf sein, in dem man ihn verwendet. 24 Zentimeter sind für einen normalen Haushalt meist ausreichend. Man kann die Körbe auch gut übereinanderstapeln und mehrere Speisen gleichzeitig garen. Nach dem Gebrauch spült man die Körbe einfach unter kaltem Wasser ab und lässt sie gründlich trocknen. Verwenden Sie zur Reinigung bitte kein Spülmittel, denn der Bambus nimmt dessen Geschmack sehr leicht an.

**2 LOTOSBLÄTTER**
Ein großes getrocknetes Lotosblatt sieht aus wie ein graugrüner Fächer von gut 40 Zentimetern Durchmesser. Nach dem Einweichen ist es sehr reißfest und biegsam, sodass man alle Arten von Zutaten darin einwickeln kann. Beim Dämpfen verleiht es ihnen ein dezent blumiges Aroma. Buddhisten und Taoisten verehren die Lotospflanze gleichermaßen, sie gilt als Erkennungszeichen von Guanyin, der Göttin des Mitgefühls und Patronin der Seefahrer.

3

**3 ALUMINIUM-DÄMPFTOPF**
Die moderne Version des Bambuskörbchens ist besonders gut stapelbar und verfügt über einen gewölbten Deckel. Der unterste Behälter wird mit Wasser gefüllt, so benötigt man zum Dämpfen keinen Wok. Das ist zwar praktisch, wenn man viele Dinge gleichzeitig dämpfen will, unter dem Metalldeckel sammelt sich aber Kondenswasser, das dann ins Essen tropft. Um eine unerwünschte »Suppe« zu vermeiden, kann man den Aluminiumbehälter mit einem passenden Bambusdeckel kombinieren oder das dünne Metall mit einigen Löchern versehen.

4

5

**4 KLEINER ALUMINIUM-DÄMPFBEHÄLTER**
Diese handliche Variante eignet sich zum Garen oder Aufwärmen von *dim sum*. Es passen genau zwei Klößchen hinein. Man kann auch mehrere dieser Gefäße in einen großen Bambusdämpfer stellen, um *dim sum* warm zu halten.

**5 METALLSCHÄLCHEN**
In ihnen dämpft man einzelne Portionen herzhafter oder süßer Reismehlküchlein. Diese Küchlein sind ein beliebter chinesischer Imbiss. Man kann sie auf einen Teller oder ein getrocknetes Palmblatt stürzen oder direkt aus der Form löffeln.

# Gedämpfte Jakobsmuscheln mit Ingwer und Chili

**Dieses Rezept beruht auf einer kantonesischen Spezialität, bei der man aber den Corail (Rogen) für etwas anderes verwendet und die Muscheln nicht anbrät. Wie in der kantonesischen Küche generell liegt auch hier das Geheimnis in der schlichten Zubereitung absolut frischer, hochwertiger Zutaten. Die Faustregel für das Anbraten lautet: Wenn die letzte Muschel in die Pfanne kommt, muss die erste schon wieder raus.**

FÜR 4 PERSONEN   ZUBEREITUNGSZEIT: 20 MINUTEN

**KOCHUTENSILIEN**

scharfes Messer
Schneidebrett
Bratpfanne
Wok
Dämpfkorb aus Bambus
Backpapier oder hitzebeständiger Teller

**ZUTATEN**

12 große frische Jakobsmuscheln in der Schale
2 EL Erdnussöl
2 EL helle Sojasauce
2 EL Shaoxing (chinesischer Reiswein)
8 cm Ingwerwurzel, in feine Stifte geschnitten
2 Frühlingszwiebeln, in feine Streifen geschnitten
2 Knoblauchzehen, fein gehackt oder in Stifte geschnitten
2 kleine rote oder grüne Chilischoten, von den Samen befreit, fein gehackt oder in Ringe geschnitten
frisch gemahlener schwarzer Pfeffer

**1** Die Jakobsmuscheln öffnen. Den kleinen Muskel durchtrennen, mit dem die Muschel an der Schale haftet. Das weiße Fleisch herauslösen, den orangeroten Corail (Rogen) nach Belieben abtrennen und gesondert verwenden oder daranlassen. Das Muschelfleisch mit Küchenpapier abtupfen und mit etwas Pfeffer würzen. Die gewölbten unteren Schalenhälften auswaschen und beiseitestellen.

**2** Den Wok zu einem Drittel mit Wasser füllen. Das Wasser zum Köcheln bringen und bereithalten.

**3** Das Öl in einer schweren Pfanne stark erhitzen. Die Jakobsmuscheln darin auf einer Seite 30 Sekunden scharf anbraten. Herausnehmen und einzeln mit der angebratenen Seite nach oben in die Muschelschalen setzen.

**4** Sojasauce und Reiswein vermischen und über die Muscheln träufeln. Je etwas Ingwer, Frühlingszwiebel, Knoblauch und Chili darüberstreuen. Die Hälfte der Muscheln in einen mit Backpapier ausgelegten Dämpfkorb setzen oder auf einem Teller hineinstellen. Den Korb schließen und mit ausreichend Abstand zum köchelnden Wasser in den Wok stellen, den Wok schließen. Nach 5–6 Minuten die gedämpften Muscheln vorsichtig herausnehmen und warm halten, während die zweite Hälfte gedämpft wird. Sofort servieren und mitsamt des köstlichen Suds in der Schale verzehren.

# Im Lotosblatt gedämpfter Klebreis

**Chinesische Köche sind wahre Meister in der Zubereitung von Klebreis. Häufig wird er zusammen mit herzhaften Speisen in Lotosblätter gewickelt. In der kantonesischen Küche nennt sich das *lor mai fun.* Getrocknete Lotosblätter sind sehr zerbrechlich und müssen vor der Verwendung eingeweicht werden.**

FÜR 4 PERSONEN ZUBEREITUNGSZEIT: 45 MINUTEN ZZGL. 1 STUNDE ZUM EINWEICHEN

**KOCHUTENSILIEN**
Sieb
Dämpfkorb aus Bambus
hitzebeständiger Teller
Küchenbeil
Schneidebrett
Wok und Kelle
flache Presse (s. S. 45)

**ZUTATEN**
400g Klebreis, 1 Stunde in kaltem Wasser eingeweicht, gespült und abgetropft
1 getrocknetes Lotosblatt
**für die Füllung**
4 getrocknete chinesische Pilze
2 EL Erdnussöl
2 Knoblauchzehen, zerdrückt
1 chinesisches Würstchen in feinen Scheiben
200g Hähnchenbrustfilet, gewürfelt
8 chinesische Kastanien aus der Dose
2 EL helle Sojasauce
2 EL Austernsauce
2 EL Sesamöl
2 TL Salz
1 TL frisch gemahlener schwarzer Pfeffer
1 EL dunkle Sojasauce
2 EL gehackte Frühlingszwiebeln
Chilisauce (nach Belieben)

**1** Den Reis 20 Minuten dämpfen, dann beiseitestellen. Die Pilze mit heißem Wasser übergießen und 10 Minuten einweichen, dann abgießen, hacken und beiseitestellen.

**2** Das Öl im Wok bei mittlerer Temperatur erhitzen. Den Knoblauch darin 2 Minuten anbraten. Wurstscheiben und Hähnchenwürfel dazugeben und 5 Minuten pfannenrühren. Die übrigen Zutaten samt den gehackten Pilzen hinzufügen und weitere 5 Minuten rühren. Etwas Wasser darübersprenkeln, dann den Wok vom Herd nehmen.

**3** Das Lotosblatt einige Minuten in heißem Wasser einweichen. Herausnehmen, mit Küchenpapier trocken reiben und den Stängel abschneiden. Den Klebreis etwa 1 cm dick auf dem Blatt verstreichen und mit der Presse festdrücken.

**4** Die Füllung in die Mitte des Klebreises häufen (Abb. o. l.). Das Lotosblatt an zwei gegenüberliegenden Seiten aufnehmen und zu einem Päckchen falten (Abb. o. M.).

**5** Die noch offenen Enden des Päckchens ebenfalls über der Mitte zusammenbringen und einschlagen (Abb. o. r.).

**6** Das fertige Päckchen zusammendrücken, sodass es in Form bleibt, dann umdrehen und mit der Naht nach unten auf einem Teller in den Dämpfkorb legen. Den Korb schließen und mit ausreichend Abstand zum kochenden Wasser im Wok platzieren. Den Wok schließen und das Päckchen 10 Minuten dämpfen.

**7** Das Päckchen öffnen und sofort servieren. Nach Belieben Chilisauce dazu reichen.

# Gedämpfte Wintermelonensuppe

**Chinesische Wintermelonen (bei uns auch Wachskürbisse genannt) können die Größe eines Fußballs erreichen. Daher eignen sie sich als Dämpfbehälter und Suppenschüssel gleichermaßen. Alle Zutaten für diese nahrhafte Suppe passen in die ausgehöhlte Melone hinein. Das Fruchtfleisch kann man anderweitig verwenden.**

FÜR 6 PERSONEN ZUBEREITUNGSZEIT: 1 STUNDE

**1** In einem Topf 1 l Wasser zum Kochen bringen. Die Perlgraupen darin 15 Minuten köcheln lassen. In der Zwischenzeit das obere Drittel der Melone abschneiden und als Deckel für das spätere Dämpfgefäß beiseitelegen. Die Samen aus der Mitte der Melone entfernen und wegwerfen. Das Fruchtfleisch bis auf einen etwa 2,5 cm dicken Rand auslösen und anderweitig verwenden.

**2** Hähnchenwürfel, Schinken und Lotossamen zu den Perlgraupen geben und weitere 15 Minuten köcheln lassen.

**3** Den Inhalt des Suppentopfs in die ausgehöhlte Melone füllen, Salz und Zucker unterrühren. Die Melone vorsichtig auf einem Teller im Bambuskorb platzieren. Melone und Korb mit ihren jeweiligen Deckeln verschließen. 30 Minuten im geschlossenen Wok dämpfen.

**4** Die Suppe in der Melone mit Frühlingszwiebeln garniert servieren.

**KOCHUTENSILIEN**

- Suppentopf
- Küchenbeil
- Schneidebrett
- Dämpfkorb aus Bambus mit gewölbtem Deckel
- hitzebeständiger Teller

**ZUTATEN**

- 100 g Perlgraupen
- 1 ganze Wintermelone
- 200 g Hähnchenbrustfilet, gewürfelt
- 100 g chinesischer Schinken oder Kochschinken, gewürfelt
- 150 g Lotossamen aus der Dose, abgetropft
- 2 TL Salz
- 1 TL Zucker
- Frühlingszwiebeln, in feine Ringe geschnitten, zum Garnieren

# Mit Reiswein und Pilzen gedämpftes Hähnchen

**Das vermutlich meistgekochte Gericht Chinas. Es soll ursprünglich von der Insel Hainan stammen. Tatsächlich erinnert es stark an den Hainan-Hähnchenreis, der in vielen südostasiatischen Restaurants serviert wird. Als Beilagen empfehlen sich Pak Choi, Reis oder Nudeln und ein Dip aus Essig und Chilischoten.**

FÜR 4 PERSONEN ZUBEREITUNGSZEIT: 1 STUNDE 30 MINUTEN

**KOCHUTENSILIEN**

Küchenbeil
Schneidebrett
Suppentopf
Dämpfbehälter
hitzebeständige Schüssel

**ZUTATEN**

1 küchenfertiges Hähnchen, etwa 1,5 kg
1 EL zerdrückter oder gehackter Knoblauch
2 EL chinesischer Reiswein (z. B. Shaoxing)
8 getrocknete chinesische Pilze, in heißem Wasser eingeweicht
1 EL in feine Streifen geschnittener Ingwer
1 TL Salz
2 EL Sesamöl
1 Handvoll Korianderblätter zum Garnieren (nach Belieben)

**für den Chili-Essig-Dip**

1 EL fein pürierte Chilischote
3 EL Reisessig
1 Prise Salz

**1** Das Hähnchen innen und außen zuerst mit Knoblauch, dann mit Reiswein einreiben. Pilze und Ingwer in die Bauchhöhle füllen, das Hähnchen salzen.

**2** Eine ausreichend große, hitzebeständige Schüssel in einem Dämpfbehälter aus Bambus oder Aluminium platzieren, das vorbereitete Hähnchen hineinlegen. Den Dämpfbehälter mit ausreichend Abstand zum kochenden Wasser in den Topf stellen. Das Hähnchen im geschlossenen Topf mindestens 1½ Stunden dämpfen. Für die Garprobe die dickste Stelle einer Keule mit einer Rouladennadel einstechen. Der austretende Saft sollte klar sein. Der Vorteil beim Dämpfen: Selbst wenn das Fleisch 15 oder 20 Minuten länger gart, wird es nicht trocken, sondern eher noch zarter.

**3** Chilipüree, Essig und Salz für den Dip in einem Schälchen gründlich verrühren. Vor dem Servieren die Haut des Hähnchens abziehen, die Füllung herausnehmen und das Fleisch tranchieren. Fleisch, Pilze und etwas Ingwer auf einer Platte anrichten, nach Belieben mit Korianderblättern bestreuen und mit dem Dip auftragen. Dazu passen Nudeln oder Reis und gedämpfter Pak Choi.

# Zubehör für Dim Sum

**Der kantonesische Begriff *dim sum* bedeutet wörtlich »was das Herz berührt«. Die Liste verschiedener Rezepte für die leckeren Häppchen ist endlos, jede Regionalküche kennt ihre eigenen. Man unterscheidet zwischen Grundtypen wie frittiert oder gedämpft, herzhaft oder süß. Neben den typischen Klößen, Teigtaschen und Pastetchen gibt es auch einige *dim sum* auf Reisbasis.**

**[1] BECHERFORM**
In diesen kleinen Aluminiumbechern werden beliebte chinesische Snacks wie *chui kueh* (wörtlich: »Wasserkuchen«) zubereitet, gedämpfte Reisküchlein mit pikanter Rettichfüllung.

**[2] PUDDING- ODER KUCHENFÖRMCHEN**
Solche Förmchen aus Blech oder Plastik gibt es mit vielen unterschiedlichen Motiven, etwa Ananas, Fisch, Schildkröte oder Hase. Jedes Motiv hat eine symbolische Bedeutung: Die Ananas steht für Adel, der Fisch für Wiedergeburt, der Hase für Weisheit und die Schildkröte für ein langes Leben.

1

2

**[3] KÜCHENPINSEL MIT BAMBUSGRIFF**
Der große Griff aus schmalen Bambusstreifen ist ebenso handlich wie formschön. Der für unsere Begriffe ungewöhnlich breite Pinsel dient nicht nur dazu, Backwaren großflächig mit Eigelb oder Glasur zu überziehen, er eignet sich auch sehr gut zum feinen Bestäuben mit Mehl.

3

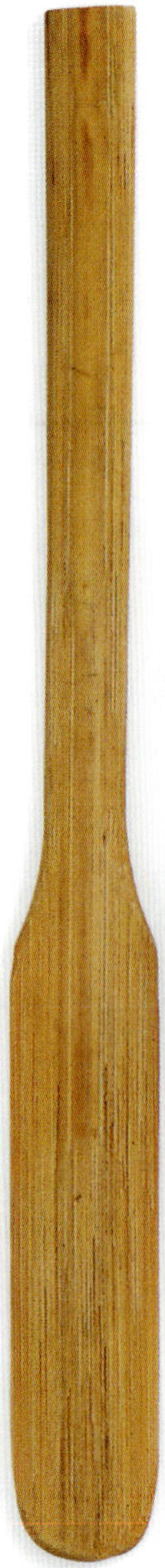

4

5

**[4] KLEINER HOLZSPATEL**
Mit diesem kurzen, dünnen und fein geschliffenen Holzspatel kann man in einem Arbeitsgang eine kleine Menge Füllung für *wan tan* und andere Teigtaschen wie mit einem Löffel aufnehmen, präzise auf dem Teigstück platzieren und verstreichen.

**[5] KLEINES NUDELHOLZ**
Diese schmale, etwa 25 Zentimeter lange Spindel hat wenig Ähnlichkeit mit einem bei uns gebräuchlichen Nudelholz. Sie ist sehr leicht und gut mit einer Hand zu benutzen. So hat man die andere frei, um während des Ausrollens den Teig in Form zu zupfen.

# Chinesische Küchenhelfer

Zwar sind chinesische Küchen nicht gerade mit Utensilien vollgestopft, es gibt aber ein paar typische Küchenhelfer, die für bestimmte Aufgaben äußerst nützlich sind. Wenn Sie einmal Spezialitäten wie süßen Tofu, hausgemachte Nudeln oder kleine frittierte oder gedämpfte Gemüseküchlein machen möchten, dann gelingt das hiermit ganz stilecht.

**1 2 TOFUPORTIONIERER**
Diese runden, leicht gewölbten Metallschäufelchen mit oder ohne Griff dienen dazu, Tofuportionen von einem größeren Laib abzunehmen. Man sieht sie häufig bei chinesischen Straßenverkäufern, die damit den süßen Tofu für ihre Kunden portionieren.

**3 KLEINE KELLE FÜR BRÜHE**
Eine gute Brühe – insbesondere Hühnerbrühe – wird nicht nur für Suppe, sondern auch für viele Wokgerichte verwendet. Mit dieser langstieligen Kelle schöpft man kleinere Mengen aus dem großen Suppentopf in den Wok.

**4 GLATTE QUADRATISCHE PRESSE**
Indem man gefüllte Küchlein und Teigtaschen mit einer solchen Presse flach drückt, verhindert man, dass sich Luftblasen bilden, die beim Dämpfen aufplatzen.

**5 NUDELSCHNEIDER**
Nudeln sind aus der chinesischen Küche nicht wegzudenken. Meist werden sie aus Weizen- oder Reismehl gemacht, es gibt aber auch die sogenannten Glasnudeln aus Mungbohnenstärke. Kleinere Mengen frischer Nudeln selbst herzustellen ist ziemlich einfach – und das Ergebnis schmeckt wesentlich besser als gekaufte Teigwaren. Ist der Nudelteig erst einmal geknetet und dünn ausgerollt, dann schneiden chinesische Köche ihn mit diesen einfachen Metallklingen: breitere Nudeln für Suppen, feine für pfannengerührte Gerichte. Der Nudelschneider besteht meist aus Edelstahl. Das etwa 8 × 13 Zentimeter große Blatt ist an einem Holzgriff befestigt. Wenn man den Schneider kippt, kann man die frisch geschnittenen Nudeln damit aufnehmen und zum Garen ins kochende Wasser befördern.

1

2

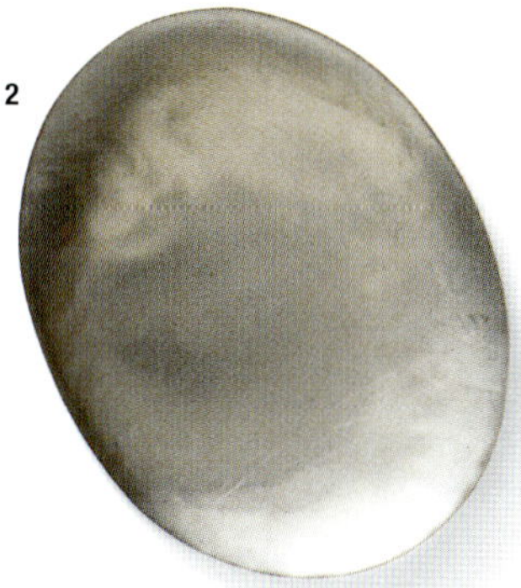

3

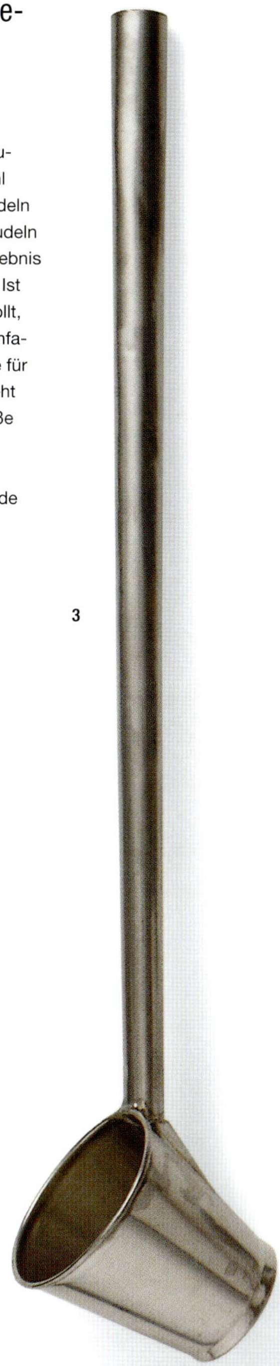

5

4

# MING TSAI Frühlingsrollen mit Pilzen und Lauch

**Ein längerer Frankreichaufenthalt inspirierte Ming Tsai vom Restaurant »Blue Ginger« in Boston, den traditionellen chinesischen Frühlingsrollen mittels Lauch eine entschieden französische Note zu verleihen. Sie eignen sich perfekt als Fingerfood.**

FÜR 4–6 PERSONEN ZUBEREITUNGSZEIT: 1 STUNDE

**KOCHUTENSILIEN**

Küchenbeil
Schneidebrett
Sieb
Wok und Kelle
großer Löffel
Küchenpinsel
Schaumlöffel

**ZUTATEN**

75g Glasnudeln
2 EL Erdnussöl, außerdem Öl zum Frittieren
1 EL fein gehackter Knoblauch
1 EL fein gehackter Ingwer
2 frische Serrano-Chilischoten, nach Belieben von den Samen befreit, fein gehackt
125ml Hoisin-Sauce
125g Shiitake, in feine Scheiben geschnitten
2 große Lauchstangen, nur die weißen Teile, in feine Streifen geschnitten
8 EL gehackte Korianderblätter
100g Frühlingszwiebeln, gehackt
16 Teigblätter für Frühlingsrollen, je etwa 20 × 20cm groß (Tiefkühlware aufgetaut)
1 Ei, mit 4 EL Wasser verquirlt
Salz und frisch gemahlener Pfeffer

**1** Die Glasnudeln 10–15 Minuten in einer Schüssel mit heißem Wasser einweichen. Gründlich abtropfen lassen und in 5cm lange Stücke schneiden.

**2** Den Wok stark erhitzen. 2 EL Erdnussöl darin schwenken, sodass der Wok rundum benetzt ist. Sobald das Öl heiß ist, Knoblauch, Ingwer und Chili darin 2 Minuten pfannenrühren, bis sie weich, aber nicht dunkel geworden sind.

**3** Die Temperatur auf eine mittlere Stufe senken. Die Hoisin-Sauce in den Wok geben und etwa 3 Minuten köcheln, bis sie ihren rohen Geschmack verloren hat. Shiitake und Lauch dazugeben und etwa 6 Minuten pfannenrühren, bis beides weich geworden ist. Mit Salz und Pfeffer würzen.

**4** Die Mischung in ein feines Sieb geben. Mit einem großen Löffel ausdrücken und gründlich abtropfen lassen, dann zum Abkühlen beiseitestellen.

**5** Die abgekühlte Mischung in einer mittelgroßen Schüssel mit den Korianderblättern, Frühlingszwiebeln und eingeweichten Glasnudeln vermengen.

**6** Ein sauberes Geschirrtuch anfeuchten. Je 4 Teigblätter nebeneinander auf die Arbeitsfläche legen, wobei je eine Ecke nach oben und unten zeigt. Die übrigen Teigblätter mit dem feuchten Tuch abdecken, damit sie nicht austrocknen.

**7** Je 4 EL Füllung knapp oberhalb der unteren Ecke auf die Teigblätter geben. Diese Ecke aufnehmen, über die Füllung legen und zur Hälfte aufrollen. Die seitlichen Ecken nach innen klappen und die Ränder mit verquirltem Ei einpinseln. Dann die Teigblätter vollständig und möglichst fest aufrollen. Die fertigen Rollen mit der Naht nach unten unter dem feuchten Tuch ruhen lassen, während die übrigen zubereitet werden. Auch die zuletzt angefertigten Frühlingsrollen sollten vor dem Frittieren mindestens 2 Minuten ruhen.

**8** Den Wok gründlich mit Küchenpapier ausreiben und zu einem Drittel mit dem Frittieröl füllen. Auf 180 °C erhitzen. (Probe: Ein kleiner Brotwürfel sollte darin nach etwa 40 Sekunden braun werden.) Die Frühlingsrollen portionsweise etwa 5 Minuten darin frittieren, bis sie knusprig und goldbraun geworden sind. Dabei nach Bedarf im Fett bewegen und wenden. Mit dem Schaumlöffel herausnehmen und auf Küchenpapier abtropfen lassen. Schräg halbieren und mit einem Dip servieren.
(Rezepte für Dips finden Sie auf den folgenden Seiten.)

# Grundtechnik für Teigtäschchen

Halbrunde Teigtäschchen heißen auf Chinesisch *jiaozi*, doch je nach Garweise gibt es verschiedene Varianten. Sie sind mit den japanischen *gyoza*, aber auch mit den italienischen Ravioli verwandt. Fertige Teigblätter in verschiedenen Größen kann man tiefgekühlt im Asialaden kaufen.

**1. Schritt** Arbeiten Sie so zügig wie möglich. Breiten Sie ein vorbereitetes Teigblatt auf einer Handfläche aus, und geben Sie mit dem kleinen Holzspatel (oder einem Löffel) einen Klecks Füllung in die Mitte.

**2. Schritt** Tupfen Sie mit den Fingerspitzen vorsichtig etwas Wasser auf den Rand des Teigblatts. Der Teig sollte dabei aber nicht so nass werden, dass er aufweicht.

**3. Schritt** Klappen Sie den Teig zu einem Halbkreis zusammen, und pressen Sie die Ränder fest zwischen Daumen und Zeigefinger.

**4. Schritt** Halten Sie den Rand des Täschchens mit beiden Händen, und beginnen Sie, ihn an einer Seite in Falten zu legen.

**5. Schritt** Je nach Größe des Täschchens machen Sie längs des Teigrandes drei bis vier gleich große Falten, ähnlich wie bei einem Vorhang.

**6. Schritt** Drücken Sie die Falten vorsichtig fest, sodass sie nicht wieder aufgehen. Der Bauch mit der Füllung wird etwas abgeflacht, der Boden dagegen etwas verbreitert, sodass das Täschchen stehen kann.

# Guotie Schanghai-Art mit Schweinefleischfüllung

Traditionell brät man diese Art von *jiaozi*-Teigtäschchen in der Pfanne, bis ihr Boden knusprig gebräunt ist. Dabei kann es passieren, dass sie haften bleiben, daher auch ihr chinesischer Name *guotie* (Pfannenkleber). Zum Schluss löscht man die Pfanne mit etwas Wasser ab und gart die Täschchen im aufsteigenden Dampf fertig.

FÜR 6 PERSONEN   ZUBEREITUNGSZEIT: 45 MINUTEN

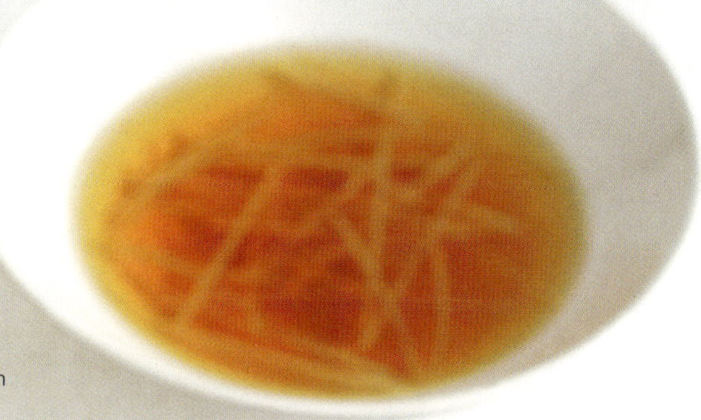

**KOCHUTENSILIEN**
Küchenbeil
Schneidebrett
kleiner Holzspatel
Bratpfanne mit Deckel
Wokkelle

**ZUTATEN**
100g Frühlingszwiebeln, fein gehackt
300g Schweinehack
1 TL Salz
1 TL frisch gemahlener schwarzer Pfeffer
2 EL Sesamöl
1 EL Speisestärke
24 runde Nudelteigblätter (Tiefkühlware aufgetaut)
Erdnussöl zum Anbraten

**für den Dip**
Chinkiang (dunkler Reisessig)
Ingwer, in feine Stifte geschnitten

**1** Für die Füllung Frühlingszwiebeln und Hackfleisch in einer Schüssel vermengen. Salz, Pfeffer, Sesamöl und Stärke dazugeben und alles sorgfältig mischen.

**2** Die Teigstücke nacheinander aufnehmen und etwas Füllung in die Mitte geben (1. Schritt der Beschreibung auf der gegenüberliegenden Seite). Den Teigrand anfeuchten, zusammenklappen und festdrücken (2. und 3. Schritt).

**3** Den Teigrand mit beiden Händen in drei bis vier Falten legen (4. und 5. Schritt), festdrücken und den Boden abflachen (6. Schritt). Die fertigen Täschchen mit einem feuchten Geschirrtuch abdecken, damit sie nicht austrocknen.

**4** Etwas Erdnussöl bei mittlerer Temperatur in einer Pfanne erhitzen. Je nach Größe der Pfanne mehrere Teigtäschchen mit ausreichend Abstand zueinander und dem Teigrand nach oben zeigend hineinsetzen. Etwas andrücken, damit sie nicht umkippen. Anbraten, bis der Boden der Täschchen goldbraun geworden ist.

**5** Etwas Wasser dazugießen, die Pfanne schließen und die Temperatur senken. Die Täschchen 15–20 Minuten im Dampf garen, bis die Pfanne trocken und der Nudelteig durchscheinend ist. Heiß mit einem Dip aus Essig und Ingwerstreifen servieren.

# Teigtäschchen mit chinesischem Schnittlauch

Chinesischer Schnittlauch heißt im Deutschen nicht umsonst auch Knoblauchschnittlauch. Er schmeckt ähnlich wie Bärlauch, der als Ersatz infrage kommt. Für unser Rezept werden die Täschchen als *guotie* gebraten, die Füllung eignet sich aber auch für die gedämpften *jiaozi* auf dem Foto.

FÜR 6 PERSONEN ZUBEREITUNGSZEIT: 45 MINUTEN

**KOCHUTENSILIEN**

großer Topf
Küchenbeil
Schneidebrett
kleiner Holzspatel
große Bratpfanne mit Deckel (oder Dämpfkorb und Wok)
Wokkelle
kleiner Topf

**ZUTATEN**

250g chinesischer Schnittlauch geputzt und in 1cm lange Stücke geschnitten
125g rohe Garnelen, geschält, von den Därmen befreit, fein gewürfelt
60g frische Wasserkastanien, geschält und gewürfelt, oder 60g Wasserkastanien aus der Dose, abgetropft und gewürfelt
2 TL helle Sojasauce
1 TL Shaoxing (chinesischer Reiswein)
1 TL Sesamöl aus gerösteten Samen
1 TL Salz
1 TL frisch gemahlener schwarzer oder Sichuanpfeffer
1 TL Speisestärke
18–20 runde Nudelteigblätter (Tiefkühlware aufgetaut)
Erdnussöl zum Braten

**für den Sojasauce-Essig-Dip**

60ml helle Sojasauce
3 EL Chinkiang (dunkler Reisessig)
2cm Ingwerwurzel, gerieben
1–2 TL Zucker
1 Frühlingszwiebel, fein gehackt

**1** In einem großen Topf leicht gesalzenes Wasser zum Kochen bringen. Den Schnittlauch darin 1 Minute blanchieren. In einem Sieb mit kaltem Wasser abschrecken. Das Sieb etwas schütteln, den Schnittlauch gründlich abtropfen lassen und behutsam ausdrücken.

**2** Für die Füllung Schnittlauch, Garnelen, Wasserkastanien, Sojasauce, Reiswein und Sesamöl in einer Schüssel mit Salz und Pfeffer würzen, mit der Stärke bestreuen und sorgfältig verrühren.

**3** Die Teigtäschchen füllen: Jeweils etwa 2 EL Füllung in die Mitte eines Nudelteigblatts geben, dabei ringsum genug Platz lassen, sodass man den Teig von vier Seiten aus über der Mitte zusammenbringen kann. Die Teigränder zu einem Kreuz zusammendrücken, in der Mitte und entlang der Ränder fest zusammenkneifen, dabei darauf achten, dass der Teig nicht reißt. Auf der bemehlten Arbeitsfläche unter einem feuchten Tuch ruhen lassen, während die restlichen Täschchen gefüllt werden.

**4** Das Erdnussöl in einer großen Pfanne bei mittlerer Temperatur erhitzen. Die Teigtäschchen mit ausreichend Abstand und dem Teigrand nach oben vorsichtig in die Pfanne legen (portionsweise arbeiten). Etwa 2 Minuten anbraten, bis der Boden goldbraun und leicht knusprig geworden ist. Etwa 125ml Wasser angießen, die Pfanne mit einem Deckel verschließen, die Temperatur senken und die Täschchen etwa 4–5 Minuten im Dampf garen, bis der Teig beginnt, durchscheinend zu werden. Den Deckel abnehmen, die Temperatur wieder auf eine mittlere Stufe stellen und das Wasser verdampfen lassen. Das dauert etwa 3 Minuten.

**5** Für den Dip Sojasauce, Essig, Ingwer, Zucker und 2 EL Wasser in einem kleinen Topf erwärmen, bis der Zucker sich aufgelöst hat. Vom Herd nehmen und in kleine Schälchen gießen. Vor dem Servieren mit den Frühlingszwiebeln garnieren.

**6** Die Teigtäschchen auf einer Platte anrichten und heiß mit dem Dip servieren.

**Zubereitung im Dämpfkorb** Die rohen Teigtäschchen auf einem leicht geölten, hitzebeständigen Teller anordnen, sodass sie sich nicht berühren. Den Teller in einen Dämpfkorb aus Bambus stellen, den Korb schließen und mit ausreichend Abstand zum kochenden Wasser im Wok platzieren. Etwa 12 Minuten im geschlossenen Wok dämpfen, bis der Teig durchscheinend geworden ist. Portionsweise arbeiten, nach Bedarf zwischendurch Wasser nachfüllen.

Die Füllung können Sie variieren, indem Sie die Garnelen durch Schweinehackfleisch ersetzen, das sie zuvor mit etwas Hoisin-Sauce angebraten haben. Auch fein gewürfeltes Hähnchenbrustfilet eignet sich gut.

# Shao Mai mit Garnelenfüllung

*Shao mai* (oder *siu mai)* sind eine weitere Spezialität unter den Hunderten von kleinen Häppchen, die als *dim sum* bezeichnet werden. Sie sind an der Oberseite offen und meist wie Konfekt verziert. Bei diesem Rezept besteht die Füllung aus Garnelen, Ingwer und Frühlingszwiebeln, aber der Fantasie sind keine Grenzen gesetzt.

FÜR 4 PERSONEN   ZUBEREITUNGSZEIT: 30 MINUTEN

**KOCHUTENSILIEN**
Küchenbeil
Schneidebrett
hitzebeständiger Teller zum Dämpfen
kleiner Holzspatel
Dämpfkorb aus Bambus
Wok

**ZUTATEN**
500g Riesengarnelen, geschält, Därme entfernt
1 EL pürierter oder gehackter Knoblauch
1 EL pürierter oder gehackter Ingwer
2 EL Sesamöl
1 EL Speisestärke
1 TL frisch gemahlener Pfeffer
1 Ei, verquirlt
1 TL Salz
1 EL helle Sojasauce
2 Frühlingszwiebeln, fein gehackt
20–30 runde Nudelteigblätter
20–30 große Tiefkühlerbsen

**1** Die Garnelen mit dem Küchenbeil zerkleinern, bis ihre Konsistenz an gehackte Nüsse erinnert. Für die Füllung in einer Schüssel mit Knoblauch, Ingwer, Sesamöl, Speisestärke und Pfeffer vermengen. Ei, Salz, Sojasauce und Frühlingszwiebeln dazugeben und gründlich untermischen.

**2** Mit dem Holzspatel je einen Klecks Füllung in die Mitte eines Teigblattes geben (Abb. o. l.) Den Teigrand rundum nach oben ziehen und dabei in kleine Falten legen, sodass eine becherartige Form entsteht (Abb. o. r.). Anschließend den Teig so abschneiden, dass er bündig mit der Füllung abschließt. Oben je 1 Erbse locker in die Mitte der Füllung drücken.

**3** Die Teigtäschchen portionsweise mit etwas Abstand auf einem leicht geölten, hitzebeständigen Teller verteilen. Den Wok zu etwa einem Drittel mit Wasser füllen. Das Wasser zum Kochen bringen, den Teller in den Dämpfkorb stellen, den Korb schließen und mit ausreichend Abstand zum kochenden Wasser im Wok platzieren. Den Wok schließen und die Teigtäschchen darin 20 Minuten dämpfen. Zwischendurch falls nötig kochendes Wasser nachfüllen. Die fertigen *shao mai* herausnehmen, auf einer Platte anrichten und sofort servieren.

# Shao Mai mit Jakobsmuschelfüllung

**Wegen der frischen Jakobsmuscheln sind diese Teigtäschchen zwar kostspielig, aber auch genau das Richtige für einen besonderen Anlass. Mit ihrer Verzierung aus rotem Kaviar sehen sie besonders edel aus.**

FÜR 6–8 PERSONEN ZUBEREITUNGSZEIT: 45 MINUTEN

**KOCHUTENSILIEN**
Küchenbeil
Schneidebrett
Wok
kleiner Holzspatel
hitzebeständiger Teller
Dämpfkorb aus Bambus

**ZUTATEN**
1 EL Erdnussöl
1 kleine Möhre, fein gewürfelt
90g Austernpilze, gehackt
6–8 Wasserkastanien aus der Dose, abgespült und fein gewürfelt (frische zuvor schälen)
3–4 Knoblauchzehen, sehr fein gehackt
5cm Ingwerwurzel, fein gehackt
250g Jakobsmuscheln, fein gewürfelt, zzgl. einige waagerecht in feine Scheiben geschnittene Muscheln für die Oberseite der *shao mai*
150g geschälte und gegarte Garnelen, fein gewürfelt
1 EL helle Sojasauce
2 TL chinesischer Reiswein (z.B. Shaoxing)
1 TL Sesamöl aus gerösteten Samen
1 TL Salz
½ TL frisch gemahlener schwarzer Pfeffer
1 TL Speisestärke
24–30 runde Nudelteigblätter (Tiefkühlware aufgetaut)
etwas roter Kaviar zum Garnieren
chinesischer oder normaler Schnittlauch zum Garnieren

**Dips**
Sojasauce-Essig-Dip (S. 50)
Chiliöl (nach Belieben)

**1** Das Erdnussöl im Wok bei mittlerer Temperatur erhitzen. Möhre, Pilze, Wasserkastanien, Knoblauch und Ingwer darin 2 Minuten pfannenrühren, dann in eine Schüssel füllen und abkühlen lassen. Den Wok sorgfältig mit Küchenpapier ausreiben.

**2** Sobald die Mischung vollständig abgekühlt ist, die gewürfelten Jakobsmuscheln, Garnelen, Sojasauce, Reiswein, Sesamöl, Salz, Pfeffer und Speisestärke dazugeben und alles gründlich vermengen. Die Füllung mit Frischhaltefolie abgedeckt bis zur Verwendung kalt stellen.

**3** Mit dem Holzspatel je einen Klecks Füllung in die Mitte eines Teigblattes geben. Den Teigrand rundum nach oben ziehen und dabei in kleine Falten legen, sodass eine becherartige Form entsteht (Abb. S. 53 o. r.). Anschließend den Teig so abschneiden, dass er bündig mit der Füllung abschließt. Die Füllung mit Jakobsmuschelscheiben abdecken.

**4** Die Teigtäschchen portionsweise so auf einem leicht geölten, hitzebeständigen Teller anordnen, dass sie sich nicht berühren. Den Wok zu etwa einem Drittel mit Wasser füllen. Das Wasser zum Kochen bringen, den Teller in den Dämpfkorb stellen, den Korb schließen und mit ausreichend Abstand zum kochenden Wasser im Wok platzieren. Den Wok schließen und die Teigtäschchen darin 15 Minuten dämpfen. Zwischendurch falls nötig kochendes Wasser nachfüllen.

**5** Die *shao mai* herausnehmen, auf einer Platte anrichten, mit rotem Kaviar und Schnittlauch garnieren und sofort mit dem Sojasauce-Essig-Dip und nach Belieben mit Chiliöl servieren.

# Festliche Teigtäschchen mit Krebs- und Schweinefleischfüllung

Gefüllte Teigtäschchen gehören zu jedem chinesischen Festtag. Es gibt sie mit verschiedenen Füllungen und in den unterschiedlichsten Formen. Die halbrunden Täschchen mit dem gefältelten Rand nennen sich *jiaozi* und werden vor allem zum Neujahrsfest zubereitet. Der Nudelteig ist im Prinzip immer der gleiche – eine simple Mischung aus Mehl und Wasser –, nur rollt man ihn je nach Garweise unterschiedlich dick aus.

ERGIBT 16 TEIGTÄSCHCHEN ZUBEREITUNGSZEIT: 30 MINUTEN

**KOCHUTENSILIEN**
Küchenbeil
Schneidebrett
Wok
kleiner Holzspatel
hitzebeständiger Teller
Dämpfkorb aus Bambus

**ZUTATEN**
120g Schweinehackfleisch
60g Krebsfleisch, zerpflückt
1 TL Speisestärke
½ TL Salz
½ TL zerstoßener schwarzer Pfeffer
1 EL Sesamöl
1 Frühlingszwiebel, fein gehackt
2 Knoblauchzehen, fein zerstoßen
16 runde Nudelteigblätter (Tiefkühlware aufgetaut)
**für den Dip**
2 EL Chinkiang oder Weinessig
1 TL gehackter Ingwer

**1** Für die Füllung Schweinehack, Krebsfleisch, Speisestärke, Salz, Pfeffer, Sesamöl, Frühlingszwiebel und Knoblauch gründlich in einer Schüssel vermengen.

**2** Mit dem Holzspatel je einen Klecks Füllung in die Mitte eines Teigblatts geben. Den Teig zu einem Halbkreis zusammenklappen, den Rand sorgfältig zusammendrücken und in drei Falten legen. Den Boden der Täschchen etwas verbreitern, sodass sie nicht umfallen (s. S. 48).

**3** Die Teigtäschchen portionsweise auf einem leicht geölten, hitzebeständigen Teller so anordnen, dass sie sich nicht berühren. Den Wok zu etwa einem Drittel mit Wasser füllen. Das Wasser zum Kochen bringen, den Teller in den Dämpfkorb stellen, den Korb schließen und mit ausreichend Abstand zum kochenden Wasser im Wok platzieren. Den Wok schließen und die Teigtäschchen darin 20 Minuten dämpfen. Falls nötig, zwischendurch kochendes Wasser nachfüllen. Nach Belieben können Sie die Täschchen auch anbraten, dann nennen sie sich *guotie* (Anleitung auf S. 49).

**4** Die Zutaten für den Dip verrühren und zu den heißen Täschchen servieren.

# Hefeklößchen mit würziger Schweinefleischfüllung

*Char siu bao* sind ein Klassiker unter den *dim sum* genannten Teehaushäppchen: In einem luftigen Hefeteig steckt süßlich-pikant gewürztes gebratenes Schweinefleisch, manchmal aber auch Huhn. Aus dem gleichen Teig kann man auch süße Klößchen mit einem Mus aus roten Bohnen machen, das es fertig in Dosen zu kaufen gibt.

FÜR 4 PERSONEN   ZUBEREITUNGSZEIT: 45 MINUTEN, ZZGL. 2 STUNDEN 15 MINUTEN TEIGRUHE

**KOCHUTENSILIEN**
Küchenbeil
Schneidebrett
feines Sieb
Backofenbräter mit Grillrost
Dämpftopf und -behälter
Küchenpinsel

**ZUTATEN**
**für den Hefeteig**
1 TL Zucker
2 TL Trockenhefe
500 g Mehl
1 Prise Salz
**für die Fleischfüllung**
250 g Schweinerückensteak
2 EL Hoisin-Sauce
2 EL Reiswein (z. B. Shaoxing)
1 Knoblauchzehe, zerdrückt
½ TL Fünf-Gewürze-Pulver
1 TL Zucker

**1** Den Zucker für den Hefeteig in 250 ml warmem Wasser auflösen. Die Hefe hineinstreuen und umrühren. Die Mischung an einem warmen Ort 15 Minuten ruhen lassen, bis sie schäumt.

**2** Mehl und Salz in eine Schüssel sieben. Die Hefemischung untermengen. Den Teig auf der bemehlten Arbeitsfläche etwa 15 Minuten kneten, bis er glatt und elastisch ist. In eine angewärmte, bemehlte Schüssel legen und an einem warmen Ort etwa 2 Stunden gehen lassen.

**3** In der Zwischenzeit das Fleisch für die Füllung in breite Streifen schneiden. Hoisin-Sauce, Reiswein, Knoblauch, Fünf-Gewürze-Pulver und Zucker verrühren und das Fleisch darin mindestens 15 Minuten marinieren. Den Backofen auf 200 °C vorheizen.

**4** Die Fleischstreifen auf dem Grillrost über dem Bräter anordnen und im vorgeheizten Ofen 35 Minuten braten. Abkühlen lassen und in 1 cm große Würfel schneiden.

**5** Den Teig zu einer 5 cm dicken Rolle formen. Diese in 1 cm dicke Scheiben schneiden und jedes Stück zu einem dünnen Kreis mit etwa 8 cm Durchmesser ausrollen. In die Mitte jedes Teigkreises 1 EL Fleisch geben, dann den Teig über der Füllung zu einem Kloß schließen und festdrücken.

**6** Aus Backpapier Quadrate als Unterlage für die Klöße ausschneiden und mit etwas Öl einpinseln. Die Klöße auf den Backpapierstücken in den Dämpfbehälter setzen. Diesen mit ausreichend Abstand zum kochenden Wasser im Topf platzieren. Den Topf schließen und die Klößchen darin 20 Minuten dämpfen. Heiß oder auf Raumtemperatur abgekühlt servieren.

# Gefüllte und knusprig gebratene Auberginen

**Ganz frisch aus dem Wok sind diese knusprigen Happen mit ihrer würzigen Garnelenfüllung ein großer Genuss. Tolle Beilagen dazu: verschiedene Dips und knackige Erbsensprossen mit pfannengerührtem Knoblauch, Sesamöl und Sojasauce.**

FÜR 6–8 PERSONEN   ZUBEREITUNGSZEIT: 40 MINUTEN

**KOCHUTENSILIEN**
Küchenbeil
Schneidebrett
Wok
Sieb
Bratpfanne

**ZUTATEN**

**für die Füllung**
- 175 g rohe Garnelen, geschält, Därme entfernt, grob gehackt
- 2 Frühlingszwiebeln, nur die grünen Teile, fein gehackt, zzgl. in feine Stifte geschnittene Frühlingszwiebeln zum Garnieren
- 2 EL fein gehackter chinesischer Schnittlauch (Knoblauchschnittlauch, ersatzweise Bärlauch)
- 2 EL fein gehackte Korianderblätter
- 1 TL Salz
- 1 TL Shaoxing (chinesischer Reiswein)
- 1 TL helle Sojasauce
- 1 TL Speisestärke

**für die Auberginen**
- 500 g Auberginen (vorzugsweise chinesische oder japanische)
- 1 großes Ei
- 45 g Mehl
- 3 EL Speisestärke
- 1 Prise Salz
- ½ TL Sichuanpfeffer
- 100 g feine Semmelbrösel
- Erdnussöl zum Frittieren
- Chiliöl zum Servieren (nach Belieben)

**für den Dip**
- 2 TL Erdnussöl
- 1 Frühlingszwiebel, in feine Ringe geschnitten
- 125 ml Hühnerbrühe
- 1 TL fermentierte schwarze Bohnen *(douchi)*, abgespült und leicht zerdrückt (nach Belieben)
- 1–2 TL helle Sojasauce
- 1 Prise Salz
- ½ TL Zucker
- 1 TL Speisestärke

**1** Für die Füllung Garnelen, Frühlingszwiebeln, Schnittlauch und Koriander in eine Schüssel geben und mit Salz, Reiswein, Sojasauce sowie der Speisestärke gründlich mischen. Falls nötig, mit den Fingern arbeiten, sodass alle Zutaten wirklich gut vermengt sind. Mit Frischhaltefolie abgedeckt bis zur Verwendung kalt stellen.

**2** Die Enden der Auberginen schräg abschneiden und wegwerfen. Den Rest wiederum schräg in etwa 2,5 cm dicke Scheiben schneiden. Mit einem scharfen Messer einen tiefen, etwa 5 mm breiten Keil aus jeder Scheibe schneiden, beginnend oben an der Haut und bis auf zwei Drittel in das Fleisch hineinreichend. Die Auberginen in ein Sieb legen, mit Salz bestreuen und 20 Minuten ziehen lassen. Gründlich abspülen und mit Küchenpapier trocken tupfen.

**3** Je 1 TL Füllung in die keilförmige Öffnung geben und glatt streichen. Das Ei in einer Schale mit 1 EL Wasser verquirlen. Mehl, Speisestärke und 1 Prise Salz in eine zweite Schale sieben. Die Semmelbrösel in einer dritten Schale bereitstellen.

**4** Genügend Öl zum Frittieren im Wok auf 180 °C erhitzen. (Probe: Ein kleiner Brotwürfel sollte darin innerhalb von 40 Sekunden braun werden.) Die Auberginenstücke erst in Ei, dann in Mehl wenden, überschüssiges Mehl abklopfen. Zum Schluss in den Semmelbröseln wenden. Mit einem Schaumlöffel vorsichtig 4–5 Auberginen ins heiße Fett geben und 4–5 Minuten frittieren, bis sie rundum goldbraun geworden sind. Während des Frittierens mehrfach wenden. Mit dem Schaumlöffel herausnehmen und auf Küchenpapier abtropfen lassen, während die nächste Portion frittiert wird. Dann bis zum Servieren auf einer vorgewärmten Platte warm halten.

**5** Für den Dip das Öl in einer Pfanne bei mittlerer Temperatur erhitzen. Die Frühlingszwiebelringe darin 30 Sekunden pfannenrühren. Brühe, schwarze Bohnen (falls verwendet), Sojasauce, Salz und Zucker dazugeben und zum Kochen bringen. Die Speisestärke mit 1 EL Wasser anrühren und unter die kochende Brühe rühren. Etwa 1 Minute köcheln lassen, bis die Sauce andickt.

**6** Die Auberginen zum Servieren auf einer Platte anrichten und mit etwas Dip beträufeln. Den Rest der Sauce in einem Schälchen zum Dippen bereitstellen. In weiteren Schälchen nach Belieben Chiliöl und Sichuanpfeffer-Salz-Dip (s. u.) anbieten. Die Auberginen mit Frühlingszwiebeln garnieren und sofort servieren.

**Sichuanpfeffer-Salz-Dip** 2 EL ganze Sichuanpfefferkörner im trockenen Wok etwa 5 Minuten rösten, bis sie intensiv duften, aber nicht anbrennen lassen. Im Mörser fein zerstoßen. Schalenstücke und Klümpchen aussieben, den Rest mit der dreifachen Menge Salz mischen. Als Dip zu frittierten Gerichten servieren.

# Chinesisches Geschirr

Verglichen mit einer stilvoll gedeckten Tafel westlichen Zuschnitts, auf der passend zum Menü die verschiedenen Bestandteile eines umfangreichen Tafelservices zum Einsatz kommen, erscheint das chinesische Geschirr übersichtlich. Hier werden alle Gerichte gleichzeitig und nicht in verschiedenen Gängen serviert. Jeder Gast hat eine eigene Reisschale, Stäbchen sowie einen Porzellanlöffel und bedient sich ganz zwanglos aus den aufgetragenen Schüsseln.

**1 TEEKANNE**
Tee ist zwar das beliebteste Getränk in europäischen Chinarestaurants, doch serviert man ihn in chinesischen Haushalten in der Regel nicht direkt zum Essen. Die Teeblätter kommen lose in die Kanne, darüber schüttet man immer wieder heißes Wasser. Die traditionelle Form chinesischer Teekannen ist rund und gedrungen, doch das Design folgt heute auch den gängigen Moden.

**2 TEESCHALEN**
Tee wird in kleinen Schalen oder Bechern serviert und häufig nachgeschenkt. Einem Gast überreicht man die Schale stets mit beiden Händen, und so hält man sie auch beim Trinken, denn sie hat keinen Henkel.

**3 REISSCHALE**
Form und Größe chinesischer Reisschalen sind seit Jahrhunderten unverändert geblieben. Man hält sie mit dem Daumen am oberen und den übrigen Fingern am unteren Rand. Zum Essen führt man sie nahe an den Mund und schiebt den Reis mit den Stäbchen hinein. Kein Mensch käme auf die Idee, einzelne Körner aufzupicken. Reis fallen zu lassen bedeutet in China übrigens Unglück.

**4 NUDELSCHALE**
Nudeln sind in China keine Beilage, sondern ein eigenständiges Gericht. Man isst sie mitsamt der dazu gehörenden Suppe aus größeren Schalen.

**5 DIP- UND SAUCENSCHÄLCHEN**
Es gibt sie in verschiedenen Größen und Formen. Manche sind auch unterteilt, sodass Sojasauce, geriebener Ingwer, Chilisauce, gehackte Chilischoten, Senf oder Essig nebeneinander Platz finden.

**6 SPEISETELLER**
Chinesen servieren den Reis nie auf einem Teller, es sei denn als Geste der Höflichkeit gegenüber Gästen aus dem Ausland, die es nicht gewohnt sind, aus einer Schale zu essen. Sonst benützt man Speiseteller nur für Gerichte, die ohne Reis gegessen werden, etwa gebratene Nudeln. In Südostasien und Indochina dagegen sind Teller üblich.

**7 SUPPENSCHALE**
Die traditionelle Art, Suppe zu essen, besteht darin, dass alle Familienmitglieder aus einer großen, in der Mitte stehenden Schüssel löffeln. Heute hat man sich allerdings den modernen Hygienevorstellungen angepasst und serviert Suppe und *congee* (Reisbrei) in Portionsschalen.

**8 9 PORZELLANLÖFFEL MIT UNTERSETZER**
Porzellan leitet die Hitze schlecht, daher läuft man Gefahr, sich die Zunge zu verbrennen, wenn man heiße Suppe mit diesen Löffeln isst, die sich kühl anfühlen. Man verwendet sie auch zum Anrühren von essighaltigen Dips und Marinaden, da manche Metalllöffel mit der Säure reagieren. Der praktische Untersetzer verhindert Flecken auf dem Tischtuch.

**10 ESSSTÄBCHENBANK**
Feine Bänkchen aus Porzellan schützen nicht nur die Tischwäsche vor Flecken, sie sind auch ein Zeichen gehobener Tischkultur und dürfen bei keinem festlichen Anlass fehlen.

**11 ESSSTÄBCHEN**
Essstäbchen sind normalerweise etwa 25 Zentimeter lang und aus Bambus oder Holz gefertigt. Im alten China benutzte die Königsfamilie auch Stäbchen aus Elfenbein oder sogar aus Gold. Glatte Plastikstäbchen sind vor allem für Nudeln ungeeignet. Auch lackierte Stäbchen sind eher zur Dekoration gedacht und allenfalls für kalte Speisen zu gebrauchen.

**12 SUPPENTERRINE**
In einer Terrine kann man Suppen und Eintöpfe stilvoll in der Mitte des Tisches servieren. Dank des Deckels bleibt der Inhalt lange warm. Da chinesische Terrinen keine Henkel haben, benötigt man zum Auftragen Topfhandschuhe.

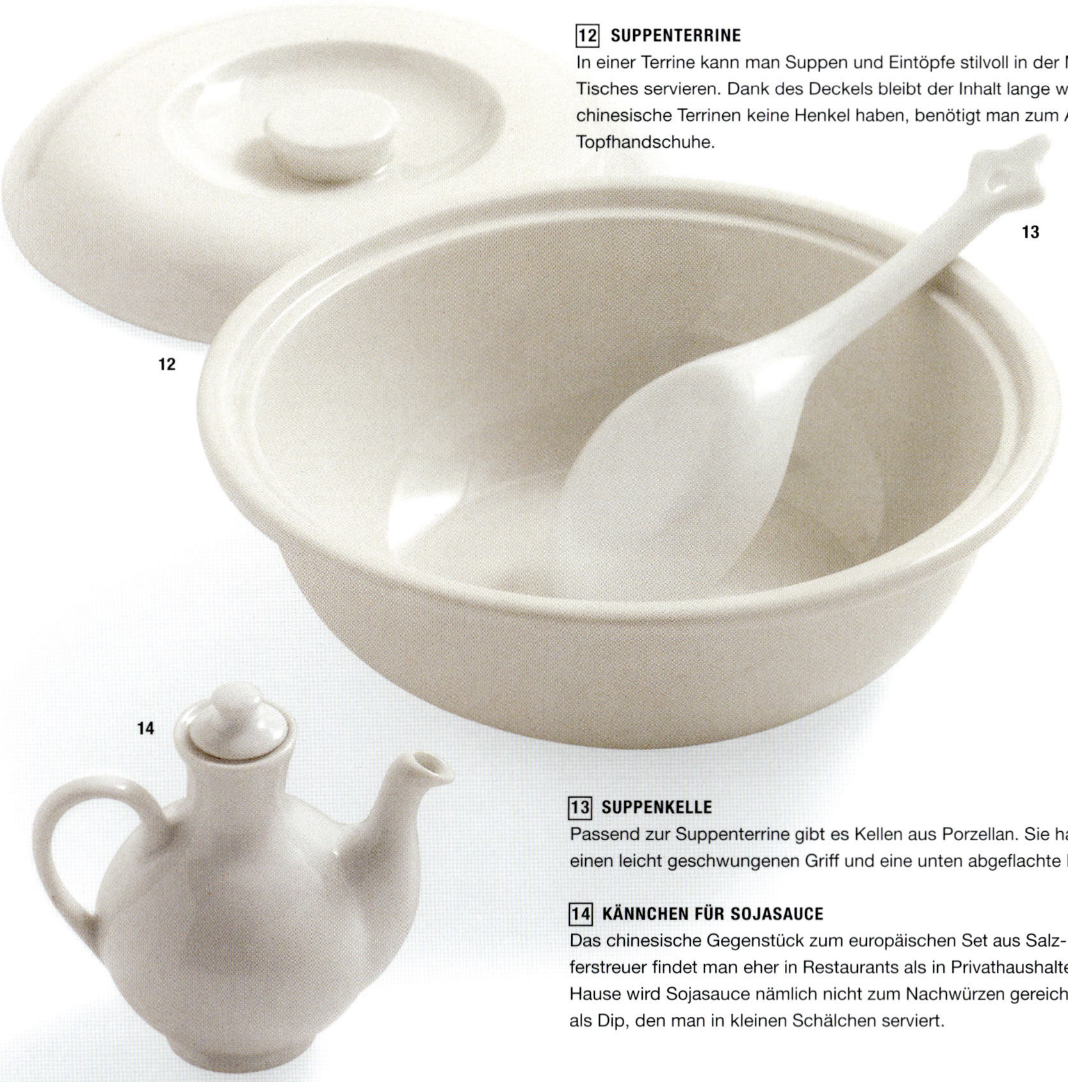


**13 SUPPENKELLE**
Passend zur Suppenterrine gibt es Kellen aus Porzellan. Sie haben meist einen leicht geschwungenen Griff und eine unten abgeflachte Kelle.

**14 KÄNNCHEN FÜR SOJASAUCE**
Das chinesische Gegenstück zum europäischen Set aus Salz- und Pfefferstreuer findet man eher in Restaurants als in Privathaushalten. Zu Hause wird Sojasauce nämlich nicht zum Nachwürzen gereicht, sondern als Dip, den man in kleinen Schälchen serviert.

# Der Umgang mit Stäbchen

**Ob aus Holz, Bambus oder edlem Silber: Essstäbchen treiben einen zur Verzweiflung, wenn man nicht mit ihnen umzugehen weiß. Aber keine Angst: Man kann es lernen! Mit ein bisschen Übung erwischt man schon bald auch die kleinsten und schlüpfrigsten Happen.**

Für Anfänger sind Bambus- oder Holzstäbchen einfacher zu handhaben als solche aus Kunststoff und vierkantige chinesische Stäbchen leichter als die runden, spitzen aus Japan. Üben Sie zunächst einmal, wie man mit den Stäbchen klappert, bevor Sie versuchen, etwas damit aufzunehmen. Die einfache Grundregel lautet: Nur das obere Stäbchen darf sich bewegen.

**1. Schritt** Legen Sie ein Stäbchen mit dem hinteren Drittel zwischen Daumenansatz und den Nagel Ihres Ringfingers. Dieses Stäbchen bleibt immer in seiner Position und wird nicht bewegt. Manch einer (und besonders Kinder) halten die Stäbchen lieber in der Mitte, sobald man sie aber zu weit nach hinten oder nach vorne verschiebt, haben sie nicht mehr die nötige Hebelwirkung und werden sehr unhandlich.

**2. Schritt** Fassen Sie das zweite Stäbchen wiederum im hinteren Drittel mit den Fingerspitzen von Daumen, Zeige- und Mittelfinger, und halten Sie es oberhalb des anderen Stäbchens. In paralleler Stellung sollte zwischen ihnen ein Abstand von etwa 2 Zentimetern liegen.

**3. Schritt** Der Daumen dient als Anker, während der Mittelfinger das obere Stäbchen mit der Spitze nach oben bewegt. Dadurch öffnet sich das Stäbchenpaar wie eine Zange.

**4. Schritt** Das untere Stäbchen bleibt stabil, das obere wird, wiederum mit dem Mittelfinger, nach unten bewegt, bis sich die Spitzen beider Stäbchen berühren. Um dann auch etwas zwischen den Stäbchenspitzen festzuhalten, ist ein leichter Druck nötig.

# Kalte Sesamnudeln

Kalte Nudeln mit einem erfrischenden Dressing sind genau das Richtige für einen schwül-heißen chinesischen Sommertag und daher als Snack und beim Picknick sehr beliebt. Nicht nur jede Region, sondern auch jeder Straßenhändler hat ein eigenes Rezept – so ist für genug Abwechslung zu den vielen warmen Nudelgerichten gesorgt.

FÜR 4–6 PERSONEN ZUBEREITUNGSZEIT: 30 MINUTEN

**KOCHUTENSILIEN**

großer Kochtopf
Sieb
Wok
Holzspatel

**ZUTATEN**

500g frische Nudeln
2 EL Sesamöl
1 EL dunkle Sojasauce
2 Eier
1 Prise Salz
1 EL Erdnussöl
250g gebratenes Schweinefilet, in 5cm lange Streifen geschnitten
75g Bohnensprossen, einige Sekunden blanchiert und kalt abgeschreckt
grob gehackte, geröstete Erdnüsse oder geröstete Sesamsamen sowie 3 Frühlingszwiebeln, in feine Ringe geschnitten, zum Garnieren

**für das Sesam-Dressing**

2 EL Sesampaste, in 3 EL warmem Wasser aufgelöst
2 EL dunkle Sojasauce
2 Knoblauchzehen, fein gehackt
2 Frühlingszwiebeln, in feine Ringe geschnitten
1 EL Reisessig
2 TL Zucker
2 TL Chiliöl
1 TL Salz
1 TL gemahlener Sichuanpfeffer

**1** In einem großen Topf reichlich leicht gesalzenes Wasser zum Kochen bringen. Die Nudeln darin 4–5 Minuten garen. In ein Sieb abgießen, mit kaltem Wasser abschrecken und gründlich abtropfen lassen. In einer Schüssel mit Sesamöl und Sojasauce vermengen und bis zur Verwendung abgedeckt kalt stellen.

**2** In einer kleinen Schüssel die Eier mit dem Salz verquirlen, dann 10 Minuten ruhen lassen. Etwa 1 TL Öl im Wok bei mittlerer Temperatur erhitzen. Ein Viertel der Eiermasse hineingeben und den Wok dabei schwenken, sodass ein kleines Omelett entsteht. Vorsichtig mit einem Holzspatel vom Wok lösen und wenden. Kurz anbraten, dann herausnehmen und den Rest der Eier zu drei weiteren Omeletts verarbeiten, zwischendurch wieder etwas Öl dazugeben. Die Omeletts abkühlen lassen und in 5cm lange Streifen schneiden.

**3** Die Zutaten für das Dressing in einem Schälchen verrühren.

**4** Kurz vor dem Servieren die Nudeln mit dem Dressing mischen, dann Fleisch- und Omelettstreifen unterheben. Auf einer Platte anrichten, mit Erdnüssen oder Sesam und mit Frühlingszwiebeln garnieren.

# NINA SIMONDS Scharf-saures Lo Mein mit Garnelen

»Chinesisch essen im Restaurant bedeutete für mich als Kind automatisch, Nudeln *lo mein* zu bestellen«, erzählt die US-amerikanische Kochexpertin Nina Simonds. »Und obwohl diese frische und nahezu fettfreie Variante nur wenig mit dem kantonesischen *lo mein* meiner Kindheit gemein hat, weckt es für mich doch schöne Erinnerungen.«

FÜR 6 PERSONEN ZUBEREITUNGSZEIT: 30 MINUTEN

**KOCHUTENSILIEN**

Küchenbeil
Schneidebrett
kleiner Topf
großer Topf
Sieb
Wok und Kelle
kleines Sieb

**ZUTATEN**

175 g Wasserkastanien aus der Dose, abgetropft und in Scheiben geschnitten
225 g breite chinesische Nudeln
700 g mittelgroße rohe Garnelen, geschält, von den Därmen befreit, abgespült
3½ EL Erdnussöl
1 rote Zwiebel, in feine Streifen geschnitten
2½ EL fein gehackter Knoblauch
1 TL scharfe Chilipaste
225 g Zuckerschoten, Stiele und Fäden entfernt

**für die Ingwermarinade**

3 EL chinesischer Reiswein oder Sake
1½ EL fein gehackter Ingwer
1 TL Sesamöl

**für die scharf-saure Sauce**

340 ml Hühnerbrühe oder Wasser
85 ml helle Sojasauce
2 EL chinesischer Reiswein oder Sake
2 EL Zucker
2 EL Chingkiang (dunkler Reisessig) oder Worcestersauce
1 TL Sesamöl aus gerösteten Samen
1 EL Speisestärke

**1** In einem kleinen Topf Wasser zum Kochen bringen und die Wasserkastanien darin 10 Sekunden blanchieren. In ein Sieb abgießen, mit kaltem Wasser abschrecken, abtropfen lassen und mit Küchenpapier trocken tupfen, dann beiseitestellen.

**2** In einem großen Topf reichlich Wasser zum Kochen bringen und darin die Nudeln nach den Angaben auf der Packung bissfest garen. In ein Sieb abgießen und unter fließendem kalten Wasser abschrecken. Danach gründlich abtropfen lassen.

**3** Für die Ingwermarinade Reiswein oder Sake, Ingwer und Sesamöl in einer Schüssel verrühren. Die Garnelen untermengen und beiseitestellen. In einer zweiten Schüssel für die scharf-saure Sauce Brühe, Sojasauce, Reiswein oder Sake, Zucker, Essig, Sesamöl und Speisestärke mischen und ebenfalls beiseitestellen.

**4** Den Wok stark erhitzen. 2 EL der angegeben Ölmenge darin kräftig erhitzen, es sollte aber noch nicht rauchen. Die Garnelen aus der Marinade nehmen und 1½ Minuten pfannenrühren, bis sie sich rosa färben. Mit einem kleinen Sieb herausnehmen und abtropfen lassen. Den Wok mit Küchenpapier ausreiben.

**5** Den Wok bei mittlerer Temperatur erneut erhitzen. Die restlichen 1½ EL Öl hineingeben und etwa 20 Sekunden erhitzen. Zwiebel, Knoblauch und Chilipaste 1½–2 Minuten pfannenrühren, bis die Zwiebel weich wird.

**6** Wasserkastanien und Zuckerschoten dazugeben. Die Temperatur erhöhen und weiterrühren, bis sich alles erwärmt hat. Die scharf-saure Sauce zugeben und 2–3 Minuten unablässig rühren, damit sich keine Klümpchen bilden, während die Sauce andickt.

**7** Garnelen und Nudeln vorsichtig unterheben. Alles auf einer Platte anrichten und sofort servieren.

# Japan und Korea

Die japanische Kultur mit ihrer besonderen Symbolik ist für Menschen aus dem Westen nur schwer zu begreifen. Die Genialität der japanischen Küche dagegen liegt gerade in ihrer Einfachheit, in der Verbindung weniger Geschmackszutaten mit der Qualität natürlicher, frischer Ingredienzen. So zeugt jedes Gericht von der großen japanischen Liebe zur Natur.

1
2
3
4
5
6
7
8

# Japan und Korea

**Oberstes Gebot in der japanischen Küche ist es, jede Zutat und jedes Gericht seine ganz eigene Schönheit entfalten zu lassen: Ein einzelnes Herbstblatt dient als Verzierung, eingelegtes Gemüse wird kunstvoll angerichtet, und die Farben des Geschirrs sind sorgsam aufeinander abgestimmt.**

Im Grunde ist es gerade die Einfachheit, mit der uns die japanische Küche so bezaubert. Ganz im Geist der Zen-Philosophie liegt das Augenmerk niemals auf der Fülle, sondern auf der Ehrerbietung, die man jedem einzelnen Bestandteil einer Speise erweist. Es heißt, Japaner äßen nicht nur mit dem Mund, sondern mit der Seele. Jeder Bissen wird mit so viel Aufmerksamkeit genossen, als wäre er reine Poesie.

Die wichtigsten Geschmackszutaten der japanischen Küche sind im Grunde schlicht: Flocken aus gedörrtem, geräuchertem Thunfisch *(katsuo bushi)*, Dashi (eine Brühe aus Fischflocken, Seetang und getrockneten Pilzen) und Sake (Reiswein), dazu eine Reihe von Sojabohnenprodukten wie Sojasaucen und verschiedene Miso-Pasten aus fermentierten Sojabohnen und Getreide. Weitere beliebte Zutaten sind Bambussprossen, Daikon-Rettich (auch *mooli* genannt), Ingwer, Shiitake (Pilze), Nori und Kombu (verschiedene Arten getrockneter Seetangblätter), Shirataki-Nudeln aus Konjac-Wurzelmehl und Soba-Nudeln aus Buchweizen. Die eindrucksvollste japanische Zutat, besonders für Neulinge, ist vermutlich Wasabi, eine extrem scharfe grüne Meerrettichpaste.

In Japan unterscheidet man sieben verschiedene Zubereitungsarten, und ein typisches Menü sollte neben Miso-Suppe, Reis und sauer eingelegtem Gemüse immer mehrere Speisen enthalten, die auf unterschiedliche Arten zubereitet sind. Gegrillte oder gebratene Gerichte nennen sich *yakimono*, die bei uns bekanntesten sind wohl *yakitori* und *teriyaki*. *Agemono* sind frittierte Speisen wie *tempura*. Gekochte, pochierte oder geschmorte Gerichte heißen *nimono*. Unter der Bezeichnung *mushimono* versteht man gedämpfte Speisen, *itamemono* sind gebraten oder pfannengerührt, *sunomono* mit Essig gesäuert und *aemono* mit einem Dressing oder einer deftigen Sauce überzogen.

Japaner legen größten Wert darauf, auch und gerade beim Kochen dem Lauf der Jahreszeiten zu folgen. Nicht nur die Zutaten, auch Formen, Farben, Beschaffenheit und die Präsentation der Gerichte nehmen Bezug auf den jahreszeitlichen Wandel. Die besten japanischen Restaurants benützen für jede Saison besonderes Geschirr, selbst in den Farben und Mustern der Kimonos spiegelt sich die Jahreszeit wider: Im Herbst sind sie rot, im Winter weiß, grün im Frühjahr und orange im Sommer.

Sushi ist im Westen der Inbegriff japanischer Küche, wird aber häufig mit Sashimi verwechselt. Letzteres bezeichnet rohen Fisch, während der Hauptbestandteil von Sushi kalter, mit Essig gesäuerter Reis ist. Er wird mit vielerlei Zutaten und häufig – aber nicht immer – mit rohem Fisch zu kleinen Kunstwerken verarbeitet, die man eher als Vorspeise denn als Hauptgericht serviert.

Bis zum Ende des 16. Jahrhunderts war der Inselstaat Japan fast vollständig vom Rest der Welt abgeschnitten. Die ersten Europäer, die nach Japan gelangten, waren portugiesische Seeleute.

**LINKS 1** Daikon **2** Shimejitake **3** Shiso-Blätter **4** Spinat **5** Enokitake **6** Shiitake **7** Edamame (unreife Sojabohnen) **8** Gobo (Klettenwurzel)
**UNTEN 1** Sushireis **2** Kombu-Seetang **3** Katsuo bushi (Fischflocken) **4** Hijiki-Seetang **5** Shichimi togarashi (Gewürzmischung) **6** Chiliflocken **7** Wakame-Seetang **8** Nori-Seetang **9** Udon-Nudeln **10** weißer Sesam **11** Soba-Nudeln **12** schwarzer Sesam

Im Gefolge der Händler kamen auch jesuitische Missionare ins Land, die unter anderem nach Hause berichteten, die Japaner äßen so gut wie kein Fleisch, dafür aber große Mengen an Reis und Fisch. Schon bald nach ihrer Ankunft begannen die Portugiesen, sich in die Angelegenheiten der japanischen Adeligen einzumischen. Da man in Japan außerdem eine Invasion der auf den Philippinen stationierten Spanier befürchtete, kam es im Jahr 1638 zur gewaltsamen Vertreibung der Portugiesen. Auch alle übrigen Ausländer wurden des Landes verwiesen und den Japanern ihrerseits bei Todesstrafe verboten, ihre Heimat zu verlassen. So schlossen sich Japans Tore wieder, bis im 19. Jahrhundert amerikanische Schiffe unter Commodore Matthew Perry landeten, um die Öffnung japanischer Häfen zu erzwingen. Der daraufhin ausgehandelte Vertrag von Kanagawa ermöglichte 1854 erstmals Handelsbeziehungen zwischen Japan und den USA.

In kulinarischer Hinsicht ist die kurze Zeit portugiesischer Einflussnahme in Japan nicht folgenlos geblieben: Die berühmten japanischen *tempura*-Rezepte für frittiertes Gemüse und frittierte Meeresfrüchte gehen zurück auf die katholischen Missionare. Diese befolgten die Fastenregel *quattuor anni tempora,* was so viel bedeutet wie »viermal im Jahr«. Ähnlich wie an Freitagen und in der vorösterlichen Fastenzeit war während der sogenannten Quatemberwochen der Genuss von Fleisch streng untersagt. Die Portugiesen bereiteten stattdessen Meeresfrüchte zu, und irgendwann verband sich die vom lateinischen *tempora* stammende Bezeichnung *tempura* mit frittierten Garnelen. Dabei ist es bis heute geblieben, mittlerweile bereitet man auch Lachs, Tofu, Bambussprossen und Gemüse auf die gleiche Weise zu.

Die westlich von Japan gelegene Halbinsel Korea ist mit einem weitgehend gemäßigten Klima gesegnet. Seit Jahrhunderten leben die Koreaner von dem, was Meer, Land und Berge ihnen schenken. Ihre Küche ist scharf-würzig und herzhaft, mit dem Aroma von Knoblauch, Ingwer, schwarzem Pfeffer, Frühlingszwiebeln, Sojasauce und Sesam. Auch Chilischoten werden großzügig verwendet, daneben fermentierte Sojabohnenpaste, Senf, Essig und Reiswein. Allein aus der Kombination dieser Zutaten sind zahllose Marinaden und Würzsaucen entstanden.

Kein Koreaner könnte mehr als ein paar Tage ohne *kimchi* sein, eine Art pikantes Sauerkraut, das es in vielen Varianten gibt. Häufig werden zu einem Essen drei oder mehr verschiedene Sorten *kimchi* serviert. Zur Herstellung wird fein geschnittener Chinakohl mit einer Mischung aus Salz, Chilipulver, frischen Chilischoten, Ingwer, Sojasauce und Zucker in große Steintöpfe geschichtet. Abgedeckt mit feinen Musselintüchern, die dem Kraut erlauben sollen zu »atmen«, lässt man es etwa eine Woche stehen. Dann ist es zu der berauschend guten Spezialität vergoren.

Das am häufigsten verzehrte Fleisch in Korea ist Rind, die beliebtesten Gerichte sind das sogenannte koreanische Feuerfleisch *bulgogi* sowie das ganz ähnliche *bulgabi*. Für beide wird das Fleisch – bei *bulgogi* verwendet man Beefsteak, bei *bulgabi* ein Rinderrippenstück – mehrere Stunden in *yang yeum kanjang* mariniert. Das ist ein pikanter Mix aus Sojasauce, Sesamöl, Bohnenpaste, Frühlingszwiebeln, Chilipaste, Knoblauch und Zucker. Danach grillt man das Fleisch über Holzkohle oder aber auf einem gusseisernen Gestell direkt bei Tisch.

Häufig verwenden die Koreaner zum Würzen auch eine fermentierte Sojabohnenpaste namens *gochujang.* Sie ähnelt der Chilipaste aus Sichuan, hat aber trotz unglaublicher Mengen an Chilipulver, mit denen sie hergestellt wird, einen erstaunlich milden Geschmack. Seetang begegnet einem in vielerlei Gestalt in der koreanischen Küche. Der koreanische *kim* ähnelt sehr dem japanischen Nori und wird auch ganz ähnlich verwendet.

Koreanische Nudeln dagegen sind einzigartig, besonders die gummiartigen, endlos langen Buchweizennudeln namens *naengmyun*, die man zusammengefaltet trocknet und später bei Tisch mit der Schere auseinanderschneidet. Ihr Name bedeutet »kalte Nudel«. Man kann sie zwar auch heiß essen, viel häufiger aber werden sie in einer feurig gewürzten kalten Brühe mit rohen Gemüsestiftchen serviert, manchmal auch mit Nashi-Früchten (japanischer Birne), hart gekochtem Ei oder kaltem Rindfleisch.

Früher ernährten sich ärmere Familien in Korea hauptsächlich von Reis und Gemüse, häufig besserten sie ihre schmalen Reisvorräte auch mit anderem Getreide und Hülsenfrüchten auf. Das Gemüse wurde im Winter mit Chili und Bohnenpaste pfannengerührt, im Sommer vorzugsweise roh verzehrt. In den vergangenen Jahrzehnten hat sich die Ernährung allerdings stark verändert. Vor allem im weltoffenen Südkorea hielt die internationale Küche Einzug. Umgekehrt scheuen sich im Ausland arbeitende koreanische Köche nicht, ihre traditionellen Gerichte abzuwandeln. Sie verwenden Zutaten, die es in ihrer Heimat nicht gibt, die Geschmacksgeber jedoch bleiben immer die der koreanischer Küche, denn ihre altehrwürdigen Gewürze sind den Koreanern heilig.

**RECHTS 1** Kimchi yang yeum (koreanische Würzpaste) **2** Umeboshi (sauer eingelegte Ume-Früchte) **3** Gochujang (koreanische Würzpaste) **4** Miso-Paste **5** frittierter Tofu **6** Shoyu (japanische Sojasauce) **7** Mirin (süßer Reiswein) **8** frischer Tofu **9** eingelegter Daikon-Rettich **10** brauner Essig

1
2
3
4
5
6
7
8
9
10

# Messer und Schneidebrett

Japanische Spitzenmesser sind die rasiermesserscharfen Nachfahren der alten Samuraischwerter. Sie zählen nicht ohne Grund zu den kostbarsten Besitztümern eines japanischen Haushalts. Ihre Hersteller, die Messerschmiede, genießen in Japan besondere Verehrung. Zu den Kennzeichen japanischer Messer gehört, dass ihre Klingen meist einseitig geschliffen sind. Dadurch schneiden sie schneller und präziser als die bei uns üblichen Klingen. Die bevorzugten Materialien sind Karbon- und Edelstahl, wobei Karbonstahl überlegen ist, denn er lässt sich so scharf schleifen, dass man damit buchstäblich Haarspalterei betreiben kann. Locker gehalten und mit präzisen, rhythmischen Bewegungen geführt, ist ein japanisches Messer die Verlängerung der Hand.

**[1] KOCHMESSER**
Dieses Messer mit dem japanischen Namen *deba* wird ganz ähnlich eingesetzt wie ein chinesisches Küchenbeil, ist aber schmaler und leichter, meist 18 Zentimeter lang und 4 Zentimeter breit. Eigentlich ist es ein Fischmesser, man trennt damit Kopf und Schwanz ab, schuppt und löst das Fleisch von den Gräten. Es eignet sich aber auch für Fleisch und Geflügel und viele andere Zwecke, sogar zum Hacken.

**[2] FISCHMESSER**
Zum Schneiden von Sashimi verwendet man traditionell ein langes, schmales Messer mit stumpfem Ende, das als *tacobiki* oder Oktopusmesser bezeichnet wird. Es eignet sich perfekt, um Fischfilets in feine Scheiben und Sushirollen in Portionen zu schneiden. Im Westen verbreiteter ist ein anderes Sashimi-Messer, das *yanagiba*. Es ist ebenso lang und schmal, endet aber in einer scharfen Spitze. Gezahnte Klingen sind dagegen für Fisch völlig ungeeignet. Wischen Sie die Klinge zwischen den einzelnen Schnitten mit einem doppelt gefalteten feuchten Tuch ab, um sie sauber zu halten.

**[3] GEMÜSEMESSER**
Einem chinesischen Küchenbeil vergleichbar, nur etwas schmaler, ist das *nakiri* bzw. *usuba*. Es wird hauptsächlich zum Gemüseschneiden benutzt, dank seines Gewichts eignet es sich aber auch zum Hacken oder zum Zerdrücken von Knoblauch und sogar, um feine Scheiben zu schneiden.

**[4] ALLZWECKMESSER**
Mit seiner 24 Zentimeter langen, einseitig geschliffenen Klinge ist das *oroshi* (genau wie das bekanntere *santoku*) die japanische Version eines universell einsetzbaren Messers. Man verwendet es für Fleisch, Geflügel und Gemüse. Wie alle anderen hier vorgestellten Messer hat es einen rutschfesten Holzgriff und sollte mit einem speziellen Schleifstein geschärft werden.

**[5] SCHNEIDEBRETT**
Japaner benützen eigentlich ganz gewöhnliche Schneidebretter, doch Profiköche bevorzugen oft rechteckige oder quadratische Bretter aus Pinienholz. Die Bedeutung, die dem Schneiden der Zutaten in der japapnischen Küche zukommt, schlägt sich auch in der Größe der Bretter nieder.

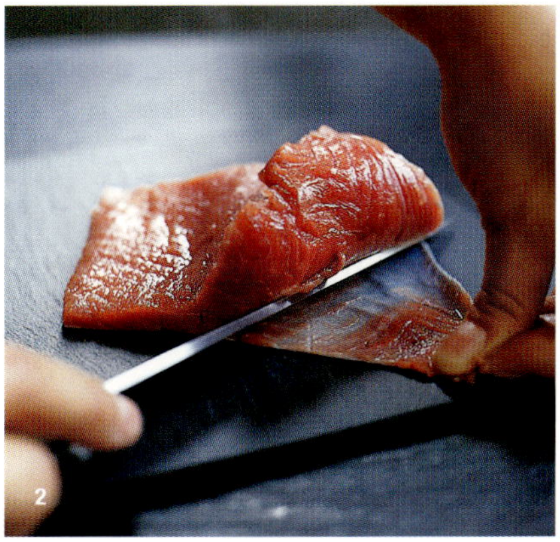

# Schneidetechniken für Fisch

**Eine ansprechende Präsentation ist für die japanische Küche ausschlaggebend. Gerade für Sashimi und Sushi kommt es daher darauf an, das Werkzeug auch richtig zu benutzen.**

**1 Fisch schneiden** Setzen Sie das Fischmesser oder ein anderes scharfes Messer leicht schräg an, und ziehen Sie es dann in einer einzigen geschmeidigen Bewegung zu sich hin durch das Fleisch.
**2 Fisch häuten** Trennen Sie Haut und Fleisch an einem Ende des Fischs vorsichtig voneinander. Drücken Sie die Haut gegen das Brett, dann setzen Sie die Klinge des Fischmessers schräg zwischen Haut und Fleisch an und führen sie an der Haut entlang.
**3 Die oberste Hautschicht lösen** Lösen Sie die oberste Faserschicht mit den Fingern vorsichtig am Kopfende des Fischs, und ziehen Sie sie Richtung Schwanzende ab.

# Sashimi

Für Sashimi verwendeter Fisch muss selbstverständlich äußerst frisch sein, schließlich wird er roh verzehrt. Legen Sie das Filet auf ein hölzernes Schneidebrett. Das Sashimi-Messer wird von Rechtshändern so gehalten, dass die Klinge leicht nach links zeigt. Ziehen Sie das Messer mit einer schwungvollen Bewegung vom hinteren Ende zur Spitze zu sich hin. Dabei wenden Sie nur sanften Druck an, die Hauptarbeit erledigt das Eigengewicht des Messers. Der fertig geschnittene Fisch wird mit geriebenem Daikon-Rettich, Shiso-Blättern und Wasabi serviert.

# Einfache japanische Pickles

Japanische Pickles sind weit mehr als ein Würzmittel, sie entstammen der traditionellen Kunst der *tsukemono*. In Japan wird jeder Beilage die gleiche Ehrerbietung entgegengebracht wie dem Hauptgericht. Jahrhundertelang hatte jeder Haushalt einen speziellen Krug oder ein Fass, um darin Gemüse sauer einzulegen. Die pikanten Aromen der salzigen Pickles bilden ein kunstvolles Gegengewicht zu rohem Fisch und ungewürztem Fleisch. Sie reinigen den Gaumen und unterstützen die Verdauung. Frisch schmecken sie zwar am besten, doch in einem gut verschließbaren Gefäß sind Pickles wochenlang haltbar.

## Daikon-Pickle

Einen großen Daikon-Rettich fein in eine Schüssel reiben. Mit 2 TL Salz bestreuen und sorgfältig verrühren. 20 Minuten ziehen lassen, dann gründlich ausdrücken. 2 EL Reiswein, 1 EL Zucker und 1 TL weiße Sesamsamen dazugeben und alles gründlich vermengen.

## Auberginen-Pickle

4 kleine Auberginen waschen und längs vierteln. Mit 1 EL Salz einreiben und auf Küchenpapier mindestens 1 Stunde ziehen lassen. 150g Miso-Paste, 2 EL Mirin und 1 EL fein geriebenen Ingwer in einem Schälchen vermengen. Die Auberginen behutsam ausdrücken und in eine flache Schale legen. Mit der Würzmischung übergießen, abdecken und über Nacht oder mehrere Tage durchziehen lassen.

## Rüben-Pickle

500g große Mairüben schälen, abspülen und in feine Stifte schneiden. In einer Schüssel mit 2 EL Salz bestreuen und 10 Minuten ziehen lassen. Die Flüssigkeit mit den Händen herausdrücken. 1 EL in feine Streifen geschnittenen Kombu und 1 EL fein geriebene Zitronenschale unter die Rüben mengen. 30 Minuten ruhen lassen. Vor dem Servieren nochmals die ausgetretene Flüssigkeit herausdrücken.

EMI KAZUKO

# Salat mit Schwertfisch-Sashimi und Miso-Dressing

Sashimi-Salat ist eine der populärsten Neuschöpfungen in westlichen Japanrestaurants, denn auf diese Weise kann man gut erste Bekanntschaft mit rohem Fisch machen. Für dieses Rezept wird der Fisch ganz kurz angebraten (oder blanchiert), was sich stets empfiehlt, wenn er die ultimative Frische vermissen lässt.

FÜR 4 PORTIONEN ZUBEREITUNGSZEIT: 15 MINUTEN

**KOCHUTENSILIEN**
Fisch- oder Sashimi-Messer
Gemüsemesser
Schneidebrett

**ZUTATEN**
500 g sehr frisches Schwertfischfilet, gehäutet
1 EL Öl
½ Zwiebel
120 g gemischte Salatblätter
**für das Dressing**
2½ EL weiße Miso-Paste
1½ EL Reis- oder Weißweinessig
2 EL Sake oder Weißwein
1–2 TL Senf (z. B. *neri-garashi*)
**zum Garnieren**
weiße Sesamsamen, leicht geröstet

**1** Eine Pfanne stark erhitzen und mit etwas Öl einpinseln. Den Fisch darin von beiden Seiten kurz und scharf anbraten, sodass er an der Oberfläche gebräunt, im Inneren aber noch roh ist. Mit einem schräg gehaltenen Messer in feine Scheiben schneiden.

**2** Die Zwiebelhälfte in sehr feine Scheiben schneiden. In Eiswasser legen, um ihnen etwas Schärfe zu entziehen und sie aufzufrischen. Mit Küchenpapier trocken tupfen und unter die geputzten Salatblätter mischen.

**3** Die Zutaten für das Dressing verquirlen. Etwas Dressing in die Mitte von vier Tellern löffeln. Je ein Viertel des Salats darauf verteilen und die Schwertfischscheiben ringsum anrichten. Das restliche Dressing über den Fisch träufeln und mit dem Sesam bestreuen.

# Werkzeug für Sushi

Zwar verbinden viele Menschen Sushi mit rohem Fisch, eigentlich bedeutet der Begriff aber »mit Essig gesäuerter Reis«, und Reis ist auch die Hauptzutat. Das richtige Werkzeug ist bei der Zubereitung von Sushi ausschlaggebend. Zunächst geht es darum, dem Reis die richtige Temperatur, Konsistenz und einen schönen Glanz zu verleihen. Dann sollte er möglichst nur mit Utensilien aus Holz- oder Bambus weiterverarbeitet werden, denn anders als Metall reagieren diese natürlichen Materialien besser. Und schließlich gelingt präzise gerolltes Sushi nur mit einer echten Sushimatte.

1

2

**[1] BAMBUSMATTE**
Mit dieser 25 Zentimeter großen, quadratischen Matte aus Bambusstäbchen rollt man Reis und andere weiche Zutaten in eine zylindrische Form. Für *norimaki* beispielsweise werden die Nori-Blätter direkt auf die Matte gelegt. Darüber streicht man den warmen Reis. Durch festes Rollen kommen die Zutaten in Form. Damit die Matte keinen muffigen Geruch annimmt, wäscht man sie nach Gebrauch in lauwarmem Wasser und lässt sie vollständig trocknen.

**[2] KÜHLGEFÄSS FÜR REIS**
Das Holz für dieses Gefäß namens *hangiri* stammt von einer speziellen Zypressenart und wird mit Kupferreifen zusammengehalten. In einem solchen Behälter kann man frisch gekochten Sushireis im Nu auf die richtige Temperatur herunterkühlen, gleichzeitig verleiht ihm das Holz Glanz und Formbarkeit.

**3 FÄCHER**
Fächer aus Bambusrippen und einem Bezug aus Papier oder Seide dienen dazu, den Reis schneller abzukühlen und Dampf und damit Feuchtigkeit von ihm wegzuleiten. Dadurch gewinnt er an Geschmack.

**4 FLACHER HOLZLÖFFEL**
Diese flachen Löffel oder Spatel sind alles andere als ein überflüssiges Küchenutensil; in Japan symbolisieren sie den Herrschaftsbereich der Hausfrau. Neben den üblichen Holzlöffeln gibt es auch dekorative Modelle aus Porzellan. Das Holz gibt beim Umrühren Aromastoffe an den Reis ab.

3

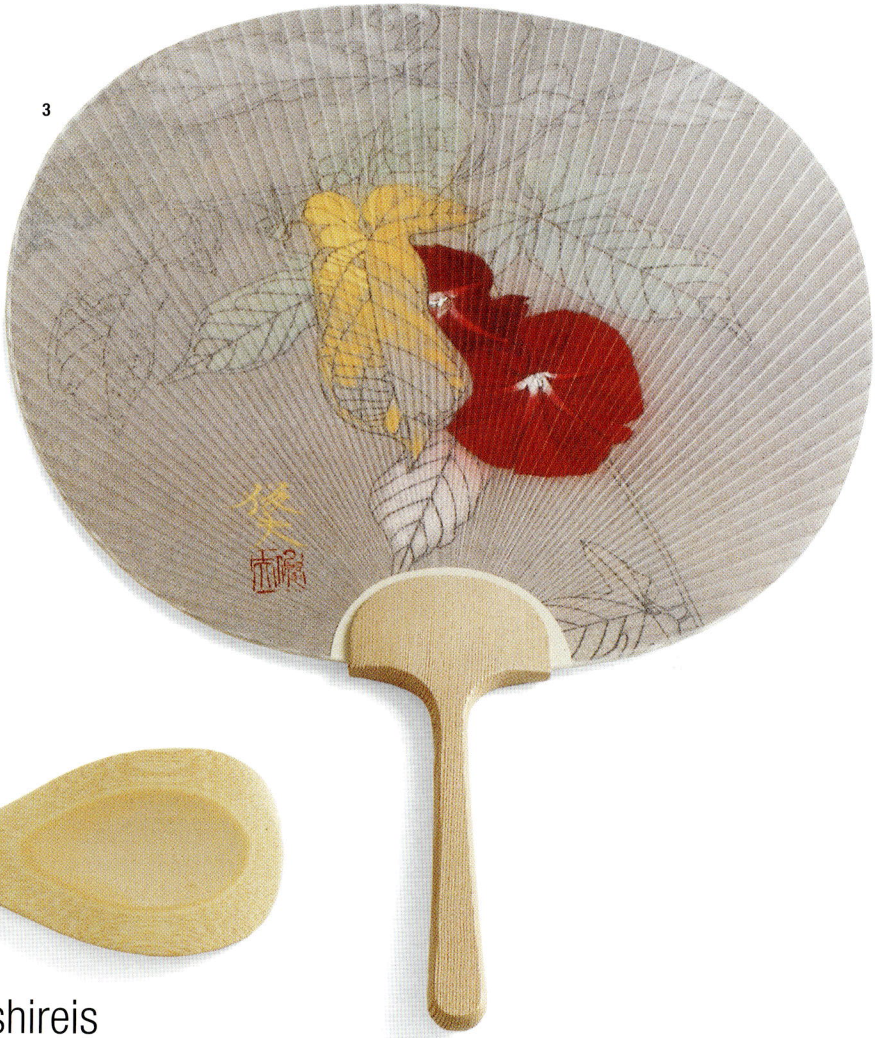

4

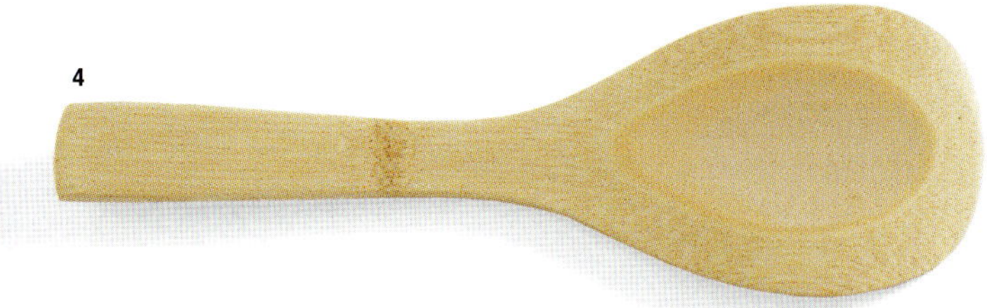

# Sushireis

**Wenn Sie dieser Anleitung folgen, bekommt der Sushireis den berühmten seidigen Glanz, der die Voraussetzung für perfektes Sushi ist.**

FÜR 8–10 SUSHISTÜCKE ZUBEREITUNGSZEIT: 30 MINUTEN, ZZGL. 1 STUNDE ZUM ABTROPFEN

**KOCHUTENSILIEN**
Sieb
elektrischer Reiskocher
hölzernes Kühlgefäß
Fächer
kleiner Topf
Holzspatel

**ZUTATEN**
300g japanischer Sushireis
50ml Reisessig
1 EL Zucker
1 TL Salz

**1** Den Reis mehrfach in frischem Wasser waschen, bis das ablaufende Wasser klar ist. In einem Sieb mindestens 30 Minuten, besser 1 Stunde abtropfen lassen. Den abgetropften Reis in den Reiskocher geben und bis 3cm oberhalb des Reises mit Wasser auffüllen. Den Reiskocher einschalten. Den fertig gegarten Reis 10 Minuten stehen lassen, dann in das Kühlgefäß füllen.

**2** In der Zwischenzeit Essig, Zucker und Salz in einem kleinen Topf unter gelegentlichem Rühren erhitzen, bis sich der Zucker aufgelöst hat. Mit dem Fächer abkühlen.

**3** Die Essigmischung über den Reis träufeln, dann 2 Minuten lang den Spatel durch den Reis ziehen. Gleichzeitig mit dem Fächer kühlen, bis der Reis genügend abgekühlt ist, um ihn zu verarbeiten.

# Grundtechniken für Sushi

Der für Sushi verwendete Reis ist klebrig. Seine Verarbeitung ist also nicht ganz einfach, denn die Reiskörner haften an den Fingern. Die Japaner stellen sich deshalb etwas Essigwasser bereit und tauchen die Hände hinein, bevor sie den Reis anfassen. Auf 125 Milliliter Wasser nimmt man 2 Esslöffel Reisessig.

1

## Norimaki-Sushi rollen

**Die Nori-Seetangblätter werden etwas dunkler, aber auch geschmackvoller und biegsamer, wenn man sie vor der Verwendung über einer Gasflamme etwas röstet. Halten Sie das Nori-Blatt mit etwa 10 Zentimetern Abstand über die mittelgroße Flamme, und rösten Sie es nur ganz kurz.**

**1** Legen Sie eine Sushimatte auf ein sauberes Schneidebrett. Das geröstete Nori-Blatt wird mit der glänzenden Seite nach unten darauf platziert. Befeuchten Sie Ihre Hände mit Essigwasser (s. o.), und verteilen Sie 2–3 EL Sushireis gleichmäßig auf dem Nori-Blatt. Lassen Sie dabei unten und an den Seiten einen 1–2 cm breiten Rand frei. Auf den Reis legen Sie die Füllung.

**2** Heben Sie die Matte am unteren Ende an, und rollen Sie sie auf, sodass der Reis die Füllung in seiner Mitte umschließt und seinerseits vollständig vom Nori-Blatt umgeben ist.

**3** Heben Sie die Matte etwas an, und drücken Sie das Sushi mit rollenden Bewegungen vorsichtig zusammen. Die Rolle soll sich festigen, ohne dass der Reis gequetscht wird. Klopfen Sie die Enden der Rolle fest, und schneiden Sie überstehendes Nori ab.

**4** Legen Sie das *norimaki-sushi* mit der Naht nach unten auf das Schneidebrett, und schneiden Sie es mit einem scharfen Messer in 3 cm dicke Stücke.

2

3

4

# Uramaki-Sushi rollen

***Uramaki-sushi* wird häufig auch als »Inside-out-Sushi« angeboten und ist mit seiner knusprigen, nussig schmeckenden Hülle eine attraktive Variante zu Norimaki.**

**1** Bedecken Sie eine Sushimatte aus Bambus mit Frischhaltefolie. Am Rand der Matte platzieren Sie quer und mit der glänzenden Seite nach unten zeigend ein Nori-Blatt. Tauchen Sie Ihre Hände in Essigwasser (siehe gegenüberliegende Seite), formen Sie etwas Sushireis zu einer Rolle, und verteilen Sie ihn gleichmäßig auf dem Seetang. Darüber streuen Sie gerösteten weißen Sesam.

**2** Wenden Sie nun Reis und Nori mithilfe der folienbedeckten Matte, sodass der Reis nun nach unten zeigt. Die gewünschte Füllung platzieren Sie in der Mitte.

**3** Heben Sie die Matte nahe der Kante des Nori-Blatts an. Fixieren Sie die Füllung mit den Fingern, und rollen Sie die Matte so über die Füllung, dass Reis und Nori sich 1 cm weit überlappen und aneinander haften. Rollen Sie das *uramaki-sushi* noch ein Stück weit in die Matte ein, sodass die Naht sich gut verschließt. Dann lösen Sie es von der Folie und schneiden es in 3 cm breite Stücke.

1

2

3

# Nigiri-Sushi formen

**Dieses mit der Hand geformte Sushi wirkt, als sei es recht einfach herzustellen, die Japaner betrachten es aber als eine der schwierigsten Formen. Es braucht schon etwas Übung, um den Reis mit der richtigen Mischung aus Druck und Behutsamkeit zu handhaben, denn er darf nicht auseinanderfallen und soll dennoch wunderbar locker auf der Zunge zergehen.**

**1** Feuchten Sie Ihre Hände mit Essigwasser an (siehe gegenüberliegende Seite). Nehmen Sie eine Handvoll Sushireis, und formen Sie es zu einem länglichen Stück von etwa 5 × 2 × 2 cm. Mit der Fingerspitze streichen Sie etwas Wasabipaste (Vorsicht: nicht zu viel!) auf die Oberseite.

**2** Bedecken Sie den Wasabi mit einer dünnen Scheibe rohen Fischs (z. B. Thunfisch, Lachs, Brasse oder Kalmar), die Sie zuvor auf eine Größe von 7 × 3 cm zurechtgeschnitten haben. Sie können auch eine Mulde in den Reis drücken und eine geschälte, gekochte und am Bauch aufgeschlitzte und flach gedrückte Garnele auf den Reis setzen. Für eine weitere Variante belegt man das Sushi mit gerolltem Omelett (s. S. 86). Dazu müssen Sie das Omelett passend zurechtschneiden und den Wasabi weglassen.

1

2

# Norimaki-Sushi

Die Kunst der japanischen Sushimeister erfordert eine langjährige Ausbildung, doch einige Zubereitungen kann man auch relativ einfach in der heimischen Küche realisieren. Zum Beispiel dieses Rezept für *norimaki-sushi* (auf diesem Bild unten links). Mit etwas Übung können Sie sich dann an *uramaki-sushi* (unten rechts, Anleitung S. 81) machen. Noch schwieriger ist *nigiri-sushi* (oben, Anleitung S. 81).

FUR 4 PORTIONEN ZUBEREITUNGSZEIT: 40–60 MINUTEN, ZZGL. ZEIT ZUM ABTROPFEN

**KOCHUTENSILIEN**
scharfes Messer
Schneidebrett
Sushimatte
Holzspatel

**ZUTATEN**
1 Portion Sushireis (s. S. 79)
für die Füllung Salatgurke, eingelegter Daikon, frischer Thunfisch (nach Belieben)
2 Nori-Blätter
½–1 TL Wasabipaste
**Beilagen**
Wasabipaste, eingelegter Ingwer (s. S. 84) und Shoyu zum Servieren

**1** Den Sushireis zubereiten (s. S. 79). In der Zwischenzeit die Zutaten für die Füllung vorbereiten: Die Salatgurke halbieren und die Kerne entfernen. Salatgurke, Daikon und Thunfisch in etwa 1 cm dicke quadratische Stifte schneiden und beiseitestellen.

**2** Die Nori-Blätter nacheinander mit etwa 10 cm Abstand über eine Gasflamme oder eine ähnliche Hitzequelle halten und für einige Sekunden sanft rösten.

**3** Die Sushimatte auf ein sauberes, trockenes Schneidebrett legen. Ein Nori-Blatt mit der glänzenden Seite nach unten auf die Matte legen. Die Hände mit Essigwasser (s. S. 80) anfeuchten und 2–3 EL Sushireis auf das Nori-Blatt geben. Den Reis zu einem etwa 12 × 8 cm großen Rechteck verstreichen, wobei zwischen dem Reis und der Kante des Nori-Blatts 1–2 cm Abstand bleiben sollte.

**4** Mit den Fingern in die Mitte des Reises einen dünnen Streifen Wasabipaste streichen. (Vorsicht: Nicht zu viel, der Meerrettich ist sehr scharf!) Die gewünschte Füllung auf diesen Streifen legen.

**5** Die Sushimatte am unteren Ende anheben und zusammenrollen, sodass der Reis sich zylinderförmig um die Füllung schließt und seinerseits fest vom Nori-Blatt zusammengehalten wird (Abb. S. 80). Mithilfe der Matte noch etwas rollen, damit das Sushi sich etwas verfestigt.

**6** Die Sushirolle von der Matte lösen und mit der Naht nach unten beiseitelegen, während die zweite Rolle zubereitet wird.

**7** Die Rollen mit einem scharfen Messer in 3 cm dicke Stücke schneiden. Das Sushi auf einer Sushibank oder einer Platte anrichten und mit Wasabipaste, eingelegtem Ingwer und Shoyu servieren.

**Tipp** Beim Rollen und Formen von Sushi ist es wichtig, sanft und behutsam vorzugehen. Der Reis sollte nur so fest zusammengedrückt werden, dass die Körner gut aneinander haften und das Sushi in Form bleibt, anstatt beim Essen auseinanderzubrechen. Drückt man dagegen zu fest, wird der Reis matschig, und das Nori-Blatt kann reißen.

# EMI KAZUKO California Roll

Dieses mit Avocados gefüllte Sushi ist vermutlich das älteste und bekannteste Sushirezept, das außerhalb von Japan entstanden ist. Heute gehört es zum festen Angebot in vielen Sushilokalen, auch in Japan. Besonders lecker schmeckt es mit echtem Beinfleisch von der Königskrabbe statt dem üblichen Surimi.

ERGIBT 4 ROLLEN (24 STÜCK) ZUBEREITUNGSZEIT: 40–60 MINUTEN, ZZGL. ZEIT ZUM ABTROPFEN

**KOCHUTENSILIEN**
Gemüsehobel oder -schäler
scharfes Messer
Schneidebrett
Sushimatte
Holzspatel

**ZUTATEN**
1 Portion Sushireis (s. S. 79)
1–2 große Stücke gegartes Beinfleisch der Königskrabbe, ersatzweise 6 Surimistücke
1 Avocado, Schale und Kern entfernt
2 Nori-Blätter, quer halbiert
4 EL *tobiko*-Fischrogen oder weiße Sesamsamen, leicht geröstet
1 Bund Schnittlauch
2 EL Mayonnaise (nach Belieben)
**Beilagen**
eingelegter Ingwer (siehe rechts), Shoyu und Wasabipaste zum Servieren

**1** Den Sushireis zubereiten (s. S. 79). In der Zwischenzeit die Zutaten für die Füllung vorbereiten: Das Krabbenfleisch je nach Durchmesser längs in 2–4 etwa fingerdicke Stücke schneiden; das Surimi längs halbieren. Die Avocado längs in 8 Scheiben schneiden.

**2** Das Bett aus Nori und Reis nach der Anleitung für *uramaki-sushi* auf S. 81 vorbereiten. Über den Reis 1 EL *tobiko* oder Sesam streuen und vorsichtig festdrücken.

**3** Das Ganze mithilfe der mit Frischhaltefolie bedeckten Sushimatte wenden, wie es auch für *uramaki-sushi* beschrieben wurde. Dann 2 Scheiben Avocado hintereinander längs in die Mitte des Nori-Blatts legen, dazu kommen 1 Stück Krabbenfleisch oder hintereinander 3 Surimistücke sowie 6–8 Schnittlauchhalme, die oben und unten 3–4 cm über den Rand des Nori-Blatts hinausragen dürfen. Nach Belieben etwa ½ EL Mayonnaise über die Füllung streichen.

**4** Die Matte unten etwas anheben und wie auf S. 81 beschrieben aufrollen. Die fertige Sushirolle beiseitelegen und mit den übrigen Zutaten drei weitere Rollen zubereiten. Jede Rolle in sechs Stücke schneiden und mit sauer eingelegtem Ingwer, Wasabi und Shoyu servieren.

**Eingelegter Ingwer** 100 g geschälten Ingwer mit einem Hobel oder dem Gemüseschäler sehr fein hobeln. In kochendem Wasser bei mittlerer Temperatur etwa 2 Minuten garen, dann abgießen und mit Küchenpapier trocken tupfen. In einem Schälchen 100 ml Reisessig, 50 ml Wasser und 2½ EL Zucker verrühren. Den Ingwer in dieser Mischung vor der Verwendung mindestens 5–6 Tage durchziehen lassen. In einem sterilisierten Glas mit Schraubdeckel hält er sich im Kühlschrank mehrere Monate.

# SHIRLEY BOOTH Gerolltes Omelett

Das typisch japanische Omelett *tamagoyaki* wird in vielen Sushibars angeboten. Unser Rezept stammt von der Autorin und Filmemacherin Shirley Booth, die sechs Jahre lang in Japan gelebt und die Küche der Zen-Klöster studiert hat. Ihr besonderer Tipp: »Wenn Sie den Dreh für die gerollten Omeletts erst einmal raushaben, können Sie während der Zubereitung ein Nori-Blatt zwischen zwei Schichten legen. Das Spiralmuster, das sich dann nach dem Aufschneiden zeigt, sieht wirklich toll aus.«

FÜR 4 PORTIONEN ZUBEREITUNGSZEIT: 30 MINUTEN

**1** Die Zutaten für die Würzsauce in einer Schüssel verrühren. In eine zweite Schüssel die Eier aufschlagen und leicht verquirlen. Die Würzsauce sollte Raumtemperatur haben, wenn sie zu den Eiern gegossen und mit ihnen vermengt wird.

**2** Die Pfanne recht stark erhitzen, dann mit etwas Öl auspinseln. In eine größere Pfanne ein Drittel der Eiermischung gießen, in eine kleinere etwa ein Sechstel. Die Pfanne dabei schwenken, sodass sie vollständig mit einer hauchdünnen Eierschicht bedeckt ist (Abb. o. l.) Das Ei sollte an den Rändern sofort beginnen zu brutzeln. Bei mittlerer Hitze so lange braten, bis das Omelett an den Rändern gar, an der Oberfläche aber noch flüssig ist.

**3** Das Omelett mit Stäbchen oder Spatel vorsichtig aufrollen und an den Rand der Pfanne schieben (Abb. o. r.)

**4** Den leeren Teil der Pfanne nochmals mit Öl einpinseln, dann das Omelett auf die andere Seite schieben und auch diesen Teil einfetten.

**5** Das Omelett wieder an den Rand schieben und ein weiteres Drittel bzw. Sechstel der Eiermischung hineingießen (Abb. M. l.). Die Pfanne dabei wieder schwenken und die Rolle anheben, sodass flüssiges Ei darunterfließen kann (Abb. M. r.).

**6** Garen wie oben beschrieben, dann um die bereits bestehende Rolle wickeln (Abb. u. l.).

**7** Diese Schritte so oft wiederholen, bis das Ei aufgebraucht ist. Jedes neue Omelett wird um die zuvor gebratenen gewickelt. Die fertige Omelettrolle aus der Pfanne heben (Abb. u. r.) und zum Abkühlen beiseitestellen.

**8** Das Omelett in 5 cm breite Stücke schneiden und entweder so servieren oder auf ein Bett aus Sushireis setzen und zum Garnieren einen feinen, aus einem gerösteten Nori-Blatt geschnittenen Streifen um die Mitte wickeln.

**KOCHUTENSILIEN**
rechteckige Omelettpfanne
kleiner Küchenpinsel
Stäbchen oder Holzspatel
scharfes Messer

**ZUTATEN**
**für die Würzsauce**
1 TL Zucker
4 EL Dashi
2 TL helle Sojasauce
1 EL Mirin
**für das Omelett**
6 Eier
½ TL Salz
Öl zum Braten
Sushireis (s. S. 79, nach Belieben)
½ Nori-Blatt, geröstet und in 1–2 cm breite und 8 cm lange Streifen geschnitten (nach Belieben)

# Oshi-Sushi mit Krebsfleisch und Garnelen

**Die Bezeichnung *oshi-sushi* wird im Deutschen meist mit »gepresstes Sushi« übersetzt. Weil es nur flach gedrückt und nicht gerollt wird, ist es recht einfach herzustellen. Bei den Zutaten sind der Fantasie keine Grenzen gesetzt. Versuchen Sie auch einmal die Kombination Räucherlachs, Frischkäse, Gurke und Sesam.**

ERGIBT 16 STÜCK ZUBEREITUNGSZEIT: 40–60 MINUTEN, ZZGL. ZEIT ZUM ABTROPFEN UND PRESSEN

**KOCHUTENSILIEN**
scharfes Messer
Schneidebrett
hölzerne Sushiform mit Deckel oder 20cm große quadratische Auflaufform
Holzspatel

**ZUTATEN**
½ Portion Sushireis (s. S. 79)
250g frisches, gegartes weißes Krebsfleisch, zerpflückt, oder 250g Krebsfleisch aus der Dose, abgetropft
1 EL frisch gepresster Zitronensaft
120g geschälte, geputzte und gegarte Garnelen, längs halbiert, oder 90g Räucherlachs
2 dünne Omeletts, in feine Streifen geschnitten
Zitronenthymian zum Garnieren
Salz und frisch gemahlener schwarzer Pfeffer
**Beilagen**
eingelegter Ingwer (s. S. 84) oder Daikon
Shoyu

**1** Den Sushireis zubereiten (s. S. 79).

**2** Krebsfleisch aus der Dose vor der Verwendung in einem kleinen Topf einige Minuten lang bei mittlerer Temperatur erhitzen und dabei kräftig rühren, bis es blättrig geworden ist. Krebsfleisch mit Zitronensaft, Salz und Pfeffer vermengen.

**3** Die Sushi- oder Auflaufform mit Frischhaltefolie auslegen. Den Sushireis gleichmäßig darin verteilen, sodass die Form etwa zur Hälfte gefüllt ist. Den Reis kräftig andrücken und vollständig mit einer Lage Garnelen oder Räucherlachs bedecken. Das Krebsfleisch gleichmäßig darüberstreichen und wiederum andrücken.

**4** Die Omelettstreifen darüberstreuen. Die Sushiform mit ihrem Deckel schließen, bei Verwendung einer Auflaufform das Sushi mit Frischhaltefolie abdecken, dann ein passendes Stück Karton darüberlegen und mit Gewichten beschweren.

**5** Herausnehmen, in Portionen schneiden und mit Thymianblättern garnieren.

**Dünne Omeletts** 2 Eier mit einer Prise Salz verquirlen. Etwas Öl in einer 20cm großen Pfanne erhitzen. Die Hälfte der Eiermischung hineingießen, dabei die Pfanne schwenken, sodass ihr Boden gleichmäßig mit einer dünnen Eierschicht bedeckt wird. Das Omelett auf jeder Seite sanft etwa 30 Sekunden lang garen, dann aus der Pfanne gleiten und abkühlen lassen. Das zweite Omelett genauso zubereiten.

# EMI KAZUKO Gurke mit Sushifüllung

*Inro* ist ein altes japanisches Wort für »Pillendöschen«, und solche Döschen sind unter Antiquitätensammlern sehr begehrt. Dieses Sushi in *inro*-Form wird in Japan mit Wintermelone gemacht, aber Salatgurke eignet sich auch.

ERGIBT ETWA 26 STÜCK ZUBEREITUNGSZEIT: 40–60 MINUTEN, ZZGL. ZEIT ZUM ABTROPFEN UND ZIEHENLASSEN

**KOCHUTENSILIEN**
scharfes Messer
Schneidebrett
Kanneliermesser
Apfelentkerner
Holzspatel

**ZUTATEN**
½ Portion Sushireis (s. S. 79)
2 Salatgurken
2 EL Salz, zzgl. 1 Prise
1 Stück Kombu, etwa 10 x 5 cm groß (nach Belieben)
2 EL Sake
1 EL Zucker
2 TL Mirin
6 rohe Riesengarnelen, geschält, Därme entfernt, oder 100 g geschälte, vorgegarte Garnelen

**Dips**
Shoyu
Wasabipaste

**1** Den Sushireis zubereiten (s. S. 79).

**2** In der Zwischenzeit die übrigen Zutaten vorbereiten: Die Gurken waschen und mit einem Kanneliermesser längs feine Streifen der Schale abschneiden, sodass ein Streifenmuster entsteht. Die Schalenstreifen fein hacken und beiseitestellen.

**3** Die Gurken halbieren, mit dem Apfelentkerner vorsichtig aushöhlen und danach 30 Minuten lang in einer Mischung aus 2 EL Salz, Kombu (falls verwendet) und 1 l Wasser ziehen lassen. Abtropfen und trocknen lassen. Den Kombu wegwerfen oder für andere Gerichte verwenden.

**4** Sake, Zucker, Mirin und 1 Prise Salz in einem kleinen Topf zum Kochen bringen. Die ungeschälten Riesengarnelen darin bei mittlerer Temperatur 5–6 Minuten garen, bis die Flüssigkeit fast völlig verdampft ist. Abkühlen lassen, schälen und das Fleisch fein würfeln. Für bereits vorgegarte Garnelen die Würzmischung nur erwärmen und die Garnelen darin 10 Minuten marinieren, danach ebenfalls würfeln.

**5** Garnelen und Gurkenschalen vorsichtig unter den Reis heben. Diese Mischung in die Gurken füllen und fest hineindrücken. Dann die Gurken in 1–2 cm dicke Scheiben schneiden. Auf einer Platte anrichten, dazu zum Dippen Shoyu und Wasabi in kleinen Schälchen servieren.

# EMI KAZUKO Tazuna-Maki

*Tazuna* bedeutet auf Japanisch »Zügel« oder »gedrehtes Seil«. *Tazuna-maki* wird häufig als »Regenbogenrolle« angeboten, denn sein besonderer Reiz liegt in den farblichen und geschmacklichen Kontrasten. Dafür lohnt sich der nicht geringe Aufwand.

ERGIBT 3 ROLLEN (18 STÜCK) ZUBEREITUNGSZEIT: 40–60 MINUTEN, ZZGL. ZEIT ZUM ABTROPFEN

**KOCHUTENSILIEN**

Gemüseschäler
scharfes Messer
Schneidebrett
2 Sushimatten
Holzspatel

**ZUTATEN**

½ Portion Sushireis (s. S. 79)
2 Bismarckheringe mit Haut
1 Stück Salatgurke, etwa 10 cm
2 EL Salz
120 g geräucherte Forelle oder Räucherlachs

**für das Essigwasser**

2 EL Reisessig

**Beilagen**

Shiso-Blätter
Zitronenspalten
eingelegter Ingwer (s. S. 84)
Wasabipaste
Shoyu

**1** Den Sushireis zubereiten (s. S. 79). In der Zwischenzeit die übrigen Zutaten vorbereiten: Die Heringsfilets mit Küchenpapier trocken tupfen und längs halbieren. Forelle bzw. Lachs in 10 cm lange und 3 cm breite Streifen schneiden. Aus 250 ml Wasser und 2 EL Reisessig in einer Schüssel das Essigwasser für die Hände mischen.

**2** Mit einem breiten Gemüseschäler vorsichtig vier hauchdünne Streifen von einer Seite der Gurke schneiden. Ringsum auch von drei weiteren Seiten der Gurke feine Streifen abschneiden, sodass nur das Innere der Gurke übrig bleibt. Die Schalen wegwerfen, die übrigen Streifen in einer Mischung aus 250 ml Wasser und 2 EL Salz 10 Minuten ziehen lassen, dann herausnehmen und mit Küchenpapier trocken tupfen.

**3** Die Sushimatten mit Frischhaltefolie bedecken, die Hände im Essigwasser anfeuchten. Ein Drittel des Sushireises zu einer festen, etwa 20 cm langen Rolle formen und auf die Matte legen. Je einen Streifen Gurke, Forelle bzw. Lachs und Hering (mit der Haut nach oben) diagonal und überlappend auf den Reis legen. Fortfahren, bis der Reis vollständig bedeckt ist. Unten überstehende Zutaten abschneiden, dann die zweite, ebenfalls mit Folie bedeckte Sushimatte darüberlegen und die Rolle in Form drücken. In Folie gewickelt bis zum Servieren beiseitestellen.

**4** Auf diese Weise noch zwei weitere Rollen zubereiten. Jede Rolle in sechs Stücke schneiden und auf Shiso-Blättern anrichten. Dazu in Schälchen Zitronen, Ingwer, Wasabi und Shoyu servieren.

# Reiskocher, Töpfe und Pfannen

Die Japaner lieben Suppen und Eintopfgerichte. Eine vollständige, ausgewogene japanische Mahlzeit sollte aber neben einem gekochten möglichst auch je ein gegrilltes oder gebratenes, ein gedämpftes und ein frittiertes Gericht enthalten, dazu einen Teller mit sauer eingelegten oder marinierten Häppchen oder einen Salat. Mit den hier vorgestellten Kochgefäßen können sie all das in Angriff nehmen.

**1 REISKOCHER**
Elektrische Reiskocher, wie man sie heute in ganz Asien verwendet, sind ursprünglich eine japanische Erfindung aus den 1920er-Jahren. Im Lauf der Jahrzehnte hat man sie immer weiter verbessert und mit verschiedenen Zusatzfunktionen wie Temperaturkontrolle und Warmhalteautomatik ausgestattet. Die Kocher bestehen aus einem herausnehmbaren inneren Topf aus Aluminium und einem äußeren, der über ein Heizelement verfügt. Zwischen den beiden Töpfen wird Hitze erzeugt. Sobald der Reis das zugegebene Wasser ganz aufgenommen hat, steigt die Temperatur im Topf an. Daraufhin wird die Stromzufuhr automatisch unterbrochen, oder das Gerät schaltet in den Warmhaltebetrieb um. So kann der Reis nie anbrennen oder verkochen. Man kann Reiskocher auch für viele andere Zwecke verwenden, etwa für Suppen, koreanischen Feuertopf und Fondue. Es gibt Modelle in unterschiedlichen Größen, vom Singletopf bis zu riesigen Geräten für die Gastronomie.

**2 OMELETTPFANNE**
Die typische japanische Omelettpfanne, *makiyaki-nabe* genannt, ist rechteckig oder quadratisch und hat einen Holzgriff. Nur damit kann man die berühmten gerollten Eiergerichte *(dashimaki)* zubereiten. Die teuersten Pfannen sind aus schwerem Kupfer und mit Zinn beschichtet. Es gibt aber auch Modelle aus Gusseisen oder Aluminium mit Antihaftbeschichtung. Man sollte sie ausschließlich für Eier verwenden und vor Gebrauch mit etwas Öl einfetten.

**3 KERAMIKTOPF**
Wärmende Suppen und Eintöpfe sind traditioneller Bestandteil der japanischen Küche, und das stilechte Gefäß dafür ist der *do-nabe*. Er ist häufig schön verziert, da man ihn sowohl zum Kochen als auch zum Servieren verwendet.

**4 TEMPURA-TOPF**
Manchmal wird behauptet, man könne *tempura* auch im Wok zubereiten, aber das stimmt nicht. Ein japanischer *tempura*-Topf hat steilere Wände und ist so ausgelegt, dass er die Temperatur des Öls stabil hält, was Voraussetzung für perfektes Frittieren ist. Ein Wok dagegen reagiert sehr schnell auf Temperaturänderungen. Auch der Ausguss und das Abtropfgitter erweisen sich beim Frittieren als sehr sinnvoll.

**5 HOLZDECKEL**
Der in Japan als *otoshibuta* bekannte Deckel aus Zedernholz wird während des Kochens in den Topf gehängt. Das erhöht und hält nicht nur die Hitze im Topf, es verhindert auch, dass die Zutaten sich beim Kochen zu stark bewegen und dabei zerbrechen.

1

2

4

3

5

# Drei einfache Suppen

Egal, ob zum Frühstück, Mittag- oder Abendessen – eine heiße Suppe gehört zu jedem japanischen Essen. Die aus einem der vielen Sojabohnenprodukte hergestellten, leicht wolkigen Miso-Suppen sind wohl die bekanntesten. Klare Suppen basieren immer auf Dashi, der typisch japanischen Brühe aus Kombu (Seetang) und Katsuo bushi (Fischflocken), die man als Pulver kaufen kann.

## Garnelensuppe

Ein kleines Stück Wakame 10 Minuten in etwas kaltem Wasser einweichen. Harte Teile entfernen, den Rest in 2 cm große Stücke schneiden. In der Zwischenzeit 8 mittelgroße Garnelen schälen und die Därme entfernen. In einem kleineren Topf mit kochendem Wasser 2 Minuten blanchieren, dann abgießen und beiseitestellen. Erneut Wasser zum Kochen bringen und den Wakame darin 1 Minute blanchieren, dann abgießen, unter fließendem kalten Wasser abschrecken und abtropfen lassen. 800 ml Wasser mit 1 EL Dashi-Pulver in einem Topf bis zum Siedepunkt erhitzen und mit Salz abschmecken. Zum Servieren je 2 Garnelen und etwas Wakame in vier Schälchen geben, mit Dashi übergießen und mit je ½ EL Korianderblättchen garnieren.

## Miso Shiru

200 g festen Tofu abtropfen lassen und in 2 cm große Würfel schneiden. 3 EL Miso und 2 EL Dashi-Pulver in einem Topf mit 800 ml Wasser mischen und knapp bis zum Siedepunkt erhitzen. Tofu und 4 EL gehackte Frühlingszwiebeln dazugeben. Servieren, sobald alles dampfend heiß geworden ist.

## Muschelsuppe

16 frische Venusmuscheln unter fließendem kalten Wasser sorgfältig abbürsten, dann 30 Minuten lang in eine Schüssel mit kaltem Wasser legen. In einem Sieb abtropfen lassen, dabei alle Muscheln aussortieren, deren Schalen gesprungen oder zerbrochen sind oder sich auch nach dem Einlegen in Wasser nicht geschlossen haben. Die übrigen mit 800 ml Wasser und einem 10 cm großen Stück Kombu zum Kochen bringen. Nach 5 Minuten den Kombu herausnehmen, die Muscheln im lebhaft sprudelnden Wasser 4–5 Minuten weiterkochen, bis sie sich geöffnet haben. Mit einem Schaumlöffel herausnehmen, geschlossen gebliebene Muscheln aussortieren. Die Temperatur senken, 2 Selleriestangen in feine Scheibchen schneiden und mit 2 TL Salz und 2 EL fein geriebener Zitronenschale zur leise köchelnden Brühe geben. Nach 2 Minuten die Muscheln ausgelöst oder mitsamt der Schalen wieder dazugeben. Die Suppe servieren, sobald die Muscheln wieder erwärmt sind.

# Udon-Nudelsuppe mit Bambussprossen und Enokitake

Miso-Paste ist die perfekte Grundlage für viele Suppen. Für dieses Rezept haben wir sie mit Bambussprossen, Pilzen und Udon-Nudeln kombiniert, aber auch andere Nudel- und Gemüsesorten sowie in der Brühe pochiertes Hähnchenfleisch, Lachs oder Thunfisch sind einen Versuch wert.

FÜR 4 PORTIONEN ZUBEREITUNGSZEIT: 25 MINUTEN

**KOCHUTENSILIEN**

Suppentopf und -kelle
Keramiktopf *(do-nabe)*
Schneidebrett
Gemüsemesser

**ZUTATEN**

2 EL Miso-Paste oder etwa 30g Fischflocken (für eine klare Brühe)
200g Bambussprossen aus der Dose, abgespült, abgetropft und in feine Stifte geschnitten
300g gegarte Udon-Nudeln, abgeschreckt und abgetropft
8 Frühlingszwiebeln, in feine Ringe geschnitten
200g Enokitake
1 Prise Salz
Shichimi togarashi (nach Belieben)

**1** 800ml Wasser in einem kleinen Topf zum Kochen bringen. Miso-Paste oder Fischflocken dazugeben und 10 Minuten köcheln lassen, dann die Hitzezufuhr verringern und die Suppe nur noch sanft köcheln lassen.

**2** Bambussprossen, Nudeln, Pilze und 1 Prise Salz dazugeben. Nochmals kurz aufkochen, dann die Temperatur wieder senken und die Suppe weitere 5 Minuten köcheln lassen.

**3** In einen Keramiktopf umfüllen und daraus dampfend heiß als Vorspeise in Suppenschalen servieren. Bei Tisch Shichimi togarashi zum Nachwürzen für all jene anbieten, die es gerne etwas schärfer mögen.

# Kalte Soba-Nudeln

**Der japanische Hochsommer kann mit 40 Grad und sehr hoher Luftfeuchtigkeit erbarmungslos sein. Kalte, nur mit einem leichten Mirin-Dressing angemachte Nudeln sind da eine echte Wohltat. Traditionell werden sie in einem hübschen Bambuskästchen serviert, das man sich zum Essen vor den Mund hält, um nicht zu kleckern.**

FÜR 4 PORTIONEN   ZUBEREITUNGSZEIT: 15 MINUTEN

**KOCHUTENSILIEN**
großer Topf
kleiner Topf
Sieb aus Drahtgeflecht
Bambuskästchen

**ZUTATEN**
140 g Soba- oder Somen-Nudeln
300 ml Dashi-Brühe
150 ml Mirin
60 ml Sojasauce
1 EL Sesamöl
**zum Garnieren (nach Belieben)**
Eiswürfel
geröstete Nori-Streifen

**1** Wasser in einem großen Topf zum Kochen bringen. Die Nudeln nach und nach dazugeben, damit das Wasser nicht zu kochen aufhört. Vorsichtig umrühren und nach den Angaben auf der Packung kochen, bis sie nicht mehr bissfest sind.

**2** In der Zwischenzeit das Dressing zubereiten: Dashi, Mirin und Sojasauce in einem kleinen Topf erhitzen und 5 Minuten köcheln lassen. Danach den Topf in das mit kaltem Wasser gefüllte Spülbecken stellen, um die Sauce rasch abzukühlen.

**3** Die Nudeln in ein Sieb abgießen. Unter fließendem kaltem Wasser abschrecken, dann gründlich abtropfen lassen.

**4** Sesamöl und etwas kaltes Dressing über die Nudeln träufeln und sorgfältig durchheben. Die Nudeln auf Bambuskästchen oder Schalen verteilen, das restliche Dressing als Dip in einem Becher dazu servieren. Nach Belieben mit Eiswürfeln und Nori-Streifen garnieren.

# Garnelen-Tempura

Japanische Köche haben das Frittieren zur Kunst erhoben: Sie verwenden nur hochwertiges Öl und bestehen darauf, dass *tempura* außen knusprig, im Inneren perfekt gegart und dabei erstaunlich fettarm sein muss. Das gelingt dank des luftigen Teiges, der erst im letzten Moment zubereitet werden darf. Das Rezept dafür ist immer das gleiche, egal, ob man Garnelen, Auberginen, Okraschoten, Zucchini oder Süßkartoffeln verwendet.

FÜR 4 PORTIONEN  ZUBEREITUNGSZEIT: 40 MINUTEN

**KOCHUTENSILIEN**
scharfes Messer
Schneidebrett
*tempura*-Topf
feines Sieb
Kochstäbchen
Reibe

**ZUTATEN**
8 Riesengarnelen, geschält ohne die Schwänze abzunehmen, Därme entfernt
Öl zum Frittieren
**für den Tempura-Teig**
3 EL Mehl, zzgl. Mehl zum Bestäuben
1 EL Speisestärke
½ TL Backpulver
1 großes Eiweiß
**Beilagen**
geriebener Daikon-Rettich
Shoyu
Wasabipaste

**1** Die Garnelen am Rücken tief einschneiden, aufklappen und vorsichtig flach drücken.

**2** In einem *tempura*-Topf das Frittieröl auf 180 °C erhitzen. (Probe: Ein kleiner Brotwürfel sollte darin in etwa 40 Sekunden goldbraun werden.)

**3** In der Zwischenzeit den Teig zubereiten: 3 EL Mehl, Speisestärke und Backpulver in eine Schüssel sieben. Nach und nach 600 ml eiskaltes Wasser dazugeben und dabei mit dem Schneebesen so lange rühren, bis der Teig glatt ist.

**4** In einer zweiten, sauberen Schüssel das Eiweiß so steif schlagen, dass es feste Spitzen bildet. Den Eischnee vorsichtig unter den Teig heben.

**5** Die Garnelen zuerst in Mehl wenden und überschüssiges Mehl abschütteln. Dann in den Teig tauchen und 2–3 Minuten frittieren, bis sie goldbraun und knusprig sind.

**6** Auf Küchenpapier abtropfen lassen und mit geriebenem Daikon, Sojasauce und etwas Wasabi servieren.

**Auberginen- und Okra-Tempura** Eine Aubergine längs halbieren und in 1 cm dicke Halbkreise schneiden. Kleine japanische Auberginen schneidet man nur längs in etwa gleich dicke Scheiben. Die Stiele von einer Handvoll Okraschoten abschneiden. Das Gemüse in etwas Mehl wenden, dann in den Teig tauchen. Im heißen Öl 2–3 Minuten frittieren, bis der Teig knusprig und goldbraun geworden ist.

# Tonkatsu

**Genau wie *tempura* sind auch die unter dem Namen *tonkatsu* bekannten knusprigen Happen aus paniertem Schweinefleisch eine kulinarische Hinterlassenschaft der Portugiesen. Sie kamen im 17. Jahrhundert als Händler und Missionare nach Japan, wurden aber schon bald wieder vertrieben. *Tempura* und *tonkatsu* dagegen sind bis heute feste Bestandteile der traditionellen japanischen Küche.**

FUR 4 PORTIONEN ZUBEREITUNGSZEIT: 30 MINUTEN

**KOCHUTENSILIEN**
Küchenbeil
Schneidebrett
Frittiertopf oder Wok und Kelle
Kochstäbchen

**ZUTATEN**
4 Schweinekoteletts oder -schnitzel, je etwa 2 cm dick
5 EL Mehl, gewürzt mit Meersalz und gemahlenem Sansho-Pfeffer
1 Ei, leicht verquirlt
125 g feines oder gröberes Panko-Paniermehl
Öl zum Frittieren

**für die Tonkatsu-Sauce**
90 ml Tomatenketchup
1 EL zerdrückter Ingwer
1 EL zerdrückter Knoblauch
1 EL Zucker
2 EL Mirin
2 EL Shoyu
2 EL Worcestersauce
2 EL Reisessig
2 EL extrascharfer Senf z. B. *neri-karashi*
½ TL gemahlener Piment
1 Prise gemahlene Nelken

**zum Garnieren**
eingelegter Ingwer, in feine Stifte geschnitten
eingelegter Daikon (s. S. 75), in feine Stifte geschnitten
Frühlingszwiebelgrün, in feine Streifen geschnitten
Chinakohl, fein gehobelt
geröstete Nori-Streifen (nach Belieben)

**1** Alle Zutaten für die Tonkatsu-Sauce in einem kleinen Topf verquirlen, bis sie sich vollständig vermischt haben. Erhitzen und etwa 15 Minuten köcheln lassen, dabei aufsteigenden Schaum sorgfältig abschöpfen. Die Sauce durch ein Sieb gießen und bis zur Verwendung beiseitestellen.

**2** Koteletts vom Knochen lösen, das Fleisch mit der stumpfen Seite eines Küchenbeils klopfen, bis es etwas dünner und gleichmäßig flach geworden ist. Nach Belieben in Streifen schneiden oder am Stück verwenden. Die Fleischstücke im Mehl wenden, durch das Ei ziehen und zuletzt in das Paniermehl drücken, bis sie gleichmäßig mit Panade bedeckt sind. Die Brösel noch einmal fest andrücken, dann das Fleisch einige Minuten ruhen lassen.

**3** In einem Topf oder Wok genügend Öl zum Frittieren erhitzen, bis es raucht. Das Fleisch in kleineren Portionen mit ausreichend Abstand vorsichtig ins heiße Öl gleiten lassen. Die Temperatur auf eine mittlere Stufe senken und das Fleisch etwa 8 Minuten frittieren, bis es goldbraun und knapp gar ist. Auf Küchenpapier abtropfen lassen und warm halten, bis alle Stücke frittiert sind.

**4** Das Fleisch, falls es nicht schon in Streifen frittiert wurde, nun in mundgerechte Happen schneiden. Auf einer gewärmten Platte mit den Zutaten zum Garnieren anrichten und heiß mit der Tonkatsu-Sauce als Dip servieren.

**Variationen** Wenn Sie dem Fleisch noch etwas mehr Pfiff verleihen möchten, dann bestreuen Sie es vor dem Wenden in Mehl mit etwas Shichimi togarashi. Diese japanische Gewürzmischung finden Sie in gut sortierten Asialäden. Das *tonkatsu*-Rezept funktioniert übrigens auch sehr gut mit Garnelen. Man verwendet dazu rohe Riesengarnelen. Sie werden geschält, ohne dabei die Schwanzflossen abzunehmen. Nachdem man die Därme entfernt hat, paniert man die Garnelen wie beschrieben und frittiert sie 2–3 Minuten, bis sie knusprig, goldbraun und knapp gar sind.

# Kochen und Grillen bei Tisch

Angesichts des Platzmangels in japanischen Wohnungen sind geräumige Küchen ein seltener Luxus. Aus dieser Not hat sich eine Tugend entwickelt: Man meidet die winzige Küche, wo es nur geht, und kocht bei Tisch. Das Grillen gilt seit jeher als japanische Spezialität, egal, ob man es ganz zwanglos zu Hause betreibt oder unter großem zeremoniellen Aufwand im *teppanyaki*-Restaurant.

**[1] TISCHGRILL**
Ein kleiner tragbarer Grill ist ein sehr nützliches Utensil. Er hat oben ein Gitter, durch das beim Grillen austretendes Fett nach unten in einen Behälter abtropfen kann. Man kann ihn über Holzkohlen oder einer Gasflamme erhitzen. Es gibt auch ganz ähnliche elektrische Geräte.

**[2] GASKOCHER UND KOCHPLATTEN**
Tragbare Kochplatten oder Gaskocher sind in japanischen und koreanischen Haushalten, wo viel bei Tisch gekocht wird, unentbehrlich. Die Abbildung zeigt ein Gerät, das mit im Boden eingelassenen Gaskartuschen betrieben wird und auch bei Camping und Picknick gute Dienste leistet. Kleine Elektrokochplatten sind meist weniger leistungsstark. Sie eignen sich eher zum sanften Kochen und Warmhalten, als um einen Grill zu heizen.

1

2

**[3] TEPPANYAKI-GRILL**
Das japanische *teppanyaki* leitet sich vom chinesischen Wort für »Eisenpfanne« ab. Der hier abgebildete Flächengrill ist ein Haushaltsmodell, in Restaurants verwendet man natürlich ungleich größere Geräte. Das Prinzip eines solchen Grills ist uralt, es reicht zurück ins späteisenzeitliche Japan, als umherziehende Krieger sich ihr Essen auf behelfsmäßigen Eisenplatten über dem offenen Feuer zubereiteten. Die modernen elektrischen Geräte, mit denen man sehr fettarm bei Tisch braten kann, funktionieren im Grunde nicht anders.

3

4

**4 5 SUKIYAKI-PFANNEN**

*Sukiyaki* ist ein fondueartiges japanisches Gericht, bei dem hauchdünn geschnittenes Hähnchen- oder Rindfleisch bei Tisch angebraten, mit einer würzenden Brühe abgelöscht und mit verschiedenem Gemüse geköchelt wird. Dazu benötigt man eine traditionelle *sukiyaki*-Pfanne aus Gusseisen, die auf einem Kocher erhitzt wird, es gibt aber auch moderne elektrische Geräte. Die fertigen Stücke nimmt man direkt mit den Stäbchen aus der Pfanne und tunkt sie danach in verquirltes Ei.

5

**6 KOREANISCHER FEUERTOPF**

Feuertöpfe gibt es in ähnlicher Form in vielen asiatischen Ländern (s. S. 251). Sie heißen bei uns manchmal auch Mongolentopf, ihr koreanischer Name ist *sin sul lo,* international werden sie meist mit dem englischen Wort *steamboat* bezeichnet. Es gibt Töpfe aus Aluminium oder Messing. Modelle, die wie das hier abgebildete auch mit Kohlen beheizt werden können, sollte man zum Schutz der Tischplatte auf ein dickes Brett stellen. Außerdem muss man bei ihrer Verwendung auf herausfliegende Funken und eine gute Belüftung des Raumes achten. Elektrische Geräte arbeiten im Vergleich dazu sauberer und sicherer, allerdings fehlt ihnen der rustikale Charme der traditionellen Töpfe.

**HIBACHI-GRILL** (ohne Abbildung)

Diese tragbaren japanischen Grills aus Gusseisen ähneln den bei uns üblichen: Über einen Behälter für die Holzkohlen wird in variablem Abstand ein Grillgitter gehängt. Allerdings hat der *hibachi* nur sehr kurze Beine, sodass man ihn auch direkt auf den Tisch stellen kann.

6

# EMI KAZUKO Yakitori

**_Yakitori_ heißen die über Holzkohlen gegrillten japanischen Hähnchenspieße. Sie sind der Renner in japanischen Imbissbuden und ein beliebter Snack in Bars. Die angesehene Kochbuchautorin und Journalistin Emi Kazuko, von der dieses Rezept stammt, empfiehlt dafür Fleisch von der Hähnchenkeule, aber auch andere Teile, wie zum Beispiel die Leber, schmecken hervorragend als _yakitori._**

FÜR 4–6 PORTIONEN ZUBEREITUNGSZEIT: 25 MINUTEN, ZZGL. 30 MINUTEN ZUM WÄSSERN DER SPIESSE

**KOCHUTENSILIEN**
12–16 Bambusspieße
scharfes Messer
kleiner Topf
*hibachi* oder anderer Holzkohlengrill
Küchenpinsel

**ZUTATEN**
500g Hähnchenkeulen ohne Haut und Knochen
Zitronenspalten und gemahlener Sansho-Pfeffer zum Garnieren
**für die Würzsauce**
3 EL Sake
knapp 5 EL Shoyu
1 EL Mirin
1 EL Zucker

**1** Die Bambusspieße 30 Minuten in kaltes Wasser legen.

**2** Das Hähnchenfleisch in 2 cm große Würfel schneiden, je vier Würfel auf jeden Spieß stecken.

**3** Alle Zutaten für die Würzsauce in einem kleinen Topf vermengen. Unter Rühren zum Kochen bringen und 5 Minuten köcheln lassen, dann beiseitestellen.

**4** Den *hibachi* oder einen anderen Grill vorheizen. Die Spießchen darauf garen, bis sie rundum leicht gebräunt sind. Dann einen Spieß nach dem anderen vom Grill nehmen, mit der Würzsauce einpinseln und weitergrillen, bis die Hitze die Sauce getrocknet hat.

**5** Die Spieße noch mehrfach einpinseln und so lange grillen, bis sie knusprig und goldbraun geworden sind. Mit Zitronen garniert und Sansho-Pfeffer bestreut servieren.

# ROY YAMAGUCHI Gegrillter Thunfisch auf Maui-Zwiebel-Salat

**Dieses edle Rezept stammt von Roy Yamaguchi, der in den USA eine Kette von Restaurants mit asiatisch-hawaiianischer Küche betreibt. Sein Tipp: »Übrig gebliebene Marinade bewahre ich im Kühlschrank als Grundlage für die nächste Portion auf. Mein Vater hatte ein Glas Marinade, das 16 Jahre lang im Einsatz war!«**

FÜR 4 PORTIONEN ZUBEREITUNGSZEIT: 30 MINUTEN, ZZGL. 1 STUNDE ZUM MARINIEREN

**KOCHUTENSILIEN**
Kochtopf
*hibachi* oder anderer Holzkohlengrill
scharfes Messer
Schneidebrett
Wok und Kelle

**ZUTATEN**
4 Thunfischfilets, je etwa 200g
**für die Marinade**
225ml Sojasauce
1 EL gehackter Knoblauch
1 EL gehackter Ingwer
50g Frühlingszwiebeln, in feine Ringe geschnitten
90g Zucker
**für die Würzsauce**
500ml Sake
500ml Mirin
½ TL Chiliflocken
10cm Kombu
275ml Shoyu
Saft von 3 Zitronen
Saft von 1 Limette
Saft von 1 Orange
**für den Zwiebelsalat**
1 große Möhre
1 kleine Maui-Zwiebel (ersatzweise eine mild-süßliche Gemüsezwiebel)
1½ japanische Gurken, Kerne entfernt
110g Daikon-Sprossen
8 EL eingelegter Ingwer
1 EL Öl
110g Bohnensprossen
½ EL weiße Sesamsamen, geröstet
½ EL schwarze Sesamsamen
Saft von 1 Zitrone

**1** Die Zutaten für die Marinade in einer großen Schüssel verrühren. Die Fischfilets hineingeben und abgedeckt im Kühlschrank 1 Stunde marinieren.

**2** In der Zwischenzeit für die Würzsauce Sake, Mirin, Chiliflocken und Kombu 10 Minuten bei starker Hitze kochen lassen. Vom Herd nehmen, Shoyu und Zitrussäfte dazugeben. Den Kombu erst kurz vor dem Servieren herausnehmen.

**3** Etwa 30 Minuten vor dem Servieren den *hibachi* oder einen anderen Grill vorheizen.

**4** Für den Salat die Möhre reiben, die Zwiebel in feine Ringe und die Gurke in Stifte schneiden. In einer Schüssel mit Daikon-Sprossen und eingelegtem Ingwer vermengen. Das Öl im Wok stark erhitzen, die Bohnensprossen darin 15 Sekunden pfannenrühren, dann unter den Salat heben.

**5** Die Fischfilets auf jeder Seite bei starker Hitze 45–60 Sekunden grillen.

**6** Den Salat auf vier Teller verteilen, mit Sesam und Zitronensaft beträufeln. Die Fischfilets darauf anrichten und mit Würzsauce beträufeln.

# Koreanischer Feuertopf

Wenn es draußen kalt und ungemütlich wird, ist dieses koreanische Fondue genau das Richtige. Im Unterschied zu einem chinesischen Fondue werden hier alle Zutaten vorab miteinander gegart. Elektrische Feuertöpfe sind zwar nicht ganz so urig, im Gegensatz zu den mit Holzkohlen beheizten sind sie aber komfortabler zu handhaben und rauchen nicht.

FUR 8–10 PORTIONEN ZUBEREITUNGSZEIT: 35 MINUTEN

**KOCHUTENSILIEN**

Küchenbeil
Schneidebrett
Feuertopf
Wok und Kelle
kleine Metallsiebe

**ZUTATEN**

400g Rinderfilet in feinen Streifen
2 große Zwiebeln in feinen Ringen
1,5l Rinder- oder andere Fleischbrühe
5 Eier
4 EL Mehl
400g weißes Fischfilet in feinen Streifen
200ml Öl
5 Frühlingszwiebeln, schräg geschnitten
2 Möhren, in Stifte geschnitten
40g Pinienkerne oder geschälte Walnüsse

**1** Bei Verwendung eines mit Holzkohle beheizten Feuertopfes die Kohlen anzünden (Abb. o. l.). Alle Zutaten vorbereiten (Abb. o. M.). Rindfleisch und Zwiebeln in der Brühe im Feuertopf aufsetzen und zum Kochen bringen.

**2** In einem Schälchen 2 Eier verquirlen. Das Mehl auf einem Teller verteilen. Die Fischstreifen zuerst durch die Eier ziehen, dann im Mehl wenden.

**3** Etwas Öl im Wok erhitzen und den Fisch darin pfannenrühren, bis er gar ist, dann in den Feuertopf geben.

**4** Die übrigen 3 Eier in einem Schälchen verquirlen und im Wok ein Omelett daraus braten. Abkühlen lassen und in Streifen schneiden.

**5** Omelett, Frühlingszwiebeln und Möhren in den Feuertopf geben. Pinienkerne oder Walnüsse darüberstreuen und alles weitere 10 Minuten köcheln lassen. Jeder Gast bedient sich mit seinem kleinen Drahtsieb aus dem Feuertopf.

# Bulgogi

Die koreanische Küche ist allgemein sehr würzig, da bildet *bulgogi,* das klassische Gericht aus mariniertem, gegrilltem Rindfleisch keine Ausnahme. Die Würze stammt von einer aromatischen Mischung aus Senf, Knoblauch, Ingwer, Pfeffer und Reiswein. Wenn man die richtige Mischung für die Marinade einmal gefunden hat, ist *bulgogi* ein Kinderspiel – egal, ob mit Rind, Huhn oder Schweinefleisch.

FÜR 4 PORTIONEN ZUBEREITUNGSZEIT: 20 MINUTEN, ZZGL. MINDESTENS 25 MINUTEN ZUM MARINIEREN

**KOCHUTENSILIEN**
scharfes Messer
Küchenbeil
Schneidebrett
Holzkohlen- oder Elektrogrill
Grillzange

**ZUTATEN**
1 kg Sirloinsteak oder Rinderfilet
1 Salatherz zum Garnieren
**für die Marinade**
1 EL zerdrückter Knoblauch
1 TL gehackter Ingwer
1 TL Zucker
½ TL frisch gemahlener schwarzer Pfeffer
1 TL koreanisches Senfpulver
1 EL dunkle Sojasauce
2 EL Reiswein (Shaoxing oder Mirin)
etwas frisch gepresster Nashi-Saft (japanische Birne, nach Belieben)

**1** Alle Zutaten für die Marinade in einer großen Schüssel verrühren.

**2** Das Rindfleisch zunächst in 5 mm dicke Scheiben und diese in etwa 5 × 5 cm große Stücke schneiden. Mit dem Rücken des Küchenbeils oder einem Fleischklopfer bearbeiten. Sorgfältig mit der Marinade mischen und mindestens 25 Minuten im Kühlschrank marinieren.

**3** Die Holzkohlen anzünden und abwarten, bis die Flammen einer schönen Glut gewichen sind. Das Rindfleisch auf dem Rost grillen. Bei Verwendung eines Elektrogrills das Fleisch auf einer doppelten Lage Alufolie grillen. Nach etwa 5 Minuten ist es blutig, nach 8 Minuten rosa und nach 12 Minuten gut durchgebraten. Zwischendurch ein- oder zweimal mit der Grillzange wenden und immer wieder mit der Marinade bestreichen.

**4** Das fertig gegrillte Fleisch auf den Salatblättern anrichten und mit Reis servieren. Dazu zum Dippen Sesamsauce (s. S. 107) reichen.

# Gedämpftes grünes Gemüse mit Sesamsauce

**Die Sesamsauce *cho kanjang* ist in Korea vor allem als würzige Begleiterin von gedämpftem oder rohem Gemüse sehr beliebt. Da sie aber auch zu gegrilltem Fleisch und vielen anderen Gerichten passt, darf sie eigentlich auf keiner koreanischen Tafel fehlen. Man kann sie gut auf Vorrat herstellen und – wie in Korea üblich – zusammen mit verschiedenen Gerichten, Pickles und Saucen servieren.**

FÜR 4 PORTIONEN ZUBEREITUNGSZEIT: 20 MINUTEN

**KOCHUTENSILIEN**

Gemüse- oder Allzweckmesser
Schneidebrett
Dämpfbehälter
Wok und Kelle
Mörser und Stößel

**ZUTATEN**

500g gemischtes grünes Gemüse (z. B. Pak Choi, Choi Sum, Brokkoli, Chinakohl)

**für die Sesamsauce**

200g weiße Sesamsamen
1 EL Zucker
4 EL Reisessig
2 EL helle Sojasauce
1 EL Sesamöl

**1** Den harten Strunk von Brokkoli und Chinakohl und die Stiele von Pak Choi und Choi Sum abschneiden. Pak Choi und Chinakohl längs halbieren, den Rest des Gemüses nach Bedarf zerkleinern. 8–10 Minuten dämpfen, bis das Gemüse gerade gar ist und zusammenfällt.

**2** In der Zwischenzeit den Wok ohne Öl auf kleiner Flamme erhitzen und die Sesamsamen darin einige Minuten rösten. Sie sollten goldbraun werden, dürfen aber nicht anbrennen. Den gerösteten Sesam im Mörser mit dem Stößel zu einer groben Paste zerreiben.

**3** Zucker, Essig und 60ml heißes Wasser in einer kleinen Schüssel verrühren, bis sich der Zucker aufgelöst hat. Sojasauce, Sesamöl und -samen dazugeben und alles gründlich verrühren.

**4** Die Sauce in ein Glas mit Schraubverschluss füllen. Sie hält sich im Kühlschrank bis zu 2 Wochen. Zum Servieren das Gemüse anrichten, die Sauce kräftig durchschütteln und in ein Schälchen gießen.

# Japanische Küchenhelfer

Die japanische Küche ist für ihren Minimalismus bekannt, und die Küchen selbst sind meist winzig; dennoch hat man gern für jede Aufgabe genau das richtige Utensil zur Hand. Dabei geht Klasse vor Masse – man schätzt eine ansprechende Gestaltung und natürliche Materialien wie Holz und Bambus. In der Regel sind Farbe, Form und Material selbst bei einfachen Gerätschaften sorgsam aufeinander abgestimmt.

1

2

3

**1 SURIBACHI**
Die stabile japanische Reibeschüssel ähnelt von der Form her den bei uns bekannten Keramikmörsern. In ihre Innenseite sind aber zusätzlich Hunderte feiner Rillen gekerbt, die wie die Oberfläche einer Reibe wirken. Im Zusammenspiel mit einem hölzernen Stößel kann man Knoblauch, Ingwer, Kerne und Samen im Nu und ohne großen Kraftaufwand zerreiben. Den *surikogi* genannten Stößel gibt es in verschiedenen Größen. Je größer und schwerer er ist, desto besser ist auch seine Hebelwirkung. Man dreht den *surikogi* mit leichtem Druck durch die Schüssel und reibt so die Zutaten gegen die Rillen.

**2 QUADRATISCHES SIEB**
Dieses typisch japanische Sieb namens *zaru* dient dazu, Nudeln oder Gemüse abzuschütten. Neben den Metallsieben gibt es auch ähnliche Modelle aus Bambus.

**3 DREITEILIGE REIBE**
Diese Kombination aus Reibe und Servierschälchen wird verwendet, um Würzmittel wie Knoblauch, Ingwer und Daikon anzurichten und nach Wunsch bei Tisch zu zerkleinern.

**4 5 KOCHSTÄBCHEN**
Mit ihren gut 35 Zentimetern Länge sind solche Holz- oder Bambusstäbchen in der japanischen Küche unverzichtbar. Mit ihnen bewegt und wendet man die Zutaten im Kochgefäß. Dank der besonderen Länge hat die Hand dabei sogar beim Frittieren genügend Abstand zum heißen Fett. Einige Modelle werden am Ende von einem Bändchen zusammengehalten, andere sind wie eine Zange geformt. Die Enden sind zumeist spitz.

**6 GEMÜSEHOBEL**
Dieser scharfe Küchenhelfer besteht aus einer Metall- oder Kunststoffplatte, in die man verschieden geformte Klingen einsetzen kann. So schneidet der Hobel glatte oder geriffelte Scheiben, Stifte oder feine Späne. Gemüsehobel eignen sich vor allem für harte Gemüsesorten wie Möhren, Daikon und andere Rettichsorten, aber auch für Kohl und junge Artischocken. Hochwertige Modelle mit stabiler Konstruktion und einem Restehalter bieten in der Regel besseren Schutz für die Hände.

**7 REIBE**
Auf der gröberen Seite dieser zweiteiligen Reibe zerkleinert man Daikon-Rettich. Für Zutaten wie Ingwerwurzel und Wasabi verwendet man die feinere Seite. Es gibt Reiben aus Metall, aber auch aus Keramik oder Kunststoff.

**8 METALLPALETTE**
Diese breite, gedrungene Palette eignet sich ideal, um Fisch während des Garens zu wenden.

4

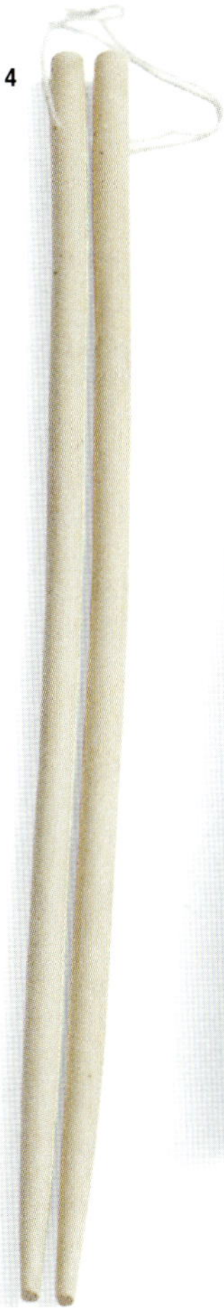

5

6

7

8

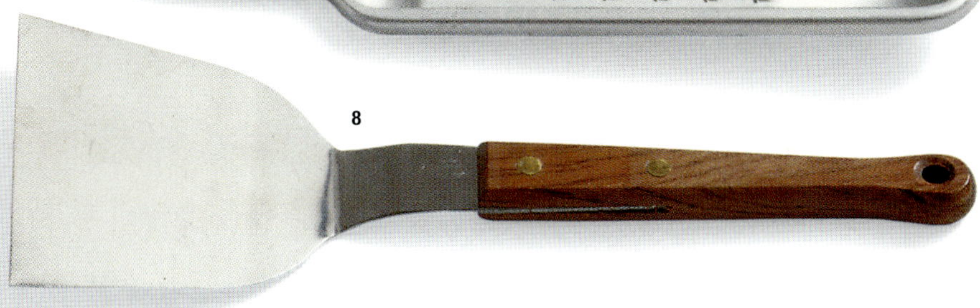

# PETER GORDON Kürbis mit Cashewkernen und Gomasio-Dressing

In seinem Londoner Restaurant »At The Providores and Tapa Room« pflegt der aus Neuseeland stammende Spitzenkoch Peter Gordon einen kunstvollen Mix aus dem Besten der östlichen und westlichen Küche. Unser Rezept hat er für das unkomplizierte Kochen zu Hause entwickelt. Sein Tipp: »Die Zubereitung ist ganz simpel, worauf es wirklich ankommt, ist der Kürbis. Kaufen Sie den süßesten und aromatischsten, den Sie finden können!«

FÜR 4–8 PORTIONEN ZUBEREITUNGSZEIT: 1 STUNDE 30 MINUTEN

**KOCHUTENSILIEN**
Gemüse- oder Allzweckmesser
Schneidebrett
*suribachi*

**ZUTATEN**
1,5 kg Kürbis, geschält, Kerne entfernt
2 EL Sesamöl
**für das Dressing**
50 g leicht geröstete Sesamsamen
20 g grobes Meersalz
120 g Cashewkerne, geröstet und fein gehackt
100 ml Mirin
100 ml frisch gepresster Zitronensaft
1 großes Bund Rucola
Salz und frisch gemahlener schwarzer Pfeffer

**1** Den Backofen auf 180 °C vorheizen. Den Kürbis in acht gleich große Stücke schneiden und in eine ofenfeste Form legen. Mit etwas Salz und Pfeffer würzen, das Sesamöl darüberträufeln und mit 400 ml kochendem Wasser übergießen. Auf der oberen Schiene des Backofens je nach Kürbissorte 40–80 Minuten braten, bis er gar ist.

**2** In der Zwischenzeit das Dressing zubereiten. Die leicht gerösteten Sesamsamen mit dem Meersalz in einem *suribachi* (oder einem normalen Mörser) zu einer feinen Paste verarbeiten. In einer kleinen Schüssel mit Cashewkernen, Mirin und Zitronensaft verrühren. Ziehen lassen, bis der Kürbis gar ist.

**3** Den heißen Kürbis auf einer großen Platte anrichten und die Rucolablätter darüberstreuen. Das Dressing abschmecken und über den Kürbis gießen, dann sofort servieren.

# ELIZABETH ANDOH Auberginensalat mit Sesam-Dressing

**Gekühlt auf knackigen Blättern serviert, ergibt dieses Gericht der in Tokio lebenden Kochexpertin Elizabeth Andoh einen erfrischenden Sommersalat. Ihr Tipp: »Mit diesem Dressing verwandeln sich sogar langweilige Tomaten- und Gurkenscheiben in einen fernöstlichen Genuss.«**

FÜR 2–3 PORTIONEN ZUBEREITUNGSZEIT: 20 MINUTEN

**KOCHUTENSILIEN**

Gemüse- oder Allzweckmesser
Schneidebrett
Sieb
Topf
Bratpfanne
*suribachi*

**ZUTATEN**

1 Aubergine, etwa 350g
knackige Salatblätter und Sesamsamen zum Garnieren (nach Belieben)

**für das Dressing**

1 EL weiße Sesamsamen
½ TL Zucker
1 EL Shoyu
1 EL Reisessig
1 Prise Salz
½ EL Dashi oder Wasser

**1** Die Aubergine schälen und zunächst schräg in etwa 5mm dicke Scheiben, diese dann in 5mm dicke Stifte schneiden. 5–6 Minuten in kaltes Wasser legen, um Bitterstoffe herauszuziehen und Verfärbung zu vermeiden.

**2** Die Auberginenstifte abtropfen lassen, dann in einem Topf mit kochendem Salzwasser 2–3 Minuten blanchieren. Erneut abtropfen lassen und mit Küchenpapier trocken tupfen.

**3** Für das Dressing die Sesamsamen in einer Pfanne einige Minuten rösten, bis sie goldbraun geworden sind. Vorsicht: Sie können leicht anbrennen. Den noch warmen Sesam im *suribachi* (oder einem anderen Mörser) zerstoßen. Die übrigen Zutaten für das Dressing nacheinander hinzufügen und zusammen mit dem Sesam verarbeiten.

**4** Kurz vor dem Servieren die Auberginenscheiben mit dem Dressing anmachen. Bei Raumtemperatur oder gekühlt servieren. Nach Belieben auf Salatblättern anrichten und mit Sesamsamen bestreuen.

# Japanisches und koreanisches Essgeschirr

**In dem Bestreben, das Essen am Verlauf der Jahreszeiten auszurichten, benutzen die meisten Japaner verschiedene Services und dazu noch die traditionellen, äußerst kunstvollen Lackwaren. Jedes Einzelstück wird sorgfältig ausgewählt. In Korea gibt es zusätzlich einige ganz typische Gerätschaften.**

**1 GROSSE SCHALEN**
Eine Nudelsuppe wird in Japan als ebenso eigenständige wie genussvolle Mahlzeit hoch geschätzt. Man isst sie aus größeren Schalen.

**2 SUPPENLÖFFEL**
Ist die Schale zu groß, um sie an die Lippen zu führen, benutzt man in Japan traditionell einen solchen Holzlöffel.

**3 ESSSTÄBCHEN MIT BÄNKCHEN**
Die japanischen Stäbchen laufen spitz zu. Einwegstäbchen sind heute zwar weit verbreitet, schön gearbeitete und verzierte Stäbchen sind aber immer noch ein beliebtes Geschenk und werden wundervoll verpackt. Das Bänkchen ist eine elegante Art, den Tisch vor den beschmutzten Stäbchenspitzen zu schützen.

**4 TELLER**
Flache Essteller benutzt man in Japan für eine Vielzahl von Gerichten und nicht, wie in China üblich, speziell für gebratenen Reis. Sie können rund, quadratisch oder rechteckig sein.

**5 SUPPENSCHALE AUS LACKWARE**
Japanische Suppen werden eher in Lackschalen als in Porzellan- oder Keramikgeschirr serviert. Der Deckel hält die Suppe warm. Manchmal schließt er wegen des Dampfes so fest, dass man den Rand der Schale sanft eindrücken muss, um ihn zu lösen. Man benützt keinen Löffel, sondern trinkt die Suppe wie aus einer Tasse direkt aus der Schale.

**6 REISSCHALE**
Egal, ob aus lackiertem Holz oder Porzellan: Japanische Reisschalen sind im Vergleich zu den runden, gedrungenen Formen der chinesischen Schalen eher sanft geschwungen.

**7 SCHÄLCHEN FÜR WÜRZSAUCEN**
An einer japanischen Tafel spielen Form und Gestaltung bis hin zu den kleinsten Accessoires eine große Rolle. Anders als in China gelten scharfe Kanten und eckige Formen hier nicht als negative Symbole.

**8 KOREANISCHE STÄBCHEN UND LÖFFEL**
Anders als in Japan benutzt man in Korea häufig Löffel. Die Essstäbchen sind lang und spitz und vorzugsweise aus Metall oder Holz.

**9 SOBA-KÄSTCHEN**
Dieses quadratische Bambuskästchen namens *zaru* dient zum Servieren kalter Soba-Nudeln.

11

8
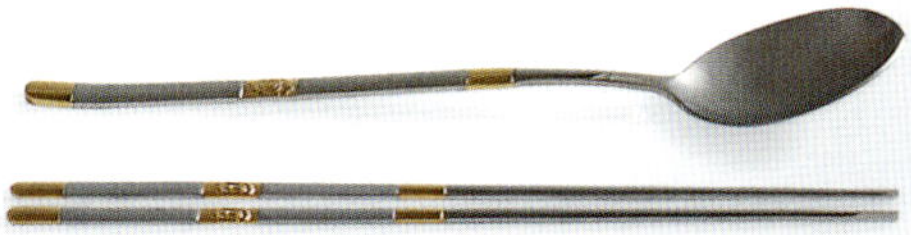

9

12

10

13

**10 BAMBUSKÖRBCHEN**
In solchen dekorativen Körbchen kann man eine Serviette ablegen oder auch ein größeres Sushistück anrichten.

**11 BIBIMBAP-TÖPFCHEN**
Massive Steintöpfchen auf dazu passenden Holzbänken sind die angemessene Art, das berühmte koreanische *bibimbap* zu servieren.

**12 BENTO**
Sowohl das Kästchen wie auch die darin servierte Auswahl an Gerichten und Beilagen nennt sich *bento*. Es gibt kostbar gestaltete Einzelstücke und große Sets für viele Gäste. Sogar die vielen unterschiedlichen Plastikboxen aus dem Zugimbiss sind beliebte Sammelobjekte. Lackkästchen wie dieses findet man bei der Teezeremonie.

**13 SUSHIBANK**
Auf solchen von niedrigen Füßen getragenen, glatten Platten aus hellem Holz oder einfarbigem Porzellan serviert man ausschließlich Sushi und Sashimi. Auf einem so schlichten Untergrund kommen die leuchtenden Farben und die typische Vielfalt verschiedener Oberflächen und Fischsorten besonders schön zur Geltung.

14

**14 REISLÖFFEL AUS PORZELLAN**
Japanische Reislöffel sind flach und häufig aus schön verziertem Porzellan hergestellt. Da der Reis klebrig ist, kann man ihn auch mit einem flachen Löffel problemlos servieren.

# DOC CHENG'S Gedämpfter Schnapper mit Daikon-Fond

Eine gesunde Küche, die fernöstliche und westliche Elemente verbindet, ist die Spezialität von Doc Cheng's Restaurant im legendären »Raffles Hotel« in Singapur. Dieses wunderbar leichte, japanisch beeinflusste Rezept verwendet den Roten Schnapper, aber auch jeder andere hochwertige und wirklich frische Fisch mit weißem Fleisch eignet sich gut.

FÜR 4 PORTIONEN ZUBEREITUNGSZEIT: 30 MINUTEN, ZZGL. 1 STUNDE RUHEZEIT

**KOCHUTENSILIEN**

mittelgroßer Topf
Dämpfbehälter
Reibe
feines Sieb
Gemüsehobel
Küchenbeil
kleiner Topf

**ZUTATEN**

4 ganze kleinere Schnapper oder Doraden, ausgenommen und geputzt, oder 4 Filets, je etwa 130g schwer
120ml neutrales Pflanzenöl
60ml Sesamöl
1 EL fein geriebener Ingwer
90g Frühlingszwiebeln, in feine Streifen geschnitten
Salz und frisch gemahlener schwarzer Pfeffer

**für den Fischfond**

1 Stück Kombu
30g Fischflocken
125g Daikon, gerieben
60ml Sojasauce
4 Shiso-Blätter, fein gehackt

**1** Für den Fond 500ml Wasser mit dem Kombu zum Kochen bringen. Den Herd abstellen, die Fischflocken dazugeben und 1 Stunde ziehen lassen.

**2** Den Fond durch ein Sieb gießen und den Inhalt des Siebes wegwerfen. Daikon, Sojasauce und Shiso-Blätter zur Brühe geben.

**3** Die Fische oder Fischfilets mit Salz und Pfeffer würzen und in den Dämpfbehälter legen. Mit ausreichend Abstand zum kochenden Wasser im geschlossenen Topf oder Wok 4–6 Minuten bei mittlerer Temperatur dämpfen, bis der Fisch gar sind.

**4** In der Zwischenzeit Öl und Sesamöl sanft in einem Topf erwärmen.

**5** Den gedämpften Fisch in tiefen Tellern anrichten. Mit Ingwer und Frühlingszwiebeln bestreuen. Den Fond darübergießen und etwas von der heißen Ölmischung über Fisch und Gemüse löffeln, dann sofort servieren.

# Gegrillte Salzforelle

Servieren Sie doch einmal ein leichtes Mittagessen in einer *bento*-Box. Gegrillte Salzforelle ist geradezu der perfekte Hauptbestandteil dafür, hinzu kommen eingelegter Ingwer und Daikon, kalter, mit schwarzem Sesam bestreuter Reis und Salate. Auch *yakitori* (s. S. 102) eignet sich hervorragend für die hübschen Lackkästchen.

FÜR 4 PORTIONEN ZUBEREITUNGSZEIT: 30 MINUTEN, ZZGL. 25 MINUTEN RUHEZEIT

**KOCHUTENSILIEN**
Fisch- oder Kochmesser
Schneidebrett
Spieße aus Metall oder Bambus
*hibachi* oder anderer Holzkohlengrill

**ZUTATEN**
4 große frische Forellen
2 EL feines Salz
Öl zum Einpinseln
2 EL frisch gepresster Zitronensaft
4 gehäufte EL Daikon-Pickle (s. S. 75)

**1** Die Forellen ausnehmen und putzen, aber nicht zerlegen. Abspülen, mit Küchenpapier trocken tupfen, dann großzügig innen und außen salzen. Die gesalzenen Fische bei Zimmertemperatur 25 Minuten ziehen lassen. Währenddessen die Bambusspieße wässern, damit sie später nicht verbrennen.

**2** *Hibachi* oder Holzkohlengrill vorheizen. Die Spieße knapp hinter den Augen in die Köpfe der Forellen einführen und etwa 5 cm weit schräg durch die Körper Richtung Schwanz stechen, sodass man die Forellen bequem mit dem Spieß aufnehmen und wenden kann. Auf jeder Seite 6 Minuten grillen, zwischendurch mit Öl einpinseln, damit die Fische nicht trocken werden.

**3** Wenn die Fische knapp gar sind, vorsichtig die Spieße herausziehen. Die Forellen auf Tellern anrichten oder für die *bento*-Kästchen zerteilen. Mit etwas Zitronensaft beträufeln und mit dem eingelegten Daikon servieren.

# Bibimbap

**Eine der beliebtesten Spezialitäten Koreas, *bibimbap*, besteht aus einer Mischung verschiedener Gemüse, manchmal auch Fleisch. Alles wird kurz angebraten, dann in einer pikanten Sauce gekocht und auf Reis serviert. Ganz stilecht präsentiert man das Gericht im traditionellen koreanischen Steintopf, der auf einem passenden Holzbänkchen ruht.**

FÜR 4 PORTIONEN ZUBEREITUNGSZEIT: 30 MINUTEN

**KOCHUTENSILIEN**

Reiskocher
großer Topf
Küchenbeil
Schneidebrett
Wok und Kelle
*bibimbap*-Topf
Sieb

**ZUTATEN**

8 gemischte getrocknete Pilze z. B. Shiitake und Austernpilze
200g Jasminreis
1 kleine Möhre, in feine Stifte geschnitten
2 Spargelbohnen, in feine Stifte geschnitten
100g Bohnensprossen
3 EL Erdnussöl
200g Rindergehacktes
1 TL frisch gemahlener oder zerstoßener Pfeffer
2 EL *gochujang* (koreanische Chilipaste)
6 große Pak-Choi-Blätter, in Streifen geschnitten
3 EL Sesamöl
2 Eier

**1** Die getrockneten Pilze etwa 20 Minuten in heißem Wasser einweichen. In der Zwischenzeit den Reis im Reiskocher garen.

**2** Möhren, Bohnen und Bohnensprossen in einem großen Topf mit kochendem Wasser 5 Minuten blanchieren, dann in ein Sieb abgießen. Die eingeweichten Pilze abtropfen lassen und vierteln.

**3** Im Wok bei mittlerer Temperatur 2 EL Erdnussöl erhitzen. Das Hackfleisch darin 2 Minuten pfannenrühren, bis es gut gebräunt ist. Pfeffer und *gochujang* dazugeben und noch 1 Minute pfannenrühren. Das blanchierte Gemüse in den Wok geben und weitere 2 Minuten rühren. Pak Choi und Pilze hinzufügen und wiederum 2 Minuten pfannenrühren. Zum Schluss das Sesamöl und 100ml Wasser in den Wok gießen und alles unter Rühren 2 Minuten kochen.

**4** Den Reis in den vorgewärmten *bibimbap*-Topf geben und die Fleisch-Gemüsemischung darüberlöffeln. Den Wok mit Küchenpapier ausreiben. 1 EL Erdnussöl darin erhitzen, die Eier aufschlagen und braten, dann auf dem Gemüse anrichten. Sofort servieren.

# Süßer Tofu

Dies ist eines der vielen japanischen Gerichte, die sanft köchelnd zubereitet werden. Auf einem schlichten Teller angerichtet, ist es eine attraktive kalte Vorspeise. Der karamellisierte Zucker verleiht der Sauce einen leicht bittersüßen Geschmack. Am besten eignet sich für dieses Rezept fester Tofu, da er gut in Form bleibt.

FÜR 1–2 PORTIONEN ZUBEREITUNGSZEIT: 20 MINUTEN

**KOCHUTENSILIEN**
Küchenbeil
Schneidebrett
kleiner Topf
Kelle

**ZUTATEN**
1 EL Öl
1 EL Zucker
1 EL helle Sojasauce
1 TL Speisestärke, mit etwas kaltem Wasser verrührt
300 g Tofu, gewürfelt
½ Frühlingszwiebel, in feine Streifen geschnitten

**1** Das Öl in einem kleinen Topf erhitzen. Den Zucker dazugeben und mit einem Holzlöffel einige Minuten rühren, bis er sich verflüssigt und hellbraun karamellisiert. Vom Herd nehmen, damit der Zucker nicht spritzt, wenn die anderen Flüssigkeiten dazugegeben werden.

**2** Vorsichtig die Sojasauce und 130 ml lauwarmes Wasser unterrühren, dann erneut erhitzen, bis die Sauce schwach köchelt.

**3** Die angerührte Speisestärke dazugeben. Die Sauce solange unter Rühren köcheln, bis sie andickt und glänzt. Den Tofu darin 1 Minute erhitzen.

**4** Heiß mit Frühlingszwiebel garniert servieren. Man kann das Gericht auch abkühlen lassen, 1 Stunde kalt stellen und dann als Vorspeise servieren.

# Geschirr für Tee und Sake

Die japanische Teezeremonie wird in besonderen Teehäusern abgehalten, deren schlichter Rahmen den meditativen Charakter der förmlichen Handlung unterstreicht. Der dabei servierte Grüntee ist auch das bevorzugte Getränk bei jedem Essen. Sake, der japanische Reiswein, kann ebenfalls zum Essen getrunken werden, eigentlich nimmt man ihn aber vom Tisch, sobald der Reis serviert wird.

1

**1 SAKE-SET**

Die kleinen Sakeflaschen heißen auf Japanisch *tokkuri.* Sie sind häufig wahre Kunstwerke, deren Dekor japanische Lebensart und Kultur widerspiegelt. Sakebecher sind oft nur so groß wie ein Fingerhut, denn man soll den warm oder kalt servierten klaren Reiswein nur in kleinen Mengen trinken, schließlich kann er recht hochprozentig sein. Sake gilt als das Getränk der Shinto-Götter, japanischen Kaiser und Shogune und ist das traditionsreichste alkoholische Getränk Japans. Zur Herstellung verwendet man gedämpften Reis, der mit Hefe in Gärung versetzt wird.

**2 TEESCHALEN**

Zu einem echten japanischen Teeservice gehören fünf Teeschalen, denn die Zahl fünf verheißt nach der japanischen Zahlenmystik Glück. Die Schalen sind größer als die traditionell in China gebräuchlichen und fast zylindrisch geformt. Sie bestehen aus feinem Porzellan oder rustikalem Ton. Da man sie mit beiden Händen zum Mund führt, besitzen sie keine Henkel.

**3 TEEBESEN**

Mit diesen zierlichen Bambusbesen mischt der Meister während der japanischen Teezeremonie den pulverisierten Grüntee *(matcha)* unter das heiße Wasser und schlägt ihn schaumig. Jeder Handgriff dieser Zeremonie ist festgelegt und bedeutsam, denn es handelt sich eher um eine spirituelle Handlung als um eine rein kulinarische Veranstaltung, obwohl zur Teezeremonie auch verschiedene Speisen gehören. Den Japanern gilt Bambus als Symbol für langes Leben und Ehrerbietung, ein einfacher Schneebesen aus Metall wäre von daher völlig unangebracht.

**4 TEEKANNE**

Japanische Teekannen sind recht klein. Gusseiserne Modelle wie dieses sind kostbar und werden meist nur für besondere Gäste hervorgeholt.

2

4

3

# Eisdesserts

Eis aus Grüntee herzustellen ist eine recht neue Idee. Ihr liegt vermutlich eine Art traditionelles Sorbet namens *ujigori* zugrunde, das in der Grünteehochburg Uji, südlich von Kioto, entstand. Dazu wird nur *matcha* verwendet, der pulverisierte Grüntee. Unser Rezept ist eine völlig unkomplizierte Abwandlung, für die der Tee einfach unter fertiges Vanilleeis gemischt wird. Das beliebteste Dessert in japanischen *tempura*-Bars ist aber Grüntee-Eis, das von einem Teigmantel umhüllt und dann kurz frittiert wird. Frittiertes Eis wird häufig für eine chinesische Tradition gehalten, da viele Chinarestaurants es anbieten. Angeblich stammt die Erfindung aber von chinesischen Auswanderern in Australien. Unser Rezept verwendet statt *tempura*-Teig fertig gekauften griechischen Filo- oder Strudelteig und schmeckt mit jeder beliebigen Eissorte.

## Frittierte Eiscreme

Eine flache Servierplatte oder eine Backform im Gefrierschrank kühlen. Mit einem Eisportionierer Kugeln aus einer fertige Eiscreme Ihrer Wahl formen und mit ausreichend Abstand zueinander auf die sehr kalte Platte setzen. Die Platte wieder in den Gefrierschrank geben, bis die Eiskugeln steinhart sind. Das Frittierfett auf 180 °C erhitzen. Kurz vor dem Servieren 8 Filo-Teigblätter übereinanderlegen und in 15 cm große Quadrate schneiden. In rascher Folge auf jedes Teigstück 1 Kugel Eis legen, die Teigränder anfeuchten und über dem Eis zusammendrücken, sodass das Eis vollständig umschlossen ist. Im heißen Öl hellbraun und knusprig frittieren, dann abtropfen lassen und sofort servieren, nach Belieben mit etwas Karamellsauce, flüssiger Schokolade oder Ahornsirup beträufeln.

## Grüntee-Eis

400 g Vanilleeis in einer großen Schüssel antauen, aber nicht schmelzen lassen. In der Zwischenzeit 150 ml Vollmilch in einem kleinen Topf zum Kochen bringen. Vom Herd nehmen, 1 EL Grünteepulver unterrühren und 20 Minuten ziehen lassen. Die Teemilch mit einem Holzlöffel kräftig unter das weiche Vanilleeis schlagen, bis beides gründlich vermengt ist. In einem verschließbaren Kunststoffbehälter mehrere Stunden gefrieren lassen. Rechtzeitig vor der Servieren herausnehmen.

# Indien, Pakistan und Sri Lanka

Die Küche des indischen Subkontinents wurde beeinflusst von griechischen, mongolischen und persischen Eroberern, von gewürzhungrigen arabischen Händlern und britischen, portugiesischen und französischen Kolonialherren. Hinzu kommen die Traditionen einer gut 5000 Jahre zurückreichenden Zivilisation und enorme geografische Unterschiede. Da überrascht es kaum, dass das Ergebnis eine überwältigende kulinarische Vielfalt ist.

1
2
3
4
5
6
7
8
9

# Indien, Pakistan und Sri Lanka

**Steil aufragende Gebirge, wilde Küsten, Wüsten und fruchtbare Flussniederungen – der indische Subkontinent kann sich wahrlich seiner landschaftlichen Vielfalt rühmen. Historische, kulturelle und religiöse Unterschiede taten ein Übriges, um eine fesselnde Mischung kulinarischer Stile entstehen zu lassen.**

Das auf zentralasiatische Eroberer zurückgehende islamische Mogulreich (1526–1858) pflegte eine reiche und feine Küche. Aus dem Mittleren Osten eingeführte Zutaten wie Trockenfrüchte, Mandeln und Pistazien waren wesentliche Bestandteile der fürstlichen Tafel. Bis heute ist vor allem die nordindische Küche geprägt von klassischen persischen Aromen: Süßspeisen wie *kulfi* und *gulab jamun* zum Beispiel gelangten gemeinsam mit den Mogulherrschern über Kabul nach Indien. *Gulab* bedeutet »Rose«, und tatsächlich sind die frittierten Frischkäsebällchen getränkt von einem mit Rosen aromatisierten Sirup. *Kulfi*, das beliebte indische Eisdessert, ist nach dem konisch geformten Becher benannt, in dem es eingefroren wird. Auch Pilaws aus Lakhnau und *biryanis* aus Hyderabad tragen diese Handschrift: Beide Reisgerichte verwenden neben feinem Langkornreis und pikant gewürztem Fleisch Safran, Mandeln und Rosinen. Die beliebten *tandoori*-Gerichte aus Fleisch oder Fisch in einer würzigen Joghurtmarinade werden in einem gleichnamigen Lehmofen zubereitet. Diese Öfen sind in fast ganz Asien verbreitet. Sie dienen vor allem dazu, Fladenbrot zu backen, allen voran das indische *naan*.

Während Brot in Nordindien das Hauptnahrungsmittel darstellt, hält man sich im Süden an Reis. Der Geschmack der südindischen Küche wird geprägt von den dort wachsenden Kokosnüssen, von Curryblättern und säuerlichem Tamarindenmus. Im Norden dagegen, vor allem im Pandschab, liebt man Milchprodukte und kocht mit Ghee (geklärter Butter) statt mit Öl. Rezepte aus Bengalen im Osten des Subkontinents schmecken nach dem nussigen Senföl, und den meisten Gerichten aus Goa an der Westküste merkt man noch den Einfluss der portugiesischen Kolonialzeit an.

Viele indische Gerichte sind überraschend mild, sie verlassen sich eher auf die geschmackliche Tiefe der verschiedenen Gewürzmischungen als auf die rohe Kraft des Chilipulvers. Was nicht bedeutet, dass Feinheit ein allgemeines Kennzeichen der verschiedenen Küchen des Subkontinents wäre. Im südindischen Andhra Pradesh zum Beispiel verwendet man ein Gewürz namens *guntur*, oder »flammender Chili«, das einem buchstäblich den Gaumen in Brand setzen kann. Die meisten typischen Gewürzmischungen werden aufwendig im Mörser zerrieben, es gibt aber auch viele authentische Rezepte, die mit viel weniger auskommen: Ein einfaches, in einem Bananenblatt gebackenes und nur minimal gewürztes Fischfilet wird ebenso geschätzt wie Schalentiere in einer sorgsam mit Kokosmilch, zerstoßenen Chilischoten, Ingwer und Knoblauch bereiteten Brühe.

Indische Köche verstehen es meisterhaft, auch den bescheidensten Dingen ein Höchstmaß an Geschmack zu entlocken, indem sie geschickt würzen und Zutaten verwenden, die sich vorteilhaft voneinander absetzen. *Dal*, also Linsen oder andere Hülsenfrüchte, gehören fast zu jeder Mahlzeit. Mithilfe von Gewürzen

**LINKS 1** Gemüsemais **2** Kochbanane **3** Auberginen **4** Jackfrucht **5** Kokosnuss **6** Mango **7** Okras **8** Spinat **9** Curryblätter
**UNTEN 1** Pistazien **2** Basmatireis **3** Chapati-Mehl **4** Paneer **5** Cashewkerne **6** Appam-Mehl **7** Naturjoghurt **8** Kichererbsen **9** braune Linsen

verwandeln sie sich in köstliche Currys: Geschmacksarme Kichererbsen zum Beispiel werden durch säuerliche Granatapfelkerne aufgewertet, Linsen mit Tamarindenmark aromatisiert, und Kidneybohnen köchelt man in einer mit Ingwer gewürzten Sauce. In den Küstenregionen Bengalen, Kerala und Goa bereichern die vielen Hindus, die kein Fleisch essen, ihre Gemüsegerichte mit winzigen gebratenen Garnelen und roten Chilischoten.

Überhaupt spielen religiöse Überzeugungen eine mindestens ebenso große Rolle für die verschiedenen Kochstile Indiens wie landschaftliche Besonderheiten. Hindus zum Beispiel ist der Genuss von Rindfleisch verboten, einige Gemeinschaften rühren überhaupt kein Fleisch und weder Milch noch Honig an. Für Moslems muss Fleisch *halal* sein, also nach den islamischen Regeln geschlachtet. All diese Speisevorschriften werden sehr ernst genommen. Manche wohlhabenden Brahmanen fühlen sich sogar dazu verpflichtet, die Reinheit ihrer hohen Kaste zu wahren, indem sie einen *maharaj* (einen Küchenchef) beschäftigen, der die Küche nicht betritt, ohne zuvor gebadet und gebetet zu haben. Die Anhänger des Jainismus, einer mit dem Buddhismus verwandten Religion, sind Vegetarier. Sie verzichten außerdem auf Zwiebeln und Knoblauch, da von beiden angenommen wird, sie erhitzten den Körper und entfachten die Begierde. Doch gerade die rein vegetarische und vermeintlich eingeschränkte Küche der Jainas ist in ganz Indien berühmt für ihren Einfallsreichtum, für aromatische Pickles und feine, mit Safran und Kardamom elegant gewürzte Getreidegerichte.

Die Küchen Nordwestindiens und Pakistans sind einander so ähnlich, dass man sie nur schwer unterscheiden kann. Da Pakistan ein islamisches Land ist, verzichtet man hier auf Schweinefleisch, während alle anderen Fleischsorten, vor allem Lamm, gern verspeist werden. Die berühmten Gerichte aus der Tradition des Mogulreiches – mit Safran gewürzte Pilaws, *biryanis, samosas* und *chapatis* – sind hier ebenso heimisch wie in Indien.

Vieles, was im Westen als typisch indische Küche gilt, stammt in Wirklichkeit aus Bangladesch. Obwohl das ebenfalls islamische Land gut 1500 Kilometer von Pakistan entfernt liegt, findet man hier den gleichen würzigen Grundton. Bangladesch war einmal ein Teil der indischen Region Bengalen, und auch diese Einflüsse sind deutlich wahrnehmbar. Die Küstengebiete am Golf von Bengalen sind reich an Fisch und Meeresfrüchten, beides spielt, kräftig gewürzt, eine große Rolle. Ghee dagegen wird hier nur selten verwendet, viel beliebter sind eher geschmacksneutrale Fette wie einfaches Pflanzen- oder Kokosfett sowie Senföl.

Sri Lanka ist die »Perle«, die von der Südspitze der indischen Krone hängt. Die kleine, sanft hügelige Insel war, als sie noch Ceylon hieß, ein wichtiger Knotenpunkt auf halber Strecke zwischen den Handelszentren in West- und Südostasien. So überrascht es nicht, hier ein reiches kulinarisches Erbe vorzufinden. Araber, Inder, Malaien, Portugiesen, Holländer und Briten haben die Küche Sri Lankas geprägt. Gerade der Einfluss der Portugiesen, die die Insel 150 Jahre lang beherrschten, ist unverkennbar. Grundlage der Landesküche sind aber die Traditionen der im Hochland gelegenen Dörfer. Hauptbestandteile sind Gemüse, Obst, selbst erzeugtes Fleisch und Geflügel. Zusätzlich bereichern heimischer Fisch und Meeresfrüchte die Tafel. Das mit Safran gewürzte *roti* ähnelt indischen Fladenbroten, auch die Fülle an leckeren Fisch-, Rindfleisch und Geflügelcurrys kennt man von dort. Das berühmteste Gericht von Sri Lanka sind aber zweifellos die herzhaften oder süßen *hoppers,* eine Art Pfannkuchen aus fermentiertem Reismehl oder – im Fall der *string hoppers* – aus Reisnudeln. Man isst sie zum Frühstück oder Mittagessen. Eine weitere Spezialität ist das Reisgericht *lamprais*, dessen Name sich vom holländischen *lomp rijst,* also »plumper Reis« ableitet. Grundsätzlich ist die Küche Sri Lankas scharf und würzig, viele Gerichte stehen sogar in dem Ruf, zu den schärfsten der Welt zu gehören. In der ausgiebigen Verwendung von Chilischoten, Kardamom, Kreuzkümmel, Koriander und anderen Gewürzen ähnelt die Landesküche sehr der südindischen, sie hat aber auch ihre ganz eigenen Aromen. Das wichtigste Beispiel dafür ist wohl der sogenannte Maledivenfisch, getrockneter Thunfisch, der zum Würzen und als Geschmacksverstärker vor allem für Currys verwendet wird.

Keine zwei Köche der Insel würden ein Gericht auf genau dieselbe Art zubereiten, die verschiedenen Regionen sind sogar äußerst stolz auf ihre kulinarischen Eigenheiten. Dazu kommen noch die ethnischen und religiösen Besonderheiten. Daher gibt es etwa so viele Versionen von *hoppers* wie Raspel von einer geriebenen Kokosnuss. Überhaupt geht ohne Kokos gar nichts auf Sri Lanka, schon gar nicht ohne *pol sambol*, eine himmlische, fein säuerliche Würzpaste aus gerösteter Kokosnuss, Chilischoten, Maledivenfisch und Limettensaft, manchmal verfeinert mit gehackten Kräutern und Schalotten.

**RECHTS** **1** Zimtstangen **2** Gewürznelken **3** gemahlene Kurkuma **4** Safranfäden **5** getrocknete rote Chilischoten **6** grüne Kardamomkapseln **7** Fenchelsamen **8** Bockshornkleesamen **9** Sternanis **10** schwarze Pfefferkörner **11** Koriandersamen **12** Kreuzkümmelsamen

1
2
3
4
5
6
7
8
9
10
11
12

# Gewürze, Kräuter und Kokosnüsse zerkleinern

Küchenmaschine oder Mixer gibt es bislang in den wenigsten indischen Küchen, viele Köche sind bis heute ihrem alten Mahlstein oder dem gewohnten Zusammenspiel von Mörser und Stößel treu geblieben. Beim Zerreiben der Zutaten entfalten sich die meisten Aromen, keine Küchenmaschine erzeugt ein ähnlich gutes Ergebnis. Mit den hier gezeigten praktischen und formschönen Geräten und Aufbewahrungsgefäßen ist sogar das Zubereiten aufwendiger Gewürzmischungen die reinste Freude.

**1 KOKOSREIBE**
Mit diesem robusten Gerät kann man im Handumdrehen eine ganze Kokosnuss klein raspeln. Dazu genügt es, eine Kurbel zu drehen, die in einem Edelstahlgehäuse steckt. An ihrem Ende sitzt ein kreuzförmiges Kopfteil mit scharfen Metallzähnen. Mithilfe eines Hebels lässt sich im Saugnapf des Gehäusebodens ein Vakuum erzeugen, das die Reibe auf glatten Oberflächen sicher befestigt. In Südindien, wo täglich große Mengen frischer Kokosnüsse verwendet werden, gibt es riesige Reiben, in die sogar eine Sitzgelegenheit eingebaut ist.

**2 KRÄUTERMÜHLE**
Dieses Gerät aus Edelstahl hat einen Klappdeckel. Darunter verbirgt sich eine Drehspindel mit scharfen Zähnen – perfekt geeignet, um frische Kräuter und Gewürze zu zerkleinern.

**3 QUADRATISCHE STANDREIBE**
Eine solide Reibe aus Aluminium, in deren Oberfläche scharfkantige Öffnungen eingestanzt sind. Man stellt das Gerät mit seinen kleinen Beinen auf einen Teller, um die geriebenen Lebensmittel aufzufangen.

5 7

6 8

4

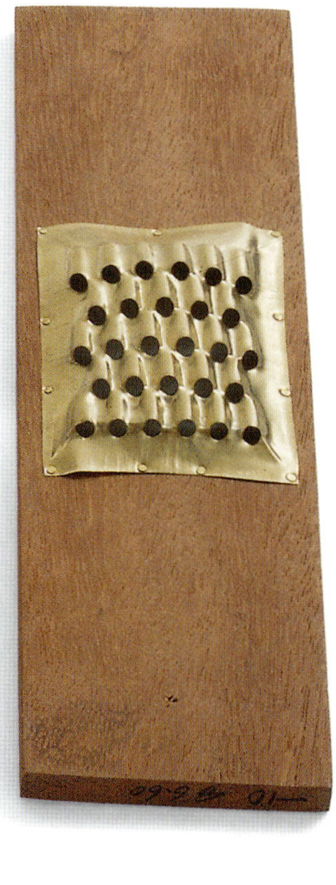

**[4] KOKOSREIBE AUS HOLZ UND MESSING**
Hier wurde ein leicht gewölbtes Messingblech auf einem stabilen Holzbrett befestigt. Die grobe hervorstehende Reibefläche zerkleinert auch harte Zutaten wie Kokosnüsse oder Kürbis.

**[5] MÖRSER UND STÖSSEL AUS STEIN**
Dieses Set aus Mörser und Stößel wird zum Zerkleinern frischer geschmacksgebender Zutaten wie Knoblauch, Zwiebeln und Chilischoten verwendet. Es gibt verschiedene Größen, das Material ist Marmor oder Granit.

**[6] MÖRSER UND STÖSSEL AUS MESSING**
Da gemahlene Gewürze schnell Duft und Aroma einbüßen, werden sie in einer gewürzorientierten Küche wie der indischen immer frisch zerrieben. Kleine, becherförmige Messingmörser und dazu passende Stößel eignen sich perfekt, um die gerade benötigte Menge getrockneter Gewürze zu zerkleinern.

**[7] GEWÜRZDOSE**
Etwas voluminösere getrocknete Gewürze wie Zimtstangen, Lorbeerblätter oder Kardamomkapseln kann man gut in einzelnen Edelstahlbehältern mit fest schließendem Deckel aufbewahren.

**[8] SET MIT MEHREREN GEWÜRZDOSEN**
Äußerst nützlich und in indischen Küchen geradezu allgegenwärtig ist die *masala dabba,* ein große Gewürzdose aus Edelstahl. Unter dem fest schließenden Deckel verbergen sich fünf bis sieben kleinere Behälter für die einzelnen Gewürze. Manchmal gibt es auch ein Extrafach, in dem man zum Beispiel Zimtstangen aufbewahren kann.

# Indische Gewürzmischungen zubereiten

In der Küche des indischen Subkontinents spielen Gewürze eine wichtige Rolle. Die Gewürzmischung Garam Masala – wörtlich übersetzt »scharfes Gewürz« – ist die geschmackliche Grundlage der Regionalküchen Indiens, Pakistans und Bangladeschs. Es gibt unzählige Rezepte für individuelle Mischungen aus getrockneten, gemahlenen Gewürzen. In Sri Lanka dagegen beruht der Geschmack der meisten Gerichte auf verschiedenen Currypulvern.

## Garam Masala

Die folgenden Gewürze jeweils separat in einer Pfanne ohne Fett rösten, bis sie duften: 20g schwarze Kardamomkapseln, 20g zerbröckelte Zimtstangen, 20g schwarze Pfefferkörner, 3 gehäufte TL Kreuzkümmelsamen, 2 Stücke Muskatblüte, 2 TL Nelken, ½ TL frisch gemahlene Muskatnuss. Die Hüllen der Kardamomkapseln herausnehmen. Alle Gewürze im Mörser fein zerstoßen. Spelzen heraussieben, das Pulver in einem Glas mit Schraubverschluss aufbewahren. Es hält sich bis zu 2 Monate, schmeckt aber frisch am besten.

## Xacutti Masala

Folgende Gewürze in einer Pfanne ohne Fett bei mittlerer Temperatur 30–45 Sekunden rösten, bis sie zu duften beginnen: 6–8 getrocknete rote Kaschmir-Chilischoten (Samen nach Belieben entfernt), ein 5cm langes Stück Zimtstange, die Samen aus 3 grünen und 1 schwarzen Kardamomkapsel, 2 EL Koriandersamen, 1 EL geschälte, gehackte Erdnüsse, 1 EL Kreuzkümmelsamen, 1 EL Fenchelsamen, 1 EL weißer Mohn, ½ EL Sesamsamen, 1 TL Gewürznelken, 1 TL schwarze Pfefferkörner, ½ TL Anissamen, ½ TL schwarze Senfkörner, ½ TL Bockshornkleesamen, ½ TL gemahlene Kurkuma, 1 Stück Muskatblüte und ¼ Muskatnuss, gerieben. Danach im Mörser fein zerstoßen.

## Rösten und anbraten

In den Küchen Südasiens und hier vor allem in Südindien und Sri Lanka ist das Rösten und Anbraten von Gewürzen von großer Bedeutung für Aroma und Geschmack der Gerichte. Für Gewürzmischungen wie Garam Masala werden die einzelnen, unzerkleinerten Gewürze üblicherweise getrennt voneinander ohne Fett in einer Pfanne geröstet und danach gemeinsam vermahlen. Dadurch entfalten sie ihr volles Aroma und lassen sich leichter zerkleinern. Frische Geschmackszutaten wie Chilischoten, Ingwer oder Curryblätter brät man in etwas Fett scharf an, damit die in ihnen enthaltenen aromatischen Öle freigesetzt werden.

# Indische Gewürzpasten

Obwohl Gewürze in jedem indischen Essen eine wichtige Rolle spielen, kauft man sie nur in kleinen Mengen und im Ganzen, denn sie verlieren rasch ihr Aroma, wenn man sie zerkleinert und der frischen Luft aussetzt – vor allem in einem heißen, feuchten Klima. Zwar kann man die Gewürze auch roh verwenden, meist werden sie aber geröstet oder angebraten und danach zerkleinert. Indische Köche sind Meister in der Zubereitung von Gewürzpasten, viele Familien hüten stolz ihre seit Generationen weitervererbten Rezepte. Damit die Pasten ihr volles, frisches Aroma entfalten, bereitet man sie erst unmittelbar vor dem Kochen und nicht auf Vorrat zu.

## Paste für Hammelcurry

6 getrocknete Chilischoten (Samen nach Belieben entfernt) in etwas warmem Wasser einweichen, dann im Mörser zu einer Paste zerreiben. 1 EL geriebenen Ingwer hinzufügen. In einem Schälchen 2 EL fein gehackte Zwiebel, 1 EL gemahlenen Koriander, 2 TL gemahlenen Kreuzkümmel, 2 TL gemahlene Kurkuma und ½ TL gemahlenen Zimt mit 1 EL Tamarindensaft zu einer Paste verrühren. 8 frische Curryblätter, die Körner aus 4 Kardamomkapseln, 2 TL Salz und die Chili-Ingwer-Paste untermengen. Vor der Zubereitung des Currys 4 EL Öl auf kleiner Flamme erhitzen. Die Paste darin 5 Minuten sanft anbraten, bis sich ihr aromatischer Duft entfaltet. (Für 750 g Hammel- oder Lammfleisch, Abb. o. l.)

## Paste für Grillhähnchen

1 EL geriebenen Ingwer und 3 Knoblauchzehen im Mörser fein zerstoßen. ½ TL zerstoßene schwarze Pfefferkörner und 1 TL Cayennepfeffer dazugeben. 1 EL Ghee auf kleiner Flamme erhitzen und die Paste darin 4 Minuten sanft anbraten. 1 TL Salz, 1 TL Zucker und 1 EL frisch gepressten Zitronensaft unterrühren. Abkühlen lassen. (Zum Einreiben von 4 Hähnchenkeulen ohne Haut, Abb. o. r.)

## Vindaloo-Paste

6 getrocknete rote Chilischoten (Samen nach Belieben entfernt) in heißem Wasser einweichen. Im Mörser mit 5 Knoblauchzehen und 30 g frischem Ingwer zu einer Paste zerreiben. In einer Pfanne die Körner aus 3 Kardamomkapseln, 1 EL Koriandersamen, 1 TL Kreuzkümmelsamen, 10 schwarze Pfefferkörner, ½ TL frisch gemahlene Muskatnuss, 4 Gewürznelken und ein 5 cm langes Stück Zimt auf kleiner Flamme etwa 30 Sekunden rösten. Die Gewürze zu einem Pulver zermahlen, danach mit der Chilipaste vermengen. Vor dem Kochen 2 EL Öl auf kleiner Flamme erhitzen. Die Gewürzpaste darin unter ständigem Rühren 4 Minuten sanft anbraten. 2 TL Salz und 2 EL Palm- oder Weißweinessig unterrühren und weiterrühren, bis sich die Paste verdickt. (Für 1 kg Fleisch, Abb. u. l.)

## Paste für Goa-Fischcurry

5 getrocknete Chilischoten (Samen nach Belieben entfernt) in Wasser einweichen. Im Mörser 1 EL Koriandersamen und 1 TL Kreuzkümmelsamen fein zerstoßen. 1 EL Paprikapulver und ½ TL gemahlene Kurkuma untermengen. Herausnehmen, dann im Mörser die Chilischoten mit 1 großen, gehackten Zwiebel, 3 Knoblauchzehen und 1 EL geriebenem Ingwer zerstoßen. Die trockenen Gewürze, 1 TL Salz und 3 EL Wasser unterrühren. Vor dem Kochen 4 Minuten sanft in 4 EL Öl anbraten. (Für 750 g Fisch, Abb. u. r.)

# Schweinefleisch-Vindaloo

*Vindaloo* ist typisch für die Küche von Goa. An der indischen Westküste sind viele Gerichte stark von den früheren französischen und portugiesischen Kolonialherren beeinflusst. Am besten gelingt das Rezept mit leicht durchwachsenem Schweinefleisch, denn das Fett verstärkt den intensiven Geschmack.

FÜR 4–6 PORTIONEN ZUBEREITUNGSZEIT: 1 STUNDE, ZZGL. 2–3 STUNDEN ZUM MARINIEREN

**KOCHUTENSILIEN**
Küchenbeil
Schneidebrett
schwerer Topf und Kelle
Gemüsemesser

**ZUTATEN**
1 Portion *vindaloo*-Paste (s. S. 129)
175 ml Palm- oder Weißweinessig
1 TL Paprikapulver
1 kg leicht durchwachsenes Schweinefleisch ohne Knochen, in 3 cm große Würfel geschnitten
3 EL Ghee oder Öl
½ Sternanis
1 große Zwiebel, in Ringe geschnitten
1 TL Zucker

**1** *Vindaloo*-Paste, Essig und Paprikapulver in einer Schüssel verrühren. Das Schweinefleisch hineingeben und darin wenden, bis es gleichmäßig überzogen ist. 2–3 Stunden im Kühlschrank marinieren.

**2** Ghee oder Öl in einem schweren Topf erhitzen. Den Sternanis einige Sekunden darin schwenken, dann die Zwiebel dazugeben. Bei milder Hitze und geschlossenem Deckel die Zwiebel 5 Minuten sanft braten, bis sie weich geworden ist und zu karamellisieren beginnt.

**3** Das Fleisch in ein Sieb abgießen, die Marinade auffangen. Das abgetropfte Fleisch in den Topf geben und unter Rühren etwa 10 Minuten anbraten, bis es schön gebräunt ist.

**4** Den Zucker darüberstreuen und die Marinade angießen. Im geschlossenen Topf etwa 40 Minuten köcheln lassen, bis das Fleisch zart und die Sauce fast völlig eingekocht ist. Falls nötig, mit etwas heißem Wasser verflüssigen und mit etwas zusätzlichem Essig abschmecken.

**5** Heiß mit Basmatireis oder *naan* (s. S. 145) servieren.

# DAS SREEDHARAN Thoran mit Okras

Ein *thoran*, also ein knackiges, pfannengerührtes und mit Kokos und Curryblättern gewürztes Gemüsegericht, gehört in Kerala zu jedem Essen. Unser Rezept stammt von Das Sreedharan von den »Rasa Restaurants« in London. Sein Tipp: Probieren Sie statt Okras oder zusätzlich dazu auch verschiedene andere festfleischige Gemüsesorten.

FÜR 4 PORTIONEN ZUBEREITUNGSZEIT: 20 MINUTEN

**KOCHUTENSILIEN**
kleines Messer
Schneidebrett
*karahi*
Sieb

**ZUTATEN**
5 EL Öl
1½ EL Senfkörner
10 Curryblätter
2 getrocknete rote Chilischoten
1 Zwiebel, fein gehackt
1 TL gemahlene Kurkuma
200 g Okras, in 1 cm große Stücke geschnitten
50 g frisch geriebene oder getrocknete Kokosraspel
Salz

**1** Das Öl im *karahi* erhitzen. Die Senfkörner darin anbraten. Sobald sie aufzuplatzen beginnen, Curryblätter und Chilischoten (Samen nach Belieben entfernt), zum Schluss die fein gehackte Zwiebel dazugeben.

**2** Alles 5 Minuten pfannenrühren, bis die Zwiebel weich wird. Kurkuma und etwas Salz zugeben und weitere 2 Minuten rühren. Die Okras dazugeben und nochmals 3–4 Minuten pfannenrühren.

**3** Die Pfanne vom Herd nehmen. Die Kokosraspel sorgfältig unterrühren. Das Gemüse heiß mit Reis, Joghurt und Pickles servieren.

# ROOPA GULATI Würziges Lammfleisch mit Mandelblättchen

**Nicht für jedes indische Gericht muss man sich stundenlang mit Mörser und Stößel abmühen. Manchmal überraschen gerade die einfachen Dinge mit einem aufregenden Aroma, weiß die britische Fernsehköchin und Restaurantkritikerin Roopa Gulati. Rezepte wie dieses stammen aus den indischen Trockenzonen, wo frisches Gemüse ein Luxus ist.**

FÜR 4 PORTIONEN ZUBEREITUNGSZEIT: 1 STUNDE

**KOCHUTENSILIEN**

Messer
Schneidebrett
Schmortopf mit Deckel
kleiner *karahi*

**ZUTATEN**

500g ausgelöste Lammkeule, in 2cm große Würfel geschnitten
200ml griechischer Joghurt
3 Zwiebeln, in feine Streifen geschnitten
4 Knoblauchzehen, in feine Scheiben geschnitten
2cm frischer Ingwer, in feine Scheiben geschnitten
2cm Zimtstange
2 kleine Lorbeerblätter
3 Gewürznelken
¼ TL schwarze Pfefferkörner
1 TL Kreuzkümmelsamen
6 EL Öl
1 Stück Muskatblüte
2 getrocknete rote Chilischoten, halbiert, Samen entfernt
4 EL gehobelte Mandeln
2 EL Korianderblätter
einige Tropfen Pandanblätter-Essenz (nach Belieben)

**1** Lammfleisch, Joghurt, zwei Drittel der Zwiebeln, Knoblauch, Ingwer, Zimt, Lorbeer, Nelken, Pfeffer und Kreuzkümmel mit 4 EL Öl und etwas Salz in einem Topf bei mittlerer Temperatur erhitzen. Mit einem Deckel verschließen und 40 Minuten bei milder Hitze garen, bis das Fleisch zart ist.

**2** Die übrigen 2 EL Öl in einem kleinen *karahi* erhitzen. Die restlichen Zwiebelstreifen, Muskatblüte und Chilischoten darin bei schwacher Hitze sanft braten, bis die Zwiebeln sehr weich und goldbraun geworden sind.

**3** Die Zwiebelmischung und die Mandelblättchen unter das Fleisch rühren. Mit Salz abschmecken und, wenn nötig, wieder erhitzen. Kurz vor dem Servieren mit Korianderblättern bestreuen und, falls gewünscht, mit etwas Pandanblätter-Essenz beträufeln.

# VIVEK SINGH Taubenbrüstchen auf Rote-Bete-Bratlingen

Obwohl man auf dem indischen Subkontinent häufig Tauben isst, findet man sie auf kaum einer Speisekarte. Vivek Singh, der renommierte Chefkoch des »Cinnamon Club« in London, schätzt das zarte, aromatische Fleisch sehr und kann nicht verstehen, warum man Hähnchenfleisch so oft den Vorzug gibt. Er brät das Brustfleisch eines Jungvogels nach *tandoori*-Art im Ofen, der Rest wird fein gehackt und mit Roter Bete zu einem raffinierten Bratling verarbeitet. Auf diese Weise erspart er seinen Gästen den mühsamen Umgang mit den kleinen Knochen des Täubchens. Mit etwas Salat eine elegante Vorspeise, mit *dal* (Hülsenfrüchten) und Reis ein umwerfendes Hauptgericht.

FÜR 2–4 PORTIONEN  ZUBEREITUNGSZEIT: 1 STUNDE 30 MINUTEN, ZZGL. 1 NACHT ZUM EINWEICHEN

**KOCHUTENSILIEN**

Messer
Schneidebrett
beschichtete Pfanne
schwerer Topf

**ZUTATEN**

2 küchenfertige Tauben, Brustfleisch mit Haut ausgelöst das übrige Fleisch, Leber und Herz durch den Fleischwolf gedreht

**für die erste Marinade**

1 TL frisch pürierter Ingwer
1 TL frisch pürierter Knoblauch
½ TL Salz
1 TL Cayennepfeffer
Saft von ½ Zitrone

**für die zweite Marinade**

½ Zwiebel, knusprig angebraten und püriert
1 EL griechischer Joghurt
½ TL Garam Masala (s. S. 128)
1 EL Öl

**für die Bratlinge**

1 EL Öl, außerdem Öl zum Frittieren
¼ TL *kala jeera* (schwarzer Kreuzkümmel)
1 Zwiebel, fein gehackt
1 kleine Rote Bete, gekocht, geschält und fein gehackt
¼ TL Cayennepfeffer
¼ TL geröstete und gemahlene Kreuzkümmelsamen
1 cm Ingwerwurzel, fein gehackt
2 grüne Chilischoten, nach Belieben von den Samen befreit, gehackt
1 Stängel Minze, Blätter zerpflückt
1 TL Salz
¼ TL Garam Masala (s. S. 128)
1 Ei, leicht verquirlt
geröstete Semmelbrösel zum Panieren

**für das *dal***

250 g ganze, ungeschälte *urad dal* (Urdbohnen, »schwarze Linsen«), über Nacht in lauwarmem Wasser eingeweicht
1 TL frisch pürierter Ingwer
1 TL frisch pürierter Knoblauch
1 TL Cayennepfeffer
1 TL Salz
2 EL Tomatenmark
150 g leicht gesalzene Butter, grob gewürfelt
1 TL Garam Masala (s. S. 128)
½ TL Bockshornkleepulver
½ TL Zucker
2 EL Sahne

**1** Zunächst das *dal* zubereiten: Die eingeweichten, abgetropften Hülsenfrüchte in 1 l Wasser etwa 1 Stunde kochen, bis sie weich, aber nicht breiig sind.

**2** Ingwer- und Knoblauchpüree sowie Cayennepfeffer und Salz dazugeben und nochmals 10 Minuten kochen. Die Temperatur leicht senken, Tomatenmark und Butter unterrühren und weitere 15 Minuten kochen, bis die Urdbohnen gänzlich aufgequollen sind. Dabei darauf achten, dass sich die Butter nicht absetzt, sondern mit der Flüssigkeit emulgiert.

**3** Mit Garam Masala, Bockshornklee und Zucker abschmecken. Die Sahne unterrühren und bis zur Verwendung warm halten.

**4** In der Zwischenzeit den Backofen für die Tauben auf 200 °C vorheizen. Das Brustfleisch mit Küchenpapier abtupfen und in eine flache Schale aus Glas oder Keramik legen. Die Zutaten für die erste Marinade vermengen und das Fleisch darin 20 Minuten ziehen lassen.

**5** Eine beschichtete Pfanne bei mittlerer Temperatur erhitzen. Die Taubenbrüstchen darin auf der Hautseite 3–4 Minuten kräftig anbraten, bis die Haut beginnt, knusprig braun zu werden, und Fett austritt. Wenden und auf der anderen Seite 2 Minuten anbraten.

**6** Die Zutaten für die zweite Marinade verrühren. Die Taubenbrüste damit einpinseln und in einer ofenfesten Form 5 Minuten im Backofen braten, bis das Fleisch knapp gar und innen noch rosa ist.

**7** Das Öl für die Bratlinge in einer Pfanne erhitzen, *kala jeera* darin anbraten, bis die Samen aufplatzen. Die Zwiebel dazugeben und goldbraun anbraten. Gehacktes Fleisch und Rote Bete zufügen und nochmals 3 Minuten anbraten, dann mit Cayennepfeffer und Kreuzkümmel würzen. Weiterbraten, bis die Mischung fast trocken ist, zum Schluss Ingwer, grüne Chilischoten, Minze, Salz sowie Garam Masala unterrühren und abkühlen lassen.

**8** Aus dieser Mischung vier Bratlinge formen. In Ei und Semmelbröseln wenden und rundum goldbraun frittieren. Bis zum Servieren warm halten.

**9** Die Taubenbrüstchen längs in Scheiben schneiden. Das *dal* auf flache Teller verteilen. Die Bratlinge und das Brustfleisch darauf anrichten und sofort servieren.

# Indische Töpfe und Pfannen

Indische Küchen sind auf Hochbetrieb ausgelegt: Um für eine vierzehnköpfige Großfamilie zu kochen, braucht man geräumige Töpfe und Pfannen wie den typischen *karahi*. Am besten sind Kochgefäße aus schwerem, dickem Metall, denn Leichtgewichte halten dem häufigen Anbraten und anschließenden Herauskratzen von Gewürzpasten nicht lange stand.

1

2

3

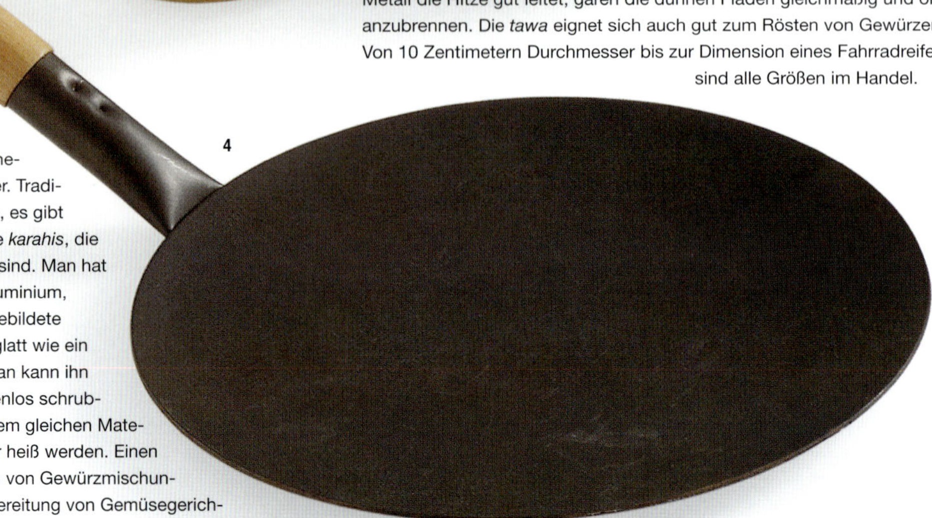

4

**1 KARAHI**
Dieses auch unter den Bezeichnungen *kadai* oder *cheena chatti* bekannte Kochgefäß mit zwei kleinen Henkeln ähnelt einem chinesischen Wok, ist aber meist kleiner. Traditionell hat es einen runden Boden, es gibt inzwischen aber auch abgeflachte *karahis*, die auf dem Elektroherd verwendbar sind. Man hat die Wahl zwischen Gusseisen, Aluminium, Email und Edelstahl. Der hier abgebildete emaillierte *karahi* ist fast ebenso glatt wie ein Topf mit Antihaftbeschichtung, man kann ihn im Gegensatz dazu aber bedenkenlos schrubben. Vorsicht: Da die Griffe aus dem gleichen Material gefertigt sind, können sie sehr heiß werden. Einen *karahi* benutzt man zum Anbraten von Gewürzmischungen und -pasten und bei der Zubereitung von Gemüsegerichten. Größere Modelle eignen sich auch zum Frittieren.

**2 KLEINER KARAHI**
Kleine, dekorativ gearbeitete *karahis* wie diesen kennen Sie vielleicht aus dem indischen Restaurant, wo man häufig Speisen darin serviert.

**3 CURRYTOPF AUS TERRAKOTTA**
Solche Töpfe werden auf dem indischen Subkontinent seit Tausenden von Jahren verwendet. In ihnen köchelt man Currys und Schmorgerichte über dem Kohlenbecken. Mit der Zeit nehmen sie dadurch eine schöne schwarze Patina an.

**4 TAWA**
Zu den unentbehrlichen Utensilien in einer indischen Küche zählt eine flache, gusseiserne Pfanne mit langem Stiel. In ihr werden Fladenbrote und *dosas* gebacken, Pfannkuchen aus Reis- und Linsenmehl. Da das Metall die Hitze gut leitet, garen die dünnen Fladen gleichmäßig und ohne anzubrennen. Die *tawa* eignet sich auch gut zum Rösten von Gewürzen. Von 10 Zentimetern Durchmesser bis zur Dimension eines Fahrradreifens sind alle Größen im Handel.

**5 ALUMINIUMTOPF MIT GERADEN WÄNDEN**

Der *patila* ist der indische Allzwecktopf für Reis und Currys, allerdings sollte man keine säurehaltigen Gerichte darin zubereiten, denn das Aluminium reagiert mit Säure. Der Topf hat keine Henkel und einen flachen, gut schließenden Deckel.

**6 EDELSTAHLTOPF**

Edelstahltöpfe sind bei vielen Köchen beliebt, denn sie sind haltbar und leicht zu reinigen. In dem hier abgebildeten Schmortopf mit Kupferboden köchelt man Currys und bringt Flüssigkeiten zum Sieden.

**8 JOGHURTTOPF AUS EDELSTAHL**

Joghurt ist in Indien ein Grundnahrungsmittel, die meisten Haushalte bereiten ihn täglich selber zu, indem sie einen Löffel Joghurt vom Vortag mit Milch ansetzen. Edelstahltöpfe sind haltbarer als Keramik und in vielen verschiedenen Größen erhältlich.

**9 JOGHURTTOPF AUS TERRAKOTTA**

In Terrakottatöpfchen kann man angeblich den besten Joghurt zubereiten, außerdem bleibt er darin durch die Verdunstung auch im Sommer schön kühl, da der Tonkörper nicht glasiert und daher durchlässig ist.

**7 IDLI-TOPF**

Ein beliebtes Frühstück in Südindien sind *idlis*, gedämpfte Küchlein aus Reis- und Linsenmehl. Sie werden in einem speziellen Dämpftopf aus Edelstahl oder Aluminium gegart. Er hat häufig mehrere Ebenen übereinander, in die je vier Mulden für die Küchlein eingelassen sind. Die Ebenen werden an einer mittig angebrachten Stange eingehängt, mit der man alle gemeinsam herausheben kann. Unten im Topf befindet sich kochendes Wasser, in dessen Dampf die Küchlein garen.

# CYRUS TODIWALA Hähnchen Madurai Masala

Madurai ist eine Stadt im südindischen Bundesstaat Tamil Nadu. Sie ist bekannt für ihre milden Gerichte. Unser Rezept von Cyrus Todiwala, dem Koch des Londoner Lokals »Spice Namasté«, bietet ein gutes Beispiel dafür. Auch wenn die Zutatenliste lang erscheint, die Zubereitung ist wirklich simpel.

FÜR 4 PORTIONEN ZUBEREITUNGSZEIT: 1 STUNDE

**KOCHUTENSILIEN**
Messer
Schneidebrett
großer Topf oder
Schmorpfanne mit Deckel

**ZUTATEN**
4 Hähnchenkeulen mit Haut
2 TL Salz
½ TL gemahlene Kurkuma
3 EL Öl
10 Curryblätter
½ TL Kreuzkümmelsamen
½ TL Fenchelsamen
3 Lorbeerblätter
200g Zwiebeln,
in feine Streifen geschnitten
1 EL frisch pürierter Ingwer
1 EL frisch pürierter Knoblauch
150g Tomaten, halbiert
1 TL gemahlener Koriander
½ TL Cayennepfeffer
1 EL gehackte Korianderblätter
10 frische Minzeblättchen,
zerpflückt

**1** Die Hähnchenkeulen säubern und sichtbares Fett abschneiden. Mit Salz und Kurkuma einreiben und beiseitestellen.

**2** Das Öl in einem Topf bei etwas mehr als mittlerer Temperatur erhitzen. Curryblätter, Kreuzkümmel- und Fenchelsamen darin einige Minuten anbraten, bis sie braun geworden sind und aromatisch duften, dabei den Topf kräftig schwenken, damit sie nicht anbrennen.

**3** Lorbeerblätter und Zwiebelstreifen dazugeben und 6–8 Minuten anbraten, bis die Zwiebeln leicht gebräunt sind. Ingwer- und Knoblauchpüree zufügen und 1 Minute rühren. Die Tomaten in den Topf gleiten lassen und alles so lange köcheln, bis es zu einer Paste eingekocht ist.

**4** Den Koriander und Cayennepfeffer mit etwas Wasser anrühren und in den Topf geben. Nochmals unter Rühren 1 Minute köcheln lassen, dann vom Herd nehmen.

**5** Die Hähnchenkeulen mit der Haut nach unten in den Topf legen. Die Paste sorgfältig auf dem Fleisch verteilen und gut einreiben. Den Topf schließen und zurück auf den Herd stellen. Das Fleisch bei geringer Temperatur einige Minuten auf der Hautseite anbraten, dann mit 2 EL Wasser ablöschen.

**6** Die Hähnchenkeulen wenden und im geschlossenen Topf etwa 15 Minuten schmoren, bis sie gar sind. (Für die Garprobe einen Spieß in die dickste Stelle des Fleisches stechen: Der austretende Saft sollte klar sein.)

**7** Mit Koriander und Minze bestreuen, den Topf wieder schließen und vom Herd nehmen. Heiß mit Fladenbrot oder Basmatireis servieren.

# ATUL KOCHHAR Im Gewürzmantel gegrillte Brasse

Wenn der Sternekoch Atul Kochhar zu Hause Gäste hat, will er nicht nur in der Küche stehen, sondern mit seinen Freunden plaudern. Dieses auf Indisch *bhuni machchi* genannte Rezept aus seinem Buch »Fish, Indian Style« ist dafür genau das Richtige. Kochhar überrascht gerne mit immer neuen Gewürzmischungen. Lassen Sie sich von ihm inspirieren, und wandeln Sie die Zutaten nach Lust und Laune ab.

FÜR 4 PORTIONEN  ZUBEREITUNGSZEIT: 30 MINUTEN

**KOCHUTENSILIEN**
Mörser und Stößel
Backofengrill
Bratpfanne

**ZUTATEN**
8 kleine oder 4 größere Filets von der Rotbrasse, ersatzweise Dorade, Petersfisch, Wolfsbarsch oder Tilapia
Zitronenspalten zum Servieren

**für die Gewürzpaste**
3 EL Walnuss- oder Olivenöl
4 EL gehackte Korianderblätter
2 Knoblauchzehen, zerdrückt
1 TL Koriandersamen, zerstoßen
1 TL Kreuzkümmelsamen, zerstoßen
1 EL frisch gepresster Zitronensaft
1 kleine grüne Chilischote, nach Belieben von den Samen befreit, sehr fein gehackt

**für den Tomatensalat**
4 Eiertomaten, gehackt
1 EL gehackte Korianderblätter
1½ TL Walnuss- oder Olivenöl
1 EL Walnusskerne, geröstet und grob zerstoßen
Meersalz
frisch gemahlener schwarzer Pfeffer

**1** Alle Zutaten für die Gewürzpaste vermengen und mit Salz würzen. Ein Backblech mit Alufolie auslegen. Die Fischfilets mit der Hautseite nach unten darauflegen und mit der Gewürzpaste bestreichen.

**2** Unter dem vorgeheizten Grill 6–8 Minuten garen, bis der Fisch gar und leicht gebräunt ist. Herausnehmen und falls nötig warm halten.

**3** In der Zwischenzeit die Zutaten für den Tomatensalat vermischen. Den Fisch mit Salat und Zitronenspalten servieren.

# Hähnchen-Xacutti

*Xacutti masala* ist eine pikante Gewürzmischung aus Goa in Südindien. Für dieses leicht abgewandelte Rezept können Sie fertig gekauftes Garam Masala verwenden oder mit den Rezepten auf Seite 128 experimentieren. Traditionell wird die Mischung natürlich frisch geröstet und gemahlen und mit gerösteten Kokosraspeln kombiniert.

FÜR 4–6 PORTIONEN ZUBEREITUNGSZEIT: 40 MINUTEN, ZZGL. 30 MINUTEN ZUM MARINIEREN

**KOCHUTENSILIEN**
Küchenbeil
Schneidebrett
kleiner *karahi* oder Wok
Schmortopf
Gemüsemesser

**ZUTATEN**
1 küchenfertiges Hähnchen, etwa 1,5 kg
2 EL getrocknete Kokosraspel
1 EL Öl
2 große Zwiebeln, fein gehackt
1 EL Tomatenmark
4 rote Chilischoten, nach Belieben von den Samen befreit
½ TL gemahlene Nelken
2 EL *xacutti* oder Garam Masala (s. S. 128)
1 Zimtstange, etwa 8 cm lang
gehackte Korianderblätter zum Garnieren
Limettenspalten und Zwiebelstreifen zum Servieren

**für die Marinade**
1 EL frisch pürierter Knoblauch
1 EL frisch pürierter Ingwer
2 EL fein gehackte Korianderblätter
1 EL Tamarindenkonzentrat
½ TL gemahlene Kurkuma
1 TL Cayennepfeffer

**1** Die Zutaten für die Marinade in einer Glas- oder Porzellanschüssel vermischen. Das Hähnchen in etwa zwölf handliche Stücke zerteilen, dabei sichtbares Fett entfernen. Das Fleisch in der Marinade wenden, mit Frischhaltefolie abdecken und mindestens 30 Minuten im Kühlschrank marinieren.

**2** Einen *karahi* oder Wok ohne Öl bei mittlerer Temperatur erhitzen. Die Kokosraspel darin einige Minuten rösten, bis sie goldbraun geworden sind, dabei darauf achten, dass sie nicht anbrennen. Herausnehmen und beiseitestellen.

**3** Das Öl in einem Topf bei mittlerer Temperatur erhitzen. Die Zwiebeln darin etwa 5 Minuten anbraten, bis sie weich geworden sind und bräunlich karamellisieren. Die gerösteten Kokosraspel zusammen mit Tomatenmark, Chilischoten, Nelken, *xacutti* oder Garam Masala und der Zimtstange dazugeben. 1–2 Minuten gründlich rühren und erhitzen, bis sich alle Zutaten gut verbunden und ihre Aromen entfaltet haben.

**4** Die Fleischstücke mitsamt der Marinade dazugeben. Die Temperatur erhöhen und alles etwa 5 Minuten lang kräftig rührend anbraten. Mit 500 ml Wasser ablöschen. Die Flüssigkeit zum Kochen bringen, dann die Temperatur auf eine niedrige Stufe senken. Den Topf schließen und das Fleisch 25 Minuten sanft köchelnd schmoren, bis es zart ist und die Sauce dickflüssig. Mit gehackten Korianderblättern, Limettenspalten und Zwiebelstreifen garniert servieren.

# Utensilien zum Brotbacken

Vor über 500 Jahren brachten die Mogulherrscher eine neue Küchenkultur und die Kunst, feines Brot zu backen, mit auf den indischen Subkontinent. Bis heute gibt es in jedem indischen Haushalt ein *chapati*-Brett – und eine Heiratskandidatin wird nicht selten danach beurteilt, wie gut sie Brot backen kann.

1

2

3

**[2] [3] CHAPATI-WELLHÖLZER**
Die Hölzer zum Ausrollen des Brotteigs sind schmal und spindelförmig und meist aus Hartholz gefertigt. Man kann sie in Indien in Geschäften und auf Märkten im Set mit einem *chapati*-Brett kaufen.

4

**[1] CHAPATI-BRETT**
Es ist nicht so wichtig, ob für das *chapati*-Brett ein hochwertiges Hartholz verwendet wurde, denn es dient einzig und allein dazu, den Teig darauf auszurollen. Manche Köche ziehen allerdings Stein oder gar Marmor vor. Darauf gelingen ganz feine Brote besonders gut, denn auf der glatten, kühlen Oberfläche klebt der Teig auch an heißen Sommertagen kaum an.

**[4] CHAPATI-PRESSER**
Es gibt zwei Typen von *chapati*: im Lehmofen *(tandoor)* und in der Pfanne *(tawa)* gebackene. Für Letztere braucht man dieses Werkzeug: Beim Backen geht das Brot auf und wirft Blasen. Damit es gleichmäßig gart, presst man es sanft in die Pfanne, ohne dabei jedoch die Luft herauszudrücken, denn das *chapati* soll schön locker werden.

# MEHERNOSH MODY Naan

Authentisches *naan* wird im traditionellen Lehmofen, dem *tandoor*, gebacken. Man wirft den dünn ausgerollten Teig an die heiße Ofenwand, wo er haften bleibt und bäckt. Mehernosh Mody vom Londoner Restaurant »La Porte des Indes« zeigt uns, wie man auch einem normalen Backofen gutes Fladenbrot entlocken kann.

FÜR 14 BROTE   ZUBEREITUNGSZEIT: 40 MINUTEN, ZZGL. 1 STUNDE 30 MINUTEN TEIGRUHE

**KOCHUTENSILIEN**

Mehlsieb
Wellholz
*tawa*
Backbleche

**ZUTATEN**

900g Mehl
1 EL Backpulver
1 TL Zucker
1 Ei, leicht verquirlt
300ml Milch, aufgekocht und auf lauwarme Temperatur abgekühlt
4 EL Öl
2 EL Sesamsamen
zerlassene Butter zum Einpinseln
Salz

**1** Mehl, Backpulver, Zucker und etwas Salz in eine Schüssel sieben. Eine Mulde in die Mitte drücken, nach und nach Ei, Milch und 300ml lauwarmes Wasser hineingießen und verrühren.

**2** Den Teig auf einer bemehlten Arbeitsfläche kneten, bis er glatt und fest ist. Zurück in die Schüssel geben, mit einem feuchten, warmen Tuch abdecken und 30 Minuten ruhen lassen.

**3** Das Öl unter den Teig kneten und erneut mit einem feuchten, warmen Tuch abgedeckt etwa 1 Stunde ruhen lassen.

**4** Den Teig zusammendrücken und in 14 gleich große Kugeln teilen. Die Kugeln auf ein bemehltes Blech setzen, nochmals mit einem feuchten, warmen Tuch abdecken und 30 Minuten ruhen lassen.

**5** Den Backofen und zwei Bleche auf 240°C vorheizen. Die Teigkugeln auf einer leicht bemehlten Arbeitsfläche tropfenförmig und etwa 5mm dick ausrollen. Jeden Fladen mit etwas Sesam bestreuen.

**6** Die heißen Bleche einfetten. Die Fladen portionsweise daraufsetzen und jeweils 5–6 Minuten backen, bis sie goldbraun und luftig aufgegangen sind. Warm mit etwas zerlassener Butter beträufelt servieren.

# Paratha

Es gibt viele verschiedene Arten von *paratha*. Die einfachsten bestehen nur aus Vollkornweizenmehl, Wasser und etwas Ghee. Vor allem die Behandlung des Teigs unterscheidet *paratha* von anderen beliebten Fladenbroten wie *chapati* und *naan*.

FÜR 8 PORTIONEN ZUBEREITUNGSZEIT: 40 MINUTEN, ZZGL. 2 STUNDEN TEIGRUHE

**KOCHUTENSILIEN**
*chapati*-Brett
Wellholz
*tawa*
Küchenpinsel

**ZUTATEN**
150g Ghee, zzgl. etwas zum Einfetten
500g Mehl
2 TL Zucker
1 TL Backpulver
2 Eier
250ml Milch oder Wasser
Salz

**1** Das Ghee zerlassen und in einer Schüssel mit Mehl, Zucker, Backpulver und einer großen Prise Salz vermengen. Eier und Milch oder Wasser leicht verquirlen. Zu den übrigen Zutaten geben und alles gut vermengen.

**2** Den Teig auf einer leicht bemehlten Arbeitsfläche mindestens 10 Minuten kneten, bis er weich und elastisch ist. In ein feuchtes Geschirrtuch wickeln und mindestens 2 Stunden ruhen lassen.

**3** Den Teig in acht Portionen teilen und zu Kugeln formen. Die gerade nicht benötigten Teigkugeln immer mit einem feuchten Tuch abdecken.

**4** Eine Teigkugel flach drücken (1. Abb. o.l.) und auf einem leicht bemehlten Brett zu einem dünnen Kreis ausrollen. Über die Mitte erst zu einem Halbkreis (2. Abb. o.l.), dann zu einem Viertelkreis (3. Abb. u.l.) zusammenklappen. Wieder auf die doppelte Größe ausrollen und mit etwas Mehl bestäuben.

**5** Die Ecken nach innen klappen, sodass wieder in etwa eine Kreisform entsteht, und den Teig zu einem 5mm dicken Kreis ausrollen.

**6** Die *tawa* erhitzen und mit etwas zerlassenem Ghee einfetten. Je ein *paratha* darin braten, bis es goldbraun geworden ist und Blasen wirft. Wenden und von der anderen Seite ebenfalls garen (4. Abb. u.l.), dabei nochmals mit etwas Ghee bepinseln. Warm servieren.

# Indische Förmchen und Pressen

**Inder lieben kleine Snacks und Leckerbissen in den unterschiedlichsten Formen. Entsprechend viele spezielle Kochutensilien haben sich über die Jahrtausende entwickelt und erhalten. Oft wundert man sich, dass die aufwendig wirkenden kleinen Happen mit so simplen Geräten wie diesen hergestellt werden.**

1

### [1] SEVIYA-PRESSE

Für dieses kleine, zylinderförmige Gerät aus Messing gibt es verschiedene Einsätze mit kleinen oder größeren Löchern und Schlitzen. Man treibt den Teig für verschiedene Snacks wie *string hoppers* (s. S. 149) aus Sri Lanka, südindische *murukkus* (eine Art pikante Schneckennudel) oder eben *sevyia* (Fadennudeln) durch sie hindurch. Beim Drehen der Kurbel senkt sich eine Presse im Inneren des Zylinders und drückt den Teig durch die Öffnungen. Die so geformten Teigstücke werden dann gedämpft oder frittiert.

2

### [2] TEIGPRESSE

Bei uns dienen Edelstahlpressen wie diese zum Zerkleinern von Kartoffeln, Pressen mit etwas größeren Öffnungen auch zum Herstellen von Spätzle. Auch in Indien und Sri Lanka formt man Nudeln damit. Für *string hoppers* wird der Reismehlteig in kleinen Häufchen direkt auf einen Teller oder ein Bananenblatt gedrückt und dann gedämpft.

### [3] KULFI-FÖRMCHEN

In diesen konisch geformten Bechern mit Schraubverschluss bereitet man *kulfi* zu, das berühmte indische Eisdessert. Aluminium ist heute das beliebteste Material für die Förmchen, denn es kühlt schneller als etwa Kunststoff. Früher verwendete man Tontöpfchen, die mit Teig verschlossen wurden. Manchmal findet man so zubereitetes *kulfi* auch heute noch.

3

### [4] VADAI-PRESSE

*Vadai* (oder *vada*) sind frittierte, herzhafte Küchlein aus Reis-, Linsen-, Kichererbsenmehl oder Kartoffeln. Sie sehen ähnlich wie Donuts aus und stammen aus Südindien. Der Kolben im Inneren dieses Edelstahlutensils drückt den Teig in eine Ringform.

4

# String Hoppers

**_String hoppers_ aus Sri Lanka sind mit den indischen _appam_ und den _idiyappam_ aus Südindien verwandt. Zwar variieren die Grundrezepte etwas, und die Küchlein können süß oder herzhaft gewürzt sein, die wesentlichen Zutaten sind aber immer Reismehl und Kokosmilch. Der daraus zubereitete Teig wird mithilfe einer Presse zu Fadennudeln geformt und anschließend gedämpft.**

FÜR 4 PORTIONEN ZUBEREITUNGSZEIT: 35 MINUTEN

**KOCHUTENSILIEN**

Mehlsieb
Dämpftopf mit Einsatz
*seviya*-Presse (ersatzweise Kartoffelpresse)
hitzebeständiger Teller

**ZUTATEN**

300g Appam-Mehl (Reismehl)
150ml Kokosmilch
½ TL Salz
brauner Zucker oder Demerara-Zucker zum Bestreuen
Öl zum Einfetten

**1** Das Mehl in eine Schüssel sieben, Kokosmilch und Salz dazugeben und alles zu einem glatten, cremigen Teig verquirlen.

**2** In der Zwischenzeit im geschlossenen Dämpftopf etwas Wasser zum Kochen bringen, dabei auch schon einen leicht gefetteten, hitzebeständigen Teller in den Dämpfkorb stellen.

**3** Die *seviya*-Presse mit einem Einsatz bestücken, dessen Öffnungen etwa streichholzdick sind. Den Reismehlteig hineinfüllen.

**4** Den Dämpftopf öffnen und eine kleine Menge Teig direkt über dem darin stehenden Teller durch die Presse drücken, sodass ein Häufchen Fadennudeln entsteht. Je nach Größe des Tellers nebeneinander mehrere Nudelnester platzieren, die sich aber nicht berühren dürfen.

**5** Im geschlossenen Topf 10–15 Minuten dämpfen, bis die *hoppers* luftig sind und aromatisch duften. Auf eine Platte setzen und mit Zucker bestreut heiß servieren.

## ROOPA GULATI Süßes Mangochutney

**Ganz leicht zuzubereiten ist dieses Chutney nach einem Rezept der britischen Fernsehköchin Roopa Gulati – und es schmeckt um Klassen besser als fertig gekauftes. Am besten gelingt es mit ganz festen grünen Mangos, die wirklich kein bisschen weich sind. Scheuen Sie sich also nicht, beim Einkauf einmal sanft zu drücken.**

ERGIBT 800 ML ZUBEREITUNGSZEIT: 30 MINUTEN

**KOCHUTENSILIEN**
Gemüsemesser
Schneidebrett
Edelstahlkochtopf

**ZUTATEN**
1 kg feste grüne Mangos
1 TL gemahlene Kurkuma
1 TL Salz
2 EL Öl
¾ TL Schwarzkümmelsamen
1 TL Fenchelsamen
½ TL getrocknete Chiliflocken
4 cm Ingwerwurzel, gehackt
200 g Palm- oder Muskovado-Zucker

**1** Die Mangos schälen, den Kern entfernen, das Fruchtfleisch in 3 cm große Stücke schneiden. Mangos, Kurkuma und Salz in einer Schüssel verrühren.

**2** Das Öl in einem mittelgroßen Topf erhitzen. Schwarzkümmel, Fenchel und Chiliflocken darin etwa 30 Sekunden anbraten, dann die Mangowürfel dazugeben und unter gelegentlichem Rühren bei mittlerer Temperatur 5 Minuten anbraten. 500 ml Wasser angießen und so lange köcheln lassen, bis die Mangos weich sind und die Flüssigkeit eingekocht ist.

**3** Palm- oder Muskovado-Zucker unterrühren, bis der Zucker sich auflöst. Bei mittlerer Hitze weitere 15 Minuten kochen, bis das Chutney eingedickt ist. (Löffelprobe: Einen Teelöffel heißes Chutney auf einen gekühlten Teller geben und 1 Minute in den Kühlschrank stellen; danach sollte die Oberfläche sich kräuseln, wenn man sie mit dem Finger oder einem Löffel zusammenschiebt.)

**4** Das Chutney in sterilisierte Marmeladengläser füllen. Die Gläser gut verschließen und an einem dunklen, kühlen Ort lagern. Das Chutney hält bis zu 3 Monate. Die Gläser nach dem Öffnen im Kühlschrank aufbewahren.

## ROOPA GULATI Tomatenchutney

**Dieses nach Ingwer duftende Chutney ist so lecker, dass die Autorin und Fernsehköchin Roopa Gulati es nicht nur als würzende Beilage, sondern sogar als schnelles Hauptgericht empfiehlt: Servieren Sie das Chutney dazu warm mit einer Portion lockerem Basmatireis, halbierten hart gekochten Eiern und gehackten Korianderblättern.**

ERGIBT 500 ML ZUBEREITUNGSZEIT: 25 MINUTEN

**KOCHUTENSILIEN**
Gemüsemesser
Schneidebrett
Edelstahlkochtopf

**ZUTATEN**
3 EL Öl
2 TL Senfkörner
½ TL Schwarzkümmelsamen
1 EL Fenchelsamen
2 rote Zwiebeln, gewürfelt
2 Knoblauchzehen, gehackt
3 cm Ingwerwurzel, fein gehackt
2 große grüne Chilischoten, von den Samen befreit und gehackt
2 Dosen Tomatenstücke à 400 g
100 g entkernte Datteln, gehackt
3–4 EL feiner Zucker
100 ml Weißweinessig

**1** Das Öl in einem mittelgroßen Topf bei mittlerer Temperatur erhitzen. Die Senfkörner darin einige Sekunden anbraten, bis sie aufgeplatzt sind. Schwarzkümmel und Fenchel dazugeben und nochmals 10 Sekunden braten, bis die Gewürze duften.

**2** Die Temperatur senken und die übrigen Zutaten unterrühren. Ohne Deckel 10–15 Minuten einkochen. Das Chutney sollte süßsäuerlich schmecken, falls nötig mit etwas zusätzlichem Zucker abrunden. Warm oder mit Zimmertemperatur servieren.

# Pickles und Sambols aus Sri Lanka

Pickles und *sambols*, die aromatischen Würzpasten, gehören in Sri Lanka zu jedem Essen – man genießt sie schon beim Frühstück zu Reismehlküchlein. An einer Tafel mit verschiedenen Gerichten dürfen sie erst recht nicht fehlen. Die Grundregel für die Zusammenstellung einer solchen Tafel lautet: Scharf-feurige Gerichte müssen durch etwas Kühlendes wie Salat ausgeglichen werden.

## Auberginen-Pickle

Im Mörser 2 TL schwarze Senfkörner, 2 TL Kreuzkümmelsamen, 2 TL Koriandersamen und 1 TL Fenchelsamen grob zerstoßen. 500g Auberginen von den Stielansätzen befreien und in feine Scheiben schneiden. Eine Pfanne bei mittlerer Temperatur erhitzen. Etwas Öl hineingeben und die Auberginenscheiben darin portionsweise auf jeder Seite 2 Minuten goldbraun anbraten. Auf Küchenpapier abtropfen lassen. 1 große, in feine Streifen geschnittene Zwiebel in die Pfanne geben und 5 Minuten sanft anbraten, bis sie weich und glasig ist. 3 in feine Scheiben geschnittene Knoblauchzehen dazugeben und 30 Sekunden mitbraten. 1 TL Zucker darüberstreuen und nochmals einige Minuten braten, bis der Zucker beginnt zu karamellisieren. Die Zwiebeln an den Rand schieben und noch etwas Öl in die Pfanne träufeln. Die zerstoßenen Gewürze und ½ TL gemahlene Kurkuma darin 1 Minute anbraten, dann mit der Zwiebelmischung verrühren. 3 fein gehackte grüne Chilischoten ohne Samen, 3 EL Palm- oder Weißweinessig, 1 TL Tamarindenkonzentrat und die Auberginenscheiben dazugeben. Alles gründlich vermengen und mit Meersalz und frisch gemahlenem schwarzen Pfeffer würzen. 8–10 Minuten garen, bis sich die Aromen verbunden haben. Als Beilage auf Zimmertemperatur abgekühlt servieren.

## Zwiebel-Sambol

4 EL Öl in einem mittelgroßen, schweren Topf stark erhitzen. 6–8 Curryblätter, 2 TL Cayennepfeffer, 1–2 TL Chiliflocken, 5 Gewürznelken, 5 leicht zerstoßene grüne Kardamomkapseln, ein 5cm langes Stück Zimtstange, 1 TL Maledivenfischflocken, ½ TL braune Senfkörner und ¼ TL gemahlene Kurkuma darin etwa 1 Minute unter ständigem Rühren anbraten, bis die Gewürze aromatisch duften. 4 fein gehackte, große rote Zwiebeln dazugeben und mit 1–2 TL Zucker bestreuen. 1 Minute weiterbraten, bis die Zwiebeln beginnen, weich zu werden. Mit Meersalz und 1 TL Tamarindenkonzentrat würzen. Den Topf schließen und das Sambol bei mittlerer Hitze 8–10 Minuten köcheln lassen, dabei gelegentlich umrühren. Zum Schluss die Temperatur noch einmal etwas erhöhen und weiterköcheln, bis die Zwiebeln weich, karamellisiert und schön goldbraun gefärbt sind. Warm oder bei Zimmertemperatur mit knusprig gebratenen Schalottenwürfeln garniert servieren.

## Tomaten-Sambol

Einen Holzkohlengrill oder eine Grillpfanne stark erhitzen. 3–4 reife Eiertomaten darauf einige Minuten grillen, bis die Haut verkohlt ist und Blasen wirft, die Tomate aber noch nicht zerfällt. Etwa 15 Minuten abkühlen lassen, dann häuten und in 1cm große Würfel schneiden. In eine Glas- oder Porzellanschüssel geben und beiseitestellen. 1½ TL Kokosöl in einem kleinen schweren Topf stark erhitzen. ¾ TL Chiliflocken, 1–2 fein gehackte Knoblauchzehen sowie 1 Prise Meersalz dazugeben und unter ständigem Rühren etwa 30 Sekunden anbraten, bis die Chiliflocken braun und knusprig werden. Unter die Tomatenwürfel in der Schüssel rühren. 1 kleine, in feine Streifen geschnittene rote Zwiebel, 1 EL dicke Kokosmilch (Kokoscreme), ¾ TL grob zermahlene Maledivenfischflocken und 1 fein gehackte grüne Chilischote (Samen nach Belieben entfernt) dazugeben. Alles gründlich verrühren, dann mit dem frisch gepressten Saft von ½–1 Limette würzen und falls nötig mit Salz abschmecken. 5–10 Minuten ziehen lassen, damit sich die Aromen verbinden, dann servieren.

# Helles Gemüsecurry

**Auf Sri Lanka liebt man helles Gemüsecurry. In diesem Rezept verwenden wir Kartoffeln, Kürbis und Okraschoten, aber Sie können auch jedes andere Gemüse nehmen: Zucchini, grüne Bohnen, Spargel oder Auberginen sind ebenfalls eine gute Wahl.**

FÜR 4–6 PORTIONEN   ZUBEREITUNGSZEIT: 45 MINUTEN

**KOCHUTENSILIEN**

Gemüsemesser
Schneidebrett
*karahi* oder großer schwerer Topf

**ZUTATEN**

1 EL Öl
1 Zwiebel, fein gehackt
6 Curryblätter
6–8 Bockshornkleesamen
½ TL gemahlene Kurkuma
6 schwarze Pfefferkörner
¼ TL braune Senfkörner
1–2 grüne Chilischoten, von den Samen befreit, der Länge nach aufgeschlitzt
2 Knoblauchzehen, in feine Scheiben geschnitten
½ TL fein geriebener Ingwer
5 cm Zimtstange
1 Stängel Zitronengras, die harte äußere Schicht entfernt (nach Belieben)
750 ml Kokosmilch
300 g Kartoffeln, geschält und gewürfelt
300 g Kürbis, geschält und gewürfelt
150 g Okraschoten, halbiert
250 ml Kokoscreme

**1** Das Öl im *karahi* oder einem großen schweren Topf stark erhitzen. Zwiebel, Curryblätter, Bockshornklee, Kurkuma, Pfeffer, Senfkörner, Chilischoten, Knoblauch und Ingwer darin etwa 30 Sekunden anbraten, bis die Gewürze aromatisch duften und die Senfkörner aufgeplatzt sind.

**2** Die Zimtstange und (nach Belieben) das Zitronengras zusammen mit der Kokosmilch dazugeben und im offenen Topf etwa 10 Minuten köcheln lassen.

**3** Kartoffel- und Kürbiswürfel dazugeben. Salzen und 10–15 Minuten sanft köcheln lassen, bis das Gemüse knapp gar ist, dann die Okras hinzufügen. Die Kokoscreme unterrühren und weitere 5 Minuten köcheln lassen. Mit Fladenbrot oder Reis servieren.

# Krabbencurry aus Sri Lanka

**In Sri Lanka verwendet man die einheimischen, wunderbar süßlich schmeckenden, graugrün gefleckten und nur handtellergroßen Krabben. Man findet sie manchmal tiefgekühlt im Asialaden. Als Ersatz eignen sich amerikanische Softshell crabs. Das sind Blaukrabben, die gerade ihren Panzer abgestoßen haben und noch ganz weich sind. Wer das Glück hat, frisch gehäutete Strandkrabben zu ergattern, kann sie ebenfalls verwenden.**

FÜR 4 PORTIONEN ZUBEREITUNGSZEIT: 30 MINUTEN

**KOCHUTENSILIEN**
Küchenbeil
Schneidebrett
Topf und Kelle
kleine Pfanne

**ZUTATEN**
8 tiefgekühlte Krabben aus Sri Lanka oder kleine Softshell crabs
600 ml Kokosmilch
2 große Zwiebeln, fein gehackt
5 Knoblauchzehen, grob zerdrückt
2 EL frisch geriebener Ingwer
½ TL gemahlene Bockshornkleesamen
10 Curryblätter oder Thai-Basilikumblätter
5 cm Zimtstange
1 TL Cayennepfeffer
1 TL gemahlene Kurkuma
2 EL Salz
Saft von 3 Limetten
2 EL ungesüßte Kokosraspel

**1** Die Krabben halbieren, die Scheren vom Körper trennen, die flachen Enden der Beine, die kein Fleisch enthalten, abschneiden. Waschen und abtropfen lassen.

**2** Kokosmilch, Zwiebeln, Knoblauch, Ingwer, Bockshornklee, Curry- oder Thai-Basilikumblätter, Zimt, Cayennepfeffer, Kurkuma und Salz in einem Topf erhitzen und 20 Minuten sanft köcheln lassen, bis sich die Aromen gut entfaltet haben.

**3** In einer kleinen Pfanne die Kokosraspel einige Minuten lang goldbraun rösten, aber nicht zu dunkel werden lassen. Vom Herd nehmen und beiseitestellen.

**4** Die Krebsstücke in die Kokosbrühe geben und 8 Minuten lang sanft köchelnd garen. Für die letzte Minute Limettensaft und Kokosraspel dazugeben und mit Salz abschmecken. Heiß mit Reis oder Fladenbrot servieren.

# ROOPA GULATI Hähnchen-Tikka mit Safran

**Die frische Ananas schenkt dieser Version des klassischen indischen Gerichts nicht nur tropische Süße, sie enthält auch ein Enzym, das Fleisch auf natürliche Art zarter macht und schneller garen lässt. So beschert uns das Rezept von Roopa Gulati köstliche Spießchen mit einer hauchdünnen, knusprigen Kruste.**

FÜR 4 PORTIONEN ZUBEREITUNGSZEIT: 45 MINUTEN, ZZGL. 1 NACHT ZUM MARINIEREN

**KOCHUTENSILIEN**
Mörser und Stößel
Bambusspieße
Backofengrill

**ZUTATEN**
½ TL Safranfäden
1 TL Kardamomkörner
125 ml griechischer Joghurt
2 EL Crème double
4 cm Ingwer, fein gerieben
1 EL gemahlene Mandeln
125 g frische Ananaswürfel
600 g Hähnchenfleisch ohne Haut und Knochen (vorzugsweise Keulen), in 3 cm große Würfel geschnitten
etwa 1 EL Butter, zerlassen
Saft von 1 Limette
**zum Garnieren**
Limettenspalten
frische Korianderblättchen

**1** Die Safranfäden in einer kleinen Schale mit 1 EL warmem Wasser übergießen und mindestens 30 Minuten einweichen, bis die Flüssigkeit einen tiefen Rostbraunton angenommen hat.

**2** Im Mörser die Kardamomkörner fein zerstoßen. Das Pulver mit Joghurt, Crème double, Ingwer und Mandeln verrühren.

**3** Die Ananas sehr fein hacken oder pürieren. Die Flüssigkeit mit den Händen herausdrücken, das Fruchtfleisch zu der Joghurtmarinade geben.

**4** Das Fleisch und die Safranfäden samt der Einweichflüssigkeit dazugeben. Alles gründlich verrühren und mit Frischhaltefolie abgedeckt über Nacht im Kühlschrank marinieren.

**5** Am folgenden Tag die Bambusspieße mindestens 30 Minuten wässern, damit sie unter dem Grill nicht verbrennen. Den Backofengrill auf höchster Stufe vorheizen.

**6** Die Fleischstücke aus der Marinade nehmen und abtropfen lassen, dann auf die Spieße stecken. Mit etwas zerlassener Butter beträufeln, dann dicht unter dem heißen Grill auf jeder Seite etwa 5 Minuten grillen, bis das Fleisch gar ist und an den Rändern beginnt, braun zu werden.

**7** Mit etwas Limettensaft beträufeln, dann mit Limettenspalten und Korianderblättern garniert servieren.

# YOGESH ARORA Palak Paneer

In vielen indischen Familien wird Paneer, der typische Frischkäse, noch selbst hergestellt. Dazu säuert man kochende Milch mit Essig. Sie gerinnt, und der aus den festen Bestandteilen gebildete sogenannte Käsebruch wird mindestens 30 Minuten gepresst. Der so entstandene mehr oder minder feste Käse ist eine wichtige Zutat für viele vegetarische Gerichte. Yogesh Arora vom berühmten Restaurant »Tiffin Room« in Singapur stellt eines davon vor.

FÜR 4 PORTIONEN ZUBEREITUNGSZEIT: 10 MINUTEN

**KOCHUTENSILIEN**
Messer
Schneidebrett
*karahi* oder Topf

**ZUTATEN**
2 EL Öl
1 kleine Zwiebel, gehackt
1 TL gehackter Knoblauch
1 große grüne Chilischote, nach Belieben von den Samen befreit, gehackt
1 TL gehackter Ingwer
600g frischer Blattspinat, gehackt
2 EL Butter
2 EL Sahne
¼ TL gemahlener weißer Pfeffer
1 Prise gemahlener Kardamom
1 Prise Garam Masala (s. S. 128)
200g Paneer, gewürfelt
Salz

**1** Das Öl bei mittlerer Temperatur erhitzen. Die Zwiebelwürfel darin einige Minuten anbraten, bis sie weich und goldbraun sind. Den Knoblauch dazugeben, nochmals 1 Minute braten, dann Chilischote und Ingwer hinzufügen und weitere 2 Minuten braten.

**2** Den Spinat und danach Butter, Sahne, Pfeffer, Kardamom, Garam Masala und etwas Salz unterrühren.

**3** Den Paneer dazugeben und unter Rühren etwa 2 Minuten im Spinat erhitzen. Abschmecken und sofort servieren.

# ROOPA GULATI Wassermelonencurry mit Minze

**Dieses fruchtig-frische, belebende Curry der britischen Fernsehköchin Roopa Gulati ist ebenso gesund wie lecker. Minze, grüne Chilischoten und geröstete Fenchelsamen geben ihm eine fein abgestimmte Würze.**

FÜR 4 PORTIONEN ZUBEREITUNGSZEIT: 30 MINUTEN

**KOCHUTENSILIEN**
Gemüsemesser
Mixer oder Pürierstab
*karahi* oder Topf

**ZUTATEN**
½ kleine Wassermelone, etwa 2 kg
1 TL Paprikapulver
¼ TL gemahlene Kurkuma
½ TL getrocknete Minze
½ TL Garam Masala (s. S. 128)
1 grüne Chilischote, von den Samen befreit, gehackt
3 cm Ingwerwurzel, gehackt
2 EL Öl
2 TL Fenchelsamen
Saft von ½ Limette
1 EL in Streifen geschnittene Minzeblättchen

**1** Das Fruchtfleisch der Melone von Kernen befreien, aus der Schale lösen und würfeln.

**2** Die Hälfte des Fruchtfleischs mit Paprika, Kurkuma, getrockneter Minze, Garam Masala, Chilischote und Ingwer mischen und im Mixer oder mit dem Pürierstab glatt pürieren.

**3** Das Öl im *karahi* oder einem großen Topf bei mittlerer Temperatur erhitzen. Die Fenchelsamen einige Sekunden im heißen Öl schwenken, bis sie dunkel werden. Das gewürzte Wassermelonenpüree dazugeben, erhitzen und bei leicht gesenkter Temperatur 10 Minuten köcheln lassen.

**4** Das übrige, gewürfelte Fruchtfleisch zur heißen Sauce geben und darin erwärmen. Mit Limettensaft abschmecken und mit Minze bestreuen.

# Indische Speisebehälter und Servierartikel

**Fahrradboten, die das Mittagessen der Angestellten in speziellen Speisebehältern durch die Stadt transportieren, gehören in Mumbai zum gewohnten Straßenbild. Die schlichten Edelstahlschälchen zum Servieren von Pickles und kleinen Gerichten kennen Sie vielleicht aus dem indischen Restaurant.**

1

**[1] HENKELMANN**
Noch vor 40 Jahren hatte auch in Deutschland jeder Bergmann sein Mittagessen im »Henkelmann« dabei; heute sind die praktischen Speisebehälter bei uns selten geworden. Nicht so in Indien. Die Briten führten den Begriff *tiffin* einst für ein leichtes Mittagessen ein, heute bezeichnet das Wort nicht mehr die Speise, sondern deren Behälter. *Tiffin boys* radeln um die Mittagszeit zu Tausenden kreuz und quer durch Mumbai, um frisch gekochtes Essen aus den Vorstädten in die Büros der Innenstadt zu transportieren. In den übereinandergestapelten Edelstahlbehältern finden mehrere Gerichte und Beilagen Platz.

2

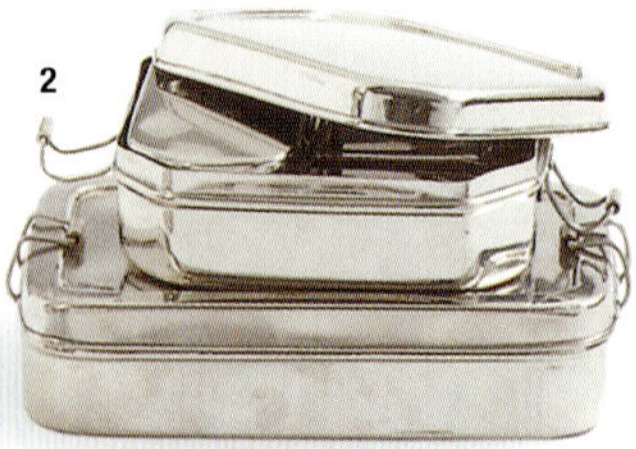

3

**[2] [3] PAUSENBROTDOSEN**
Während die Schulkinder bei uns ihr Pausenbrot meist in Plastikboxen verpackt bekommen, bevorzugt man in Indien noch häufig Edelstahldosen. Sie sind nicht nur haltbarer, es gibt sie auch in vielen unterschiedlichen Formen und Größen, zum Teil sogar mit darin eingelassenen kleineren Behältern für Pickles.

**[4] SERVIERSET FÜR PICKLES UND SAUCEN**
Sets aus einem Tablett, passenden Schälchen und Löffeln sind in indischen Restaurants ein vertrauter Anblick. In Indien serviert man darin nicht nur Pickles und Saucen, sondern auch geröstete Gewürze, die man zum Nachwürzen über das Essen streuen kann.

4

5

**[5] THALI UND KATORI**
Bei einem indischen Essen werden verschiedene Gerichte und Beilagen gemeinsam auf einer Platte, der *thali,* serviert. Die dazu passenden Schüsselchen, die *katoris,* gibt es in vielen verschiedenen Größen. Für besondere Anlässe verwendet man schön verzierte *thalis* aus Kupfer und Silber, das Alltagsgeschirr besteht meist aus Edelstahl oder Aluminium.

6

7

**[6] [7] REISLÖFFEL**
Metalllöffel wie diese, mit denen man bei Tisch den Reis serviert, gibt es in jedem indischen Haushalt.

# Indische Küchenhelfer

**Kochutensilien werden in Indien kaum ihres Designs wegen ausgewählt, im Vordergrund stehen Funktion und Haltbarkeit. Viele der hier gezeigten Küchenhelfer sind handgemacht, jedes ist also ein Einzelstück. Auf indischen Straßenmärkten kann man sich günstig damit eindecken.**

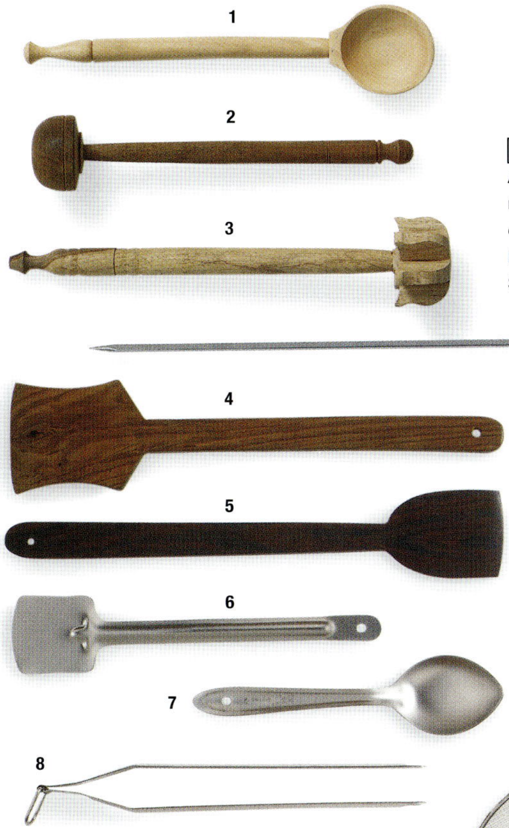


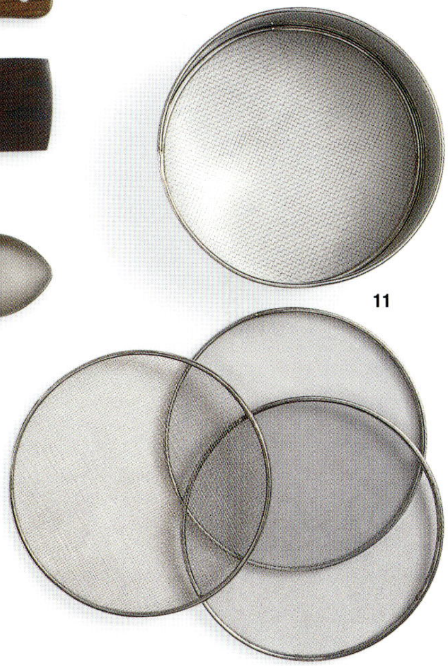


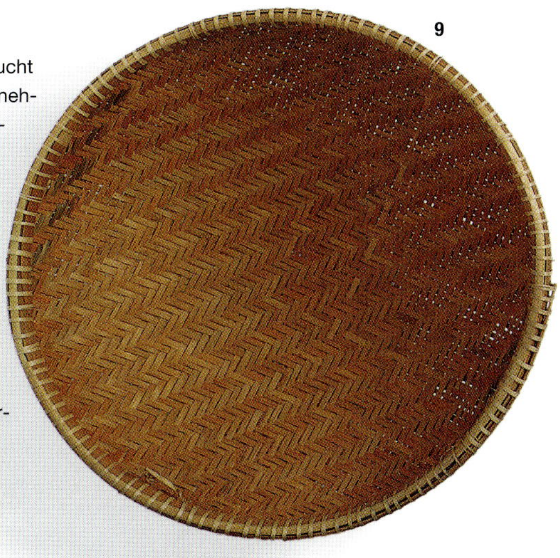


**[1] LANGER HOLZLÖFFEL**
Lange, tiefe Holzlöffel wie dieser eignen sich bestens, um Schmorgerichte umzurühren oder sämiges Linsengemüse vom Topf in Servierschalen umzufüllen. In Südindien verwendet man als Kelle häufig eine polierte halbe Kokosnuss, an der ein Stiel befestigt wird.

**[2][3] HÖLZERNER STAMPFER**
Gekochtes Gemüse wie Spinat, Auberginen oder Kartoffeln wird mit martialisch aussehenden Stampfern wie diesen zerdrückt. Ist das keulenförmige Kopfteil gefurcht, dann kann der Stampfer auch zum Buttern und zum Verquirlen von Joghurtgetränken wie *lassi* Verwendung finden.

**[4][5] BACKSCHAUFEL AUS HOLZ**
Diese flachen hölzernen Schaufeln, Wender oder Paletten sind ebenso vielseitig einsetzbar wie ein Kochlöffel.

**[6] PFANNENWENDER AUS METALL**
Je dünner und flacher, desto besser eignet er sich zum Wenden von Spiegeleiern oder *dosas*.

**[7] LÖFFEL AUS METALL**
Manche indischen Köche rühren ihre Currys am liebsten mit solchen eher flachen Löffeln um.

**[8] ZANGE**
Viele traditionelle Kochgefäße wie *patilas* haben keine Henkel, daher braucht man eine Zange, um sie vom Herd zu nehmen. Aber auch zum Wenden von *chapatis* in der Pfanne ist das Werkzeug praktisch.

**[9] FLACHER KORB AUS GEFLOCHTENEN PALMBLÄTTERN**
Im ländlichen Indien wird der Reis nach der Ernte noch von Hand gereinigt. Dazu schwenkt man eine kleine Menge sacht in einem flachen Korb wie diesem und trennt so die Körner von der Spreu.

**[10] TANDOORI-SPIESS**
Auf *tandoori*-Art zubereitetes Fleisch wird mariniert und dann auf langen Spießen in dem typischen *tandoor*-Lehmofen gebraten. Die Handhabung der langen, schweren Spieße verlangt einiges Geschick.

**[11] SIEBE**
Ein Set mit vier verschieden feinen Metallgittern ist sehr nützlich, um Mehl und gemahlene Gewürze zu sieben. Vor allem *chapati*-Mehl wird in Indien vor der Verwendung grundsätzlich gesiebt.

# ROOPA GULATI Fischcurry aus Kerala

Sonnenverwöhnte geröstete Gewürze, cremige Kokosmilch und aromatische Curryblätter singen in diesem Rezept von Roopa Gulati das Hohelied der südindischen Küche. Dazu servieren Sie am besten duftigen Basmatireis und säuerliche Pickles.

FÜR 4 PORTIONEN ZUBEREITUNGSZEIT: 45 MINUTEN

**KOCHUTENSILIEN**

Messer
Schneidebrett
Mörser und Stößel
kleine Bratpfanne
*karahi* oder schwerer Kochtopf

**ZUTATEN**

2 TL Paprikapulver
¾ TL gemahlene Kurkuma
Saft von 1 Limette
600g Steinbutt- oder anderes festfleischiges, weißes Fischfilet, in 4cm große Würfel geschnitten
1 TL schwarze Pfefferkörner
1 TL Koriandersamen
¼ TL Bockshornkleesamen
3 getrocknete rote Chilischoten, 20 Minuten in heißem Wasser eingeweicht, nach Belieben von den Samen befreit
60ml Öl
1 TL Senfkörner
2 EL Curryblätter
1 Zwiebel, fein gehackt
4 Knoblauchzehen, gehackt
4cm Ingwerwurzel, gehackt
250ml Kokosmilch

**zum Garnieren**

1 EL gehackte Cashewkerne, geröstet
1 EL geröstete Kokosraspel

**1** Paprika, Kurkuma und Limettensaft in einer großen Schüssel verrühren. Die Fischwürfel in die Marinade geben und gut durchmischen. Beiseitestellen und die Currypaste zubereiten.

**2** Eine kleine Bratpfanne bei mittlerer Temperatur erhitzen. Pfeffer, Koriander und Bockshornklee darin etwa 1 Minute rösten, bis sie ein warmes, würziges Aroma verströmen.

**3** Die gerösteten Gewürze im Mörser fein zerstoßen. Die eingeweichten Chilischoten, und 2 EL Einweichwasser dazugeben, das Ganze zu einer Paste verarbeiten und beiseitestellen.

**4** Das Öl in einem schweren Topf bei mittlerer Temperatur erhitzen. Die Senfkörner und wenig später die Curryblätter hineingeben und beides etwa 30 Sekunden im heißen Fett schwenken. Danach die Temperatur auf eine niedrige Stufe senken.

**5** Die Zwiebel dazugeben und etwa 5 Minuten braten, ohne dass sie dabei bräunt. Currypaste, Knoblauch sowie Ingwer unterrühren und weitere 2–3 Minuten braten.

**6** Die Fischwürfel mit ihrer Marinade dazugeben. Nach 1 Minute die Kokosmilch angießen. 5 Minuten sanft köcheln lassen, bis der Fisch gar ist. Mit Cashewkernen und Kokosraspeln bestreut servieren.

# Lamm-Samosas

*Samosas,* knusprig frittierte Teigtaschen, sind vielleicht die besten Botschafter der pakistanischen und indischen Küche: Der vielseitige Snack kann die unterschiedlichsten Fleisch- oder Gemüsefüllungen enthalten. Wenn Sie keinen fertigen *samosa*-Teig bekommen, können Sie auch griechischen Filo-, Yufka- oder Strudelteig verwenden.

FÜR 8 PORTIONEN ZUBEREITUNGSZEIT: 45 MINUTEN

**KOCHUTENSILIEN**
kleines Messer
Schneidebrett
kleiner Topf
Sieb
*karahi*
Schaumlöffel

**ZUTATEN**
400 g fertige *samosa*-Teigblätter
Öl zum Frittieren
**für die Füllung**
150 g Kartoffeln
150 g Paste für Hammelcurry (s. S. 129)
400 g Lammhackfleisch

**1** Für die Füllung die Kartoffeln schälen und in 1 cm große Würfel schneiden. In einem Topf Wasser zum Kochen bringen und die Kartoffeln darin 10 Minuten garen. Gründlich abtropfen und abkühlen lassen.

**2** Die Currypaste im *karahi* erhitzen. Das Fleisch unterrühren und 10–20 Minuten auf kleiner Flamme anbraten, dann die Kartoffelwürfel dazugeben. Weitere 2 Minuten unter Rühren braten, dann auf einem Teller abkühlen lassen.

**3** Jeweils einen Esslöffel Füllung mittig auf das Ende eines Teigstreifens geben (Abb. o. l.). Die Ränder mit etwas Wasser anfeuchten, damit sie sich besser schließen lassen. Die Ecke über der Füllung zu einem Dreieck einschlagen (Abb. o. M.), dann den Teig abwechselnd nach rechts und links umklappen, sodass ein dreieckiges Päckchen entsteht (Abb. o. r.). Die fertigen *samosas* mit einem feuchten Tuch abdecken, während die restlichen zubereitet werden.

**4** Frittieröl im *karahi* erhitzen. Die *samosas* portionsweise darin einige Minuten frittieren, bis sie knusprig und goldbraun geworden sind. Mit einem Schaumlöffel herausnehmen und auf Küchenpapier abtropfen lassen. Heiß servieren.

# ROOPA GULATI Lamm-Biryani

Nach Ansicht von Roopa Gulati ist ein *biryani* nicht nur ein Paradebeispiel für die klassische Mogulküche, sondern auch das ultimative Partygericht. Dieses elegante Rezept aus Nordindien kombiniert die Aromen von selbst gemachtem Garam Masala und Basmatireis mit wunderbar zartem Lammfleisch.

FÜR 6–8 PORTIONEN   ZUBEREITUNGSZEIT: 2 STUNDEN, ZZGL. 1 STUNDE ZUM MARINIEREN

**KOCHUTENSILIEN**

Messer
Schneidebrett
Mörser und Stößel
Mixer oder Pürierstab
Reibe
2 große Schmortöpfe
großer Topf
Sieb

**ZUTATEN**

½ TL Safranfäden
¾ TL Kardamomkörner
2 Streifen Muskatblüte
4 Zwiebeln
90ml Öl,
zzgl. Öl zum Frittieren
8cm Ingwer, geschält
6 Knoblauchzehen, fein gehackt
1 TL Cayennepfeffer
Saft von 1 Limette
750g Lammschulter ohne Knochen, in 4cm große Würfel geschnitten
6 grüne Kardamomkapseln
6 schwarze Kardamomkapseln
5cm Zimtstange
½ TL Gewürznelken
2 Lorbeerblätter
1 TL Garam Masala (s.S. 128)
3 grüne Chilischoten, von den Samen befreit, in feine Streifen geschnitten
200ml griechischer Joghurt
450g Basmatireis
1 Handvoll Minze
30g Butter

**1** Die Safranfäden in 2 EL heißem Wasser einweichen.

**2** Im Mörser Kardamomkörner und Muskatblüte fein zerstoßen. Beiseitestellen, bis Reis und Fleisch in die Kasserolle geschichtet werden.

**3** 2 der Zwiebeln in Streifen schneiden, mit etwas Salz bestreuen und 20 Minuten ziehen lassen. Danach gründlich ausdrücken und mit Küchenpapier trocken tupfen. Die Zwiebelstreifen goldbraun frittieren, die Hälfte zum Garnieren zurückbehalten.

**4** Die andere Hälfte in einem Mixer oder mit einem Pürierstab mit 3 EL heißem Wasser fein pürieren (ergibt etwa 2 EL Paste).

**5** Die Hälfte des Ingwers fein reiben und in einer großen Schüssel mit Knoblauch, Cayennepfeffer und Limettensaft vermengen. Die Zwiebelpaste dazugeben und alles mit dem Lammfleisch verrühren. Im Kühlschrank 1 Stunde marinieren.

**6** Die 2 übrigen Zwiebeln würfeln. 90ml Öl in einem großen Schmortopf bei mittlerer Temperatur erhitzen. Die Zwiebelwürfel darin 5 Minuten sanft anbraten, bis sie weich, aber nicht gebräunt sind.

**7** Den übrigen Ingwer in feine Streifen schneiden und beiseitestellen. Grüne und schwarze Kardamomkapseln, Zimt, Nelken und Lorbeer in den Schmortopf zu den Zwiebeln geben und etwa 30 Sekunden anbraten, bis die Gewürze einen warmen, würzigen Duft verströmen.

**8** Das Fleisch samt der Marinade, dann Garam Masala, grüne Chilischoten und die Ingwerstreifen dazugeben. Zu einem schwachen Köcheln bringen, dann esslöffelweise den Joghurt unterrühren. Im geschlossenen Topf etwa 45 Minuten schmoren, bis das Fleisch gar und die Sauce so stark eingekocht ist, dass sie das Fleisch überzieht.

**9** In der Zwischenzeit den Reis mit kaltem Wasser bedeckt 20 Minuten einweichen. Den Backofen auf 160°C vorheizen. 10 Minuten bevor das Fleisch fertig ist, in einem großen Topf Salzwasser zum Kochen bringen. Den Reis abgießen, ins kochende Wasser geben und 5 Minuten kochen, bis er halb gar und noch recht hart ist. In ein Sieb abgießen.

**10** Die Hälfte des Fleischs in einen großen, ofenfesten Schmortopf füllen. Mit der Hälfte des frisch gekochten Reises bedecken und mit der Hälfte der Kardamom-Muskatblüten-Mischung sowie der Hälfte der Minze bestreuen.

**11** Darüber das restliche Fleisch und den restlichen Reis schichten und wiederum mit dem Rest der Gewürze und der Minze bestreuen. Die frittierten Zwiebeln von Schritt 3 und Butterflöckchen darüberstreuen. Zum Schluss das *biryani* mit dem eingeweichten Safran und der Einweichflüssigkeit beträufeln. Den Topf mit einem angefeuchteten Stück Backpapier und einem gut sitzenden Deckel verschließen.

**12** Das *biryani* 40 Minuten im Ofen garen, bis der Reis die Aromen aufgenommen hat und gar ist. Die Reiskörner mit einer Gabel etwas auflockern und das *biryani* heiß direkt aus dem Topf servieren.

# ROOPA GULATI Zimt-Masala-Kofta

Die Küche des Pandschab kennt kaum ein wohltuenderes Essen als dieses: mit feurigen Chilischoten, aromatischen Korianderblättchen und Zimt gewürzte Fleischbällchen in einer wärmenden, würzigen Tomatensauce – und dazu: Reis oder Fladenbrot!

FÜR 4 PORTIONEN ZUBEREITUNGSZEIT: 40 MINUTEN, ZZGL. 30 MINUTEN RUHEZEIT

**KOCHUTENSILIEN**
Messer
Schneidebrett
Reibe
ofenfester Schmortopf

**ZUTATEN**
3 Zwiebeln
7 cm Ingwerwurzel, fein gehackt
2 grüne Chilischoten, nach Belieben von den Samen befreit, fein gehackt
4 EL gehackte Korianderblätter
½ TL Zimtpulver
500 g Lammhackfleisch
1 Ei, leicht verquirlt
90 ml Öl
2 Stücke Zimtstange à 3 cm
1 TL Kurkumapulver
¾ TL Garam Masala (s. S. 128)
1 Dose Tomatenstücke (400 g)
2 EL griechischer Joghurt

**1** Für die Kofta 1 Zwiebel und 3 cm Ingwerwurzel fein würfeln. Mit den Chilischoten, 3 EL Koriander, dem gemahlenen Zimt und dem Fleisch vermengen. Das Ei untermischen, um die Fleischmasse zu binden.

**2** Mit nassen Händen daraus Bällchen von etwa 3 cm Durchmesser formen. Auf einem großen Teller abgedeckt für 30 Minuten kalt stellen.

**3** Das Öl in einem großen, ofenfesten Schmortopf bei mittlerer Temperatur erhitzen. Die Fleischbällchen darin portionsweise 3–5 Minuten scharf anbraten, bis sie rundum gebräunt sind. Herausnehmen und auf einem Teller beiseitestellen, während die Sauce zubereitet wird.

**4** Die verbleibenden beiden Zwiebeln reiben. Die Zimtstangen in dem noch immer auf mittlere Temperatur erhitzten Schmortopf 30 Sekunden anbraten, dann die geriebenen Zwiebeln hineinrühren. Bei reduzierter Temperatur etwa 5 Minuten braten, bis sie weich werden.

**5** Den übrigen Ingwer fein reiben und gemeinsam mit Kurkuma und Garam Masala zu den Zwiebeln geben. Etwa 1 Minute anbraten, dann die Tomatenstücke unterrühren. Etwa 200 ml Wasser dazugeben und alles zum Kochen bringen.

**6** Die angebratenen Fleischbällchen mit ihrem Bratensaft zur Tomatensauce geben. Bei reduzierter Temperatur 20 Minuten köcheln lassen, bis das Fleisch gar ist.

**7** Mit dem Joghurt beträufeln und mit den restlichen Korianderblättern garniert servieren.

# Vadai mit grünem Kokos-Chutney

**Die aus Südindien stammenden *vadai* oder *vada* gibt es in vielerlei Variationen: aus Grieß, Kartoffeln oder wie hier aus Hülsenfrüchten. Genau wie Donuts, denen sie äußerlich ähneln, haben sie eine kuchenartige Konsistenz, allerdings schmecken sie herzhaft und erdig. Das frische Kokos-Chutney bildet dazu einen leckeren Kontrast.**

FÜR 4–6 PORTIONEN ZUBEREITUNGSZEIT: 30 MINUTEN, ZZGL. 2 STUNDEN EINWEICHEN

**KOCHUTENSILIEN**

Sieb
Mörser und Stößel
*karahi* oder schwere Pfanne
Mixer oder Pürierstab
*vadai*-Presse (ersatzweise von Hand formen)

**ZUTATEN**

200 g geschälte, gespaltene Urdbohnen (ersatzweise geschälte grüne Linsen)
1 EL Öl, zzgl. Öl zum Frittieren
3 grüne Chilischoten, von den Samen befreit, fein gehackt
2 Knoblauchzehen, fein gehackt
2 Zwiebeln, fein gehackt
10–12 Curryblätter
300 g gekochte Kichererbsen, abgespült und abgetropft
1 kleines Bund Korianderblätter, gehackt, zzgl. Koriander zum Garnieren
100 g Reis- oder Kichererbsenmehl *(besan* oder *gram)*
2 TL Garam Masala (s. S. 128)
1 TL gemahlener Asant
½ TL Backpulver
Meersalz und schwarzer Pfeffer

**für das Kokos-Chutney**

6 EL frisch geriebene Kokosnuss oder 8 EL Kokosflocken
4 EL geröstete gelbe Spaltlinsen, verlesen und abgespült
6 grüne Chilischoten, nach Belieben von den Samen befreit
1 kleines Bund Koriandergrün
1 cm Ingwer, fein gehackt
1 TL Tamarindenmark, Kernchen entfernt
Meersalz

**für die Würzmischung**

2 TL Öl
1 EL braune Senfkörner
1 TL Kreuzkümmelsamen
1 TL geschälte, gespaltene Urdbohnen (ersatzweise geschälte grüne Linsen), verlesen und abgespült
1 rote Chilischote, nach Belieben von den Samen befreit, in feine Streifen geschnitten
½ TL gemahlener Asant
einige Curryblätter

**1** Die Urdbohnen für die *vadai* in einer Schüssel mit kaltem Wasser bedecken und 2 Stunden einweichen. In ein Sieb abgießen und unter fließendem kaltem Wasser spülen. Abtropfen und vollständig trocknen lassen.

**2** In der Zwischenzeit das Kokos-Chutney zubereiten: Kokosraspel, geröstete Spaltlinsen, Chilischoten, Koriander, Ingwer und Tamarindenmark im Mörser zu einer groben Paste zerstoßen. Gerade so viel Wasser dazugeben, dass die Paste etwas gelockert wird. (Einfacher als mit dem Mörser geht es im Mixer oder mit dem Pürierstab.) Die Paste salzen und in eine kleine Schüssel füllen.

**3** Alle Zutaten für die Würzmischung in dem sehr heißen Öl in einem *karahi* oder einer schweren Pfanne anbraten, bis die Senfkörner anfangen aufzuplatzen. Die Würzmischung zur Kokospaste geben und alles gründlich vermengen.

**4** Das Öl für die *vadai* in einem sauberen *karahi* oder einer schweren Pfanne bei mittlerer Temperatur erhitzen. Die gehackten Chilischoten darin etwa 2 Minuten anbraten, bis sie aromatisch duften. Den Knoblauch dazugeben und etwa 30 Sekunden mitbraten. Zwiebel und Curryblätter hinzufügen und nochmals 4–5 Minuten braten, bis die Zwiebelstückchen weich sind und zu karamellisieren beginnen. Die Pfanne vom Herd nehmen.

**5** Das abgetrocknete *urad dal* mit den Kichererbsen, der Zwiebelmischung und der Hälfte des Korianders im Mixer oder mit dem Pürierstab zerkleinern, bis die Masse fast glatt ist, aber noch etwas Biss hat. In eine Schüssel geben und mit Reis- oder Kichererbsenmehl, Garam Masala, gemahlener Asant, Backpulver und dem übrigen Koriander vermengen, zum Schluss mit Salz und Pfeffer würzen. Der Teig sollte fest genug sein, um ihn zu formen und zu frittieren.

**6** Falls Sie keine *vadai*-Presse benutzen, formen sie die Kringel mit der Hand: Dazu einen Löffel Teig auf eine Handfläche geben, die andere Hand mit etwas Wasser befeuchten und den Teig möglichst rasch und mit leichter Hand zu einer etwa 4 cm großen Scheibe flach drücken. Auf ein Stück Frischhaltefolie setzen, dann den Rest des Teigs verarbeiten. Zum Schluss mit dem kleinen Finger ein Loch in die Mitte aller Teigstücke drücken. Falls Sie einen *vadai*-Former benutzen, den Teig einfach hineinfüllen und formen.

**7** In der Zwischenzeit in einem großen, schweren Topf genügend Öl zum Frittieren auf 180 °C erhitzen. (Zur Probe etwas Teig in das Öl geben: Es sollte sofort brutzeln und der Teig innerhalb von 40 Sekunden braun werden.) Die *vadai* portionsweise mit genügend Abstand im Topf 2–3 Minuten frittieren, bis sie rundum knusprig und goldbraun sind. Heiß mit dem frischen, in einem Schälchen angerichteten Kokos-Chutney servieren.

# Fruchtiges Lassi

Indisches *lassi* ist viel mehr als nur irgendein Getränk: Der Joghurt-Mix kühlt und erfrischt und nimmt einem scharfen Curry das Feuer. Einfaches *lassi* besteht nur aus Joghurt, Wasser, Salz oder Zucker und einer Prise Kardamom. Viel beliebter sind jedoch mittlerweile auch bei uns Frucht-*lassis.* Wenn Sie dafür keinen selbst gemachten Joghurt verwenden, empfiehlt sich ein milder Bio-Joghurt mit lebenden Kulturen. Hinzu kommen pürierte Mangos sowie Lychee- oder Jackfrüchte aus der Dose, die man im Asialaden findet.

Für 4 Portionen *lassi* brauchen Sie mindestens 650g Mangofruchtfleisch bzw. konservierte Lychees oder Jackfrüchte im eigenen Saft. Etwas Obst zum Garnieren beiseitelegen, den Rest pürieren, die Dosenfrüchte mitsamt dem Saft. In einer großen Schüssel 500ml Naturjoghurt cremig aufschlagen und dann mit dem pürierten Obst vermengen. Vor dem Servieren gründlich kühlen. In große Gläser gießen, etwas zerstoßenes Eis dazugeben, nach Belieben mit etwas Milch verdünnen und mit kleinen Obststücken garnieren. Für säuerliches südindisches *lassi* verwendet man statt Joghurt Buttermilch.

# CAMELLIA PANJABI Safran-Kardamom-Kulfi

Das indische Lieblingsdessert, *kulfi*, wird traditionell mit langsam auf kleiner Flamme eingekochter Milch hergestellt. Viel einfacher geht es natürlich mit Kondensmilch. Unser Rezept stammt von Camellia Panjabi, einer der bekanntesten indischen Kochbuchautorinnen, die zugleich die indische Restaurantkette »Masala Zone« in Großbritannien leitet.

FÜR 4 PORTIONEN ZUBEREITUNGSZEIT: 15 MINUTEN, ZZGL. ZEIT ZUM GEFRIEREN

**KOCHUTENSILIEN**
*kulfi*-Förmchen
schwerer Topf
Holzlöffel

**ZUTATEN**
820g Kondensmilch
4 EL Zucker
3 grüne Kardamomkapseln
12 Safranfäden
3 EL Crème double
2 Blatt essbares Blattsilber (nach Belieben)

**1** Die Kondensmilch in einen schweren Topf gießen. Zucker und Kardamom dazugeben und auf kleiner Flamme 10 Minuten kochen, dabei unablässig mit einem Holzlöffel über Boden und Wände des Topfes fahren.

**2** Vom Herd nehmen, die Kardamomkapseln herausnehmen, dafür den Safran unterrühren. Abkühlen lassen. Die Crème double unterrühren.

**3** In die Förmchen füllen und 4–5 Stunden gefrieren lassen.

**4** Die Förmchen kurz in heißes Wasser tauchen, dann öffnen und das *kulfi* auf Teller stürzen. Nach Belieben mit Blattsilberstreifen dekorieren.

# Thailand, Vietnam, Laos, Burma und Kambodscha

Vor etwa 3000 Jahren, mit der Entstehung der Seidenstraße und diverser Gewürzrouten, etablierte sich auch der Handel zwischen Indien und China. Die damals in Indochina und den angrenzenden Regionen einsetzende Vermischung von Indern und Chinesen mit den einheimischen Völkern brachte in kulinarischer Hinsicht eine faszinierende Vielfalt hervor. Oftmals verbinden sich scharfe, süße, saure und würzige Aromen in einem einzigen Gericht.

1
2
3
4
5
6
7
8
9
10
11

# Thailand, Vietnam, Laos, Burma und Kambodscha

**Kunstvoll aufeinander abgestimmte frische Kräuter und Würzzutaten, häufig zu einer Paste zerrieben, in etwas Öl angebraten und kombiniert mit Kokosmilch, Tamarindensaft oder Brühe – das ist das Markenzeichen der thailändischen Küche. Ihre berühmten roten und grünen Currys schmecken einzigartig leicht und frisch. Aber auch *satay*-Spieße, Fisch- und Garnelenküchlein, leckere Suppen und exotische Salate mit Limetten und Zitronengras haben das ihre zur weltweiten Beliebtheit der Thai-Küche beigetragen – zumal Obst und Gemüse häufig als wunderschöne essbare Kunstwerke präsentiert werden.**

Die Küche Kambodschas spiegelt chinesische und thailändische Einflüsse wider und verwendet, genau wie die Küche von Laos, viel Klebreis. Der Mekong sorgt für ein reiches Angebot an Fisch und Krustentieren. Zusammen mit Gemüse und Geflügel sind das die wichtigsten Zutaten für die Küche der Khmer. Rind- und Schweinefleisch werden dagegen nur selten verwendet, auch Hammel und Lamm findet man außerhalb der Städte und Touristenlokale kaum. Die Landbevölkerung ernährt sich hauptsächlich von Nudelgerichten mit Fisch, Geflügel und Wild. Dazu gehören auf jeden Fall ein scharfer Chilidip und Fischsauce. Wildpilze und Blattgemüse aus dem Dschungel finden in vielen Salaten Verwendung. Die einfachen Desserts basieren meist auf Kokosmilch, Bananen, Mangos und anderen tropischen Früchten.

In Burma dreht sich alles um den perfekt gekochten, lockeren Reis. Zu einem typischen Essen gehören außerdem eine scharf-saure Suppe, Fisch- und Geflügelcurry, Glasnudeln, frische Salate aus einheimischem Blattgemüse, verschiedene Pickles und Dips. Unverzichtbar ist *balauchaung*, ein Dip aus Garnelenpaste, Chilischoten, Limettensaft und getrockneten Garnelen. Viele Speisen werden kaum gegart, Salate, Pickles und andere rohe Gerichte dominieren.

Die Küche Vietnams ist eine ausgefallene Mischung aus chinesischen, thailändischen und französischen Einflüssen. Zwar sind Reis und Nudeln die Grundnahrungsmittel, aber nicht selten bekommt man zu einem pfannengerührten Gericht auch französisches Baguette serviert. Berühmt sind die aromatischen vietnamesischen Rindfleischsuppen, als Markenzeichen der Landesküche aber gelten die Nudeln. Kein Wunder also, dass *pho bo*, eine mit Zimt, Koriander und Pfeffer fein abgeschmeckte Rindfleisch-Nudelsuppe der Inbegriff der vietnamesischen Küche ist. Genau wie die Thais lieben auch die Vietnamesen Salate, aber darunter darf man sich nicht einfach ein paar grüne Blätter vorstellen: Aus Kohl, Möhren, Sellerie, Obst, gedämpftem Hähnchenfleisch, Erdnüssen, Chilischoten, Minze, Koriandergrün und einem Sesamöl-Limettensaft-Dressing ensteht eine herrlich gesunde Mahlzeit voller lebhaft prickelnder Aromen.

**LINKS** **1** Galgant **2** Thai-Mango **3** Zitronengras **4** Koriander **5** Tulsi **6** rote Chilischoten **7** Jamswurzel **8** Limetten **9** Thai-Auberginen **10** Kaffirlimettenblätter **11** Vogelaugen-Chilischoten
**UNTEN** **1** Reispapierblätter **2** schwarzer Reis **3** Kokosmilch **4** Fischsauce **5** Garnelenpaste **6** Erdnüsse **7** getrocknete Garnelen **8** Reisnudeln **9** Palmzucker

# Blätter und andere natürliche Speisebehälter

In vielen Teilen Asiens werden heimische Pflanzen geschickt genutzt, um Essen einzuwickeln, aufzuspießen, zu garen oder anzurichten. Dieses natürliche »Geschirr« ist aber nicht nur nützlich, es verleiht den in ihm zubereiteten oder servierten Gerichten auch ganz eigene, feine Geschmacksnoten. Seit in vielen westlichen Ländern Asiaten leben, sind die einstmals exotischen Zutaten auch bei uns leichter zu bekommen. In ihren Ursprungsländern gab es sie natürlich schon lange Zeit, bevor der erste Metalltopf in Erscheinung trat.

**1 BANANENBLÄTTER**
Da sie so groß werden wie ein Regenschirm, extrem biegsam sind und ein feines Aroma verströmen, eignen sich Bananenblätter bestens, um größere Zutaten wie einen ganzen Fisch darin einzuwickeln und zu dämpfen, zu schmoren oder zu grillen. Gleichzeitig sind die Blätter auch recht stabil, sodass sie in Indien und Südostasien gerne als Einweggeschirr verwendet werden. Bei uns bekommt man sie am ehesten getrocknet und gefaltet. Man weicht sie vor Gebrauch kurz in heißem Wasser ein.

**2 ANANASHÄLFTEN**
Thailändische Köche verstehen es geschickt, das Fleisch der saftig-süßen Tropenfrucht als Zutat und ihre Schale als Serviergefäß zu verwenden, die dem Gericht auf geradezu magische Weise zusätzlichen Pfiff verleiht. Die zweite Hälfte der Ananas dient dann als Deckel, der das Gericht warm hält.

**3 ZITRONENGRAS**
Normalerweise sind die harten, betörend duftenden Stängel höchstens einen Zentimeter dick, richtig üppige Exemplare erreichen aber auch doppelt so viel. Die harten Hüllblätter entfernt man, das Innere lässt sich wunderbar als aromatischer Spieß für Hackfleisch oder Meeresfrüchte verwenden. Wenn man das verdickte untere Ende, in dem der meiste Geschmack sitzt, weich klopft und einschneidet, wird daraus ein Grillpinsel mit natürlichem Zitrusaroma. Man kann diesen Teil aber auch füllen und selbst grillen. Zum Würzen zerstößt man die untere Partie der Stängel meist zusammen mit anderen Geschmackszutaten zu Currypaste.

**4 KÜRBIS**

In Thailand höhlt man kleinere Kürbisse aus und füllt sie mit einer Mischung aus Eiern, Kokosmilch und Zucker. Dann werden sie goldbraun gebacken, bis ihr Fleisch weich und süß ist und eine wunderbare Ergänzung zu der Kokos-Eier-Creme im Inneren abgibt. Größere Kürbisse kann man in Spalten schneiden und ebenfalls füllen. Die Indonesier verwenden Kürbisse als Servierschalen für fruchtige Currys.

**5 PANDANBLÄTTER**

Die etwa 35 Zentimeter langen, dunkelgrünen Blätter von *Pandanus tectorius,* einem Gewächs aus der Familie der Schraubenbäume, verströmen einen markanten Vanilleduft. Blanchiert und in Streifen geschnitten kann man sie zu kleinen Schälchen für Kokos-Reismehl-Pudding falten oder vor dem Frittieren um würzige Hähnchenstücke und Garnelen wickeln. Die gehackten Reste der Blätter streut man über Reis und Currys. In Indien dient mit Pandanblättern aromatisiertes Wasser dazu, Gerichte gegen Ende der Garzeit zu würzen. Frische Pandanblätter halten sich im Gemüsefach des Kühlschranks etwa zwei Wochen.

**6 BAMBUSBLÄTTER**

Die etwa 25 Zentimeter langen und 10 Zentimeter breiten, spitz zulaufenden Blätter werden oft getrocknet angeboten. So sind sie lange haltbar, müssen allerdings vor Gebrauch in heißem Wasser eingeweicht werden. Man verwendet sie als Hülle für Reisklößchen, denen sie ein sehr spezielles Aroma verleihen, das an getrocknete Maisblätter erinnert.

# In Bananenblättern gedämpfte Fischküchlein

**Diese meist als Vorspeise servierten thailändischen Fischküchlein sind so verführerische Aromawunder, dass sie auch als Hauptgang nicht enttäuschen – zumal sie in ihren Bananenblattschiffchen auch noch toll aussehen.**

ERGIBT 8 STÜCK  ZUBEREITUNGSZEIT: 45 MINUTEN

**KOCHUTENSILIEN**
Küchenbeil
oder scharfes Messer
Schneidebrett
Mixer oder Pürierstab
Mörser und Stößel
Zahnstocher
Dämpftopf
hitzebeständiger Teller

**ZUTATEN**
8 frische Bananenblätter
je 25 × 25 cm groß
500 g weißes Fischfilet,
z. B. Kabeljau oder Heilbutt
2 EL Fischsauce (z. B. *nam pla*)
2 EL frisch gepresster Limettensaft
1 TL Zucker
2 Eier, leicht verquirlt
4 EL dickflüssige Kokosmilch
oder Kokoscreme
Gurkenscheiben zum Servieren

**für die Gewürzpaste**
1 EL frisch geriebener Ingwer
2 rote Chilischoten, Samen nach Belieben entfernt
1 TL gemahlene Kurkuma
1 Zwiebel
2 Stängel Zitronengras, nur die unteren 5 cm, geschält
1 EL gemahlener Koriander
1 TL Garnelenpaste

**zum Garnieren**
4 EL Kokoscreme
2 Kaffirlimettenblätter, in feine Streifen geschnitten
1 rote Chilischote, in feine Ringe geschnitten

**Bananenblattboote falten 1** Mithilfe eines Tellers oder einer Pappschablone etwa 15 cm große Kreise aus den Bananenblättern schneiden. **2** Eine Seite des Kreises nach oben falten, die Ecken einschlagen und mit Zahnstochern befestigen. **3** Die zwei angrenzenden Seiten ebenfalls nach oben falten und wiederum die Ecken einschlagen und feststecken. **4** Die letzte Seite nach oben falten, sodass eine kleine, sich nach oben etwas verjüngende Schale mit flachem Boden entsteht. Mit Zahnstochern fixieren.

**1** Die Fischfilets hacken, dann im Mixer oder mit dem Pürierstab sehr fein zerkleinern.

**2** Die Zutaten für die Gewürzpaste mit Mörser und Stößel zu einer dicken Paste verarbeiten und unter den Fisch mixen.

**3** Die Mischung in eine Schüssel geben. Fischsauce, Limettensaft und Zucker sorgfältig unterrühren. Anschließend die verquirlten Eier und die Kokosmilch oder -creme dazugeben. Alles zu einer homogenen Masse verrühren.

**4** Die harten Teile der Bananenblätter abschneiden. Die Blätter 1 Minute in kochendem Wasser blanchieren, um sie biegsamer zu machen. Gründlich abtropfen lassen, dann nach der Beschreibung oben acht Boote falten. 2 EL Fischmasse in die Mitte jedes Bootes setzen.

**5** Die Boote auf einem leicht geölten Teller je nach Größe portionsweise in den Dämpfbehälter stellen und über kochendem Wasser im geschlossenen Topf etwa 10 Minuten dämpfen, bis die Fischküchlein gar sind.

**6** Vor dem Servieren etwas Kokoscreme auf jedes Küchlein träufeln und mit Kaffirlimettenblättern und Chilischote garnieren. Dazu in Scheiben geschnittene Salatgurken servieren.

**Tipps** Wenn Sie keine Bananenblätter bekommen können, füllen Sie die Fischmasse stattdessen in leicht gefettete Auflaufförmchen und dämpfen sie mit Alufolie abgedeckt 15 Minuten. Man kann die Küchlein aber auch backen oder unter dem heißen Backofengrill garen. Gelbe Currypaste (s. S. 186) ist eine Alternative zur hier beschriebenen Gewürzpaste.

# CHEF CHANG Gebratener Reis in der Ananas

Die internationale Restaurantkette »Blue Elephant« ist nicht nur für ihr an tropische Gewächshäuser erinnerndes verführerisches Ambiente bekannt, sondern vor allem für die hier gepflegte königliche Thai-Küche. Chefkoch Chef Chang hat dieses Rezept von seiner Großmutter, einer Hofdame der thailändischen Königin. Die aufwendige Sauce des Originalrezepts haben wir hier mithilfe eines Brühwürfels vereinfacht.

FÜR 2 PORTIONEN ZUBEREITUNGSZEIT: 35 MINUTEN, ZZGL. 1 NACHT KÜHLZEIT

**KOCHUTENSILIEN**

Reiskocher
Küchenbeil
kleines Allzweckmesser
Schneidebrett
Wok und Kelle

**ZUTATEN**

200g Jasminreis
1 möglichst große, frische Ananas
4 EL Erdnussöl
2 große Eier
60g gemischte Würfel von roten, gelben und grünen Paprikaschoten
2 EL fein gewürfelte Möhre
2 EL fein gewürfelte milde Zwiebeln
60g geschälte, entdarmte, gegarte kleine Garnelen
60g ausgelöstes Krebsfleisch
1 TL Salz
½ TL gemahlener weißer Pfeffer
½ TL Zucker
1 Würfel für Fisch- oder Gemüsebrühe, in 2 EL Wasser aufgelöst
2 Frühlingszwiebeln, in feine Ringe geschnitten
2 EL fein gehackte Salatgurke
2 EL gehackte reife Tomate
frische Korianderblätter zum Garnieren (nach Belieben)

**1** Den Reis im Reiskocher garen. Rasch abkühlen lassen und über Nacht kalt stellen.

**2** Die Ananas längs halbieren. Mit einem kleinen Messer 1cm von der Schale entfernt ringsum tief einschneiden, dann mehrere quer und längs laufende Schnitte durch das Fruchtfleisch machen. Die Ananasstückchen herauslösen und anderweitig verwenden. Mit einem Löffel das übrige Fruchtfleisch herauslösen, bis sich aus den Ananashälften zwei tiefe ovale Schalen gebildet haben.

**3** Mit einer Gabel den Reis sehr gründlich auflockern. Das Öl im Wok stark erhitzen. Die Eier in den Wok aufschlagen und leicht verquirlen. Den Reis dazugeben und alles 2 Minuten pfannenrühren.

**4** Paprika, Zwiebel, Möhre, Garnelen und Krebsfleisch dazugeben und nochmals 1 Minute pfannenrühren. Mit Salz und Pfeffer sowie Zucker abschmecken und den aufgelösten Brühwürfel dazugeben. Die Frühlingszwiebeln darüberstreuen und rasch unterrühren, dann den Wok vom Herd ziehen.

**5** Den gebratenen Reis vorsichtig in die Ananashälften löffeln. Gurken- und Tomatenwürfel darüberstreuen. Nach Belieben mit Koriandergrün garnieren und sofort servieren.

# Klößchen im Bambusblatt

**Obwohl diese Klößchen aus China stammen, sind sie mittlerweile im gesamten indochinesischen Raum verbreitet – wobei jede Region und jeder Snackverkäufer andere Vorstellungen von der würzigen Füllung hat. Getrocknete Bambusblätter bekommen Sie im Asialaden oder über das Internet.**

FÜR 4 PORTIONEN ZUBEREITUNGSZEIT: 2 STUNDEN, ZZGL. 1 NACHT ZUM EINWEICHEN DES REISES

**KOCHUTENSILIEN**

Küchenbeil
Schneidebrett
kleiner Topf
Sieb
Mörser und Stößel
Wok mit Kelle
Küchengarn
großer Topf
Holzzange

**ZUTATEN**

400g mageres Schweinefleisch, in 1cm große Würfel geschnitten
3 EL fein gehackte Zwiebel
2 EL fein gehackter Knoblauch
2 EL Erdnussöl
2 EL gemahlener Koriander
1 EL gemahlener Kreuzkümmel
1 EL Zucker
2 TL Salz
Bambusblätter
800g Klebreis, über Nacht eingeweicht

**1** Das Fleisch etwa 1–2 Minuten in kochendem Wasser vorgaren, dann abtropfen lassen.

**2** Zwiebel und Knoblauch mit Mörser und Stößel fein zerkleinern. Das Öl bei mittlerer Temperatur im Wok erhitzen, die Zwiebelmischung darin 4 Minuten anbraten. Das Fleisch dazugeben und 2 Minuten pfannenrühren. Koriander, Kreuzkümmel, Zucker und Salz darüberstreuen und weitere 2 Minuten pfannenrühren. Mit 200ml Wasser ablöschen. Bei hoher Temperatur kochen, bis das Wasser fast vollständig verdampft, die Mischung aber noch saftig ist. Auf einer Platte abkühlen lassen.

**3** Die Bambusblätter in kochendem Wasser blanchieren, um sie geschmeidig zu machen, dann abtropfen lassen. Den eingeweichten Klebreis ebenfalls abtropfen lassen.

**4** Ein Bambusblatt auf die Hälfte zusammenfalten und mit den beiden langen Blattrückseiten einen dreieckigen Behälter formen. 1 EL Reis hineingeben, 1 EL Füllung hineindrücken und mit 1 EL Reis bedecken. Die beiden Blattspitzen darüberfalten, sodass ein pyramidenförmiges Päckchen entsteht. Fest zusammendrücken und mit Küchengarn zusammenbinden, dabei ein mindestens 20cm langes Stück Garn stehen lassen.

**5** In schwach köchelndem Wasser 1 Stunde garen. Mithilfe der Schnur herausnehmen. Die Schnur entfernen, die Klößchen im Bambusblatt servieren, das Blatt jedoch nicht mitessen.

# Würziges Hähnchenfleisch in Pandanblättern

Die in Thailand *toei* genannten Pandanblätter werden nicht nur, wie hier, als Umhüllung, sondern auch als Gewürz verwendet. Ihr starker Duft erinnert etwas an Vanille. Beim Auspressen der Blätter, die man frisch in vielen Asialäden bekommt, gewinnt man einen dicken, jadegrünen Saft.

ERGIBT 15 STÜCK ZUBEREITUNGSZEIT: 20 MINUTEN, ZZGL. 30 MINUTEN ZUM MARINIEREN

**KOCHUTENSILIEN**

scharfes Messer
Schneidebrett
Zahnstocher
Wok und Schaumlöffel

**ZUTATEN**

500g Hähnchenbrustfilet
2 EL gelbe Currypaste (s. S. 186)
2 EL Fischsauce (z.B. *nam pla*)
1 EL frisch gepresster Limettensaft
1 TL Zucker
etwa 8 Pandanblätter
Erdnussöl zum Frittieren

**1** Das Fleisch in 15 etwa 4cm große Würfel schneiden. Currypaste, Fischsauce, Limettensaft und Zucker in einer großen Glas- oder Porzellanschale mit dem Fleisch vermengen, bis es rundum mit der Marinade überzogen ist. Abdecken und 30 Minuten im Kühlschrank ziehen lassen.

**2** Die Pandanblätter in 15 Streifen schneiden (etwa 15cm lang und 4cm breit). Je 1 Blatt um 1 Fleischstreifen wickeln, sodass sich die Blattstücke überlappen. Die Enden zu einer dreieckigen Form anziehen und mit einem Zahnstocher feststecken. Überstehende Blattenden abschneiden.

**3** Genügend Öl zum Frittieren im Wok erhitzen. Die Fleischpäckchen darin portionsweise 5–6 Minuten frittieren. Mit einem Schaumlöffel herausheben und auf Küchenpapier abtropfen lassen.

**4** Das Fleisch nach Belieben in den Päckchen servieren oder auswickeln und auf einer vorgewärmten Platte anrichten. Die Blätter sind nicht zum Verzehr gedacht.

# Südostasiatische Mörser und Stößel

Diese beiden Sets aus Mörser und Stößel unterscheiden sich nicht nur aus ästhetischen Gründen, sie werden auch ganz unterschiedlich verwendet: Das einzigartig geformte Terrakottamodell dient zum Zerreiben feiner, frischer Kräuter und Salatgewürze. In der stabileren Version aus Granit zerstampft man feste Zutaten für Currypasten, etwa Kukui-Nüsse, Galgant und Knoblauch.

2

**1 MÖRSER UND STÖSSEL AUS GRANIT**
Ein Granitmörser kann auch kräftigem Stampfen und Reiben widerstehen, wenn es darum geht, feine, frische Currypasten herzustellen. Dazu bereitet man alle Zutaten vor und stellt sie in einzelnen Schälchen bereit. Die Ingredienzen sollten sich trocken anfühlen. Man beginnt mit den trockensten wie Kukui-Nüssen, bevor man zu denen übergeht, die beim Zerstampfen Saft abgeben. Alle Zutaten werden nach und nach zugegeben und dann mit kräftigen, regelmäßig kreisenden Bewegungen gegen Boden und Wände des Mörsers gerieben. Zwischendurch löst man die Paste mit einem Löffel von den Wänden.

1

**2 MÖRSER AUS TERRAKOTTA UND STÖSSEL AUS HOLZ**
Zu diesem hohen Terrakottamörser gehört ein etwa 30 Zentimeter langer Stößel aus Holz. Mit ihm lassen sich eher feine Zutaten sanft zerdrücken als harte mahlen. Weil der Mörser so groß ist, kann man in ihm nicht nur die Zutaten für ein Dressing zerkleinern, man kann sogar den Salat darin anmachen. Nach Gebrauch wird er mit heißem Wasser ausgespült, dann muss er gründlich trocknen. So überlebt er mehrere Generationen.

# Thailändische Currypasten

Die Zubereitung von Curry- und Gewürzpasten folgt eigentlich immer den gleichen Regeln, nur die Zutaten unterscheiden sich. Im Granitmörser hergestellte Pasten sind die Grundlage aller Currys und würzigen Beilagen. Anders als mit einem elektrischen Mixer oder Pürierstab gelingen die Pasten mit Mörser und Stößel ganz nach Belieben grob, fein oder glatt, außerdem kann man die Mengen der einzelnen frischen Zutaten ganz fein aufeinander abstimmen. Das dauert zwar etwas länger, verleiht dem Curry aber ein unvergleichliches Aroma.

## Masaman-Currypaste

Diese Paste stammt aus Südthailand, wo viele Moslems leben. Sie verbindet thailändische und malaysische Einflüsse.

ERGIBT ETWA 200G PASTE

(Abb. S.187)

**Tipp** Ein Esslöffel frische Paste ist ausreichend für 500g Fleisch, Geflügel, Fisch oder Meeresfrüchte.

**ZUTATEN**

2 EL gemahlener Koriander
1 EL gemahlener Kreuzkümmel
1 TL gemahlene Kurkuma
1 EL Cayennepfeffer
2 EL gehackte Zwiebeln
4 Knoblauchzehen, gehackt
4 feine Scheiben Galgant, gehackt
1 EL Garnelenpaste
120ml Öl

**1** Koriander, Kreuzkümmel, Kurkuma und Cayennepfeffer in einer Pfanne ohne Fett bei milder Hitze 8 Minuten rösten.

**2** Zwiebeln, Knoblauch, Galgant und Garnelenpaste mit Mörser und Stößel zu einer feincremigen Paste verarbeiten und mit den gerösteten Gewürzen vermengen.

**3** Das Öl in einer Pfanne erhitzen, die Paste darin bei mittlerer bis niedriger Temperatur 10 Minuten unter ständigem Rühren anbraten. Der Großteil des Öls wird dabei aufgenommen. Sobald das Öl wieder auszutreten beginnt, ist die Paste fertig.

**4** Vom Herd nehmen und abkühlen lassen. In einem luftdicht schließenden Behälter im Kühlschrank aufbewahren.

# Grüne Currypaste

**Grünes Thai-Curry ist so etwas wie ein thailändisches Nationalgericht. Der aromatische Mix aus Kräutern und Gewürzen in Verbindung mit Fleisch, Geflügel oder Fisch verhilft ihm weltweit zu einer wachsenden Fangemeinde.**

ERGIBT ETWA 200G PASTE

**ZUTATEN**
- 2 Stängel Zitronengras, von den harten Hüllblättern befreit, grob gehackt
- 2 Scheiben Galgant, etwa 5mm dick, gehackt
- 4 grüne Chilischoten, nach Belieben von den Samen befreit, grob gehackt
- 3 EL gehackte Korianderblätter, -wurzeln und -stängel
- 1 TL schwarze Pfefferkörner
- 1 EL Garnelenpaste
- 3 Kaffirlimettenblätter
- 2 EL gehackte Zwiebeln
- 4 Knoblauchzehen, gehackt
- 120ml Öl

**1** Zitronengras, Galgant, Chilischoten und Koriander mit Mörser und Stößel zu einer Paste verarbeiten. Die übrigen Zutaten mit Ausahme des Öls nach und nach dazugeben und alles zerstoßen, bis die Konsistenz fast cremig geworden ist.

**2** Das Öl in Wok oder Pfanne erhitzen. Die Paste darin bei mittlerer bis niedriger Temperatur 10 Minuten unter ständigem Rühren anbraten. Der Großteil des Öls wird dabei aufgenommen. Sobald das Öl wieder auszutreten beginnt, ist die Paste fertig.

**3** Vom Herd nehmen und abkühlen lassen. Die Currypaste in einem luftdicht schließenden Behälter im Kühlschrank aufbewahren.

# Gelbe Currypaste

**Genau wie malayische und burmesische Currys verwendet auch diese unverwechselbare Paste viel Kurkuma.**

ERGIBT ETWA 220G PASTE

**ZUTATEN**
- 6 getrocknete rote Chilischoten
- 2 EL gemahlener Koriander
- 1 TL gemahlener Kreuzkümmel
- 50g frische Kurkuma oder 1 TL gemahlene Kurkuma
- 1 große Zwiebel, in Scheiben geschnitten
- 2 Stängel Zitronengras, von den harten Hüllblättern befreit, grob gehackt
- 1 EL gehackter Galgant
- 4 Knoblauchzehen, gehackt
- 1 EL Garnelenpaste
- 1 TL Salz
- 120ml Öl

**1** Die Chilischoten in heißem Wasser einweichen, abgießen, klein schneiden, dabei nach Belieben die Samen entfernen. Koriander und Kreuzkümmel in einer Pfanne ohne Fett bei milder Hitze 8 Minuten rösten.

**2** Die Chilischoten und die übrigen Zutaten mit Ausnahme von gerösteten Gewürzen, Salz und Öl im Mörser zerstoßen, bis eine feine, cremige Paste entstanden ist. Mit den gerösteten Gewürzen und Salz vermengen.

**3** Das Öl in Wok oder Pfanne erhitzen. Die Paste darin bei mittlerer bis niedriger Temperatur 10 Minuten unter ständigem Rühren anbraten. Der Großteil des Öls wird dabei aufgenommen. Sobald das Öl wieder auszutreten beginnt, ist die Paste fertig.

**4** Vom Herd nehmen und abkühlen lassen. Die Currypaste in einem luftdicht schließenden Behälter im Kühlschrank aufbewahren.

# Rote Currypaste

**Die rote Currypaste verdankt ihre Popularität ihrer vielfältigen Verwendbarkeit.**

ERGIBT ETWA 220G PASTE

**ZUTATEN**
- 10 getrocknete rote Chilischoten
- 2 EL gemahlener Koriander
- 1 TL gemahlener Kreuzkümmel
- 1 TL schwarze Pfefferkörner
- 1 Zwiebel, in Scheiben geschnitten
- 2 Stängel Zitronengras, von den harten Hüllblättern befreit, grob gehackt
- 1 EL gehackter Galgant
- 4 Knoblauchzehen, gehackt
- 4 Kaffirlimettenblätter, in Streifen geschnitten
- 1 EL Garnelenpaste
- 1 TL Salz
- 120ml Öl

**1** Die Chilischoten in heißem Wasser einweichen, dann abgießen und klein schneiden, dabei nach Belieben die Samen entfernen. In der Zwischenzeit Koriander und Kreuzkümmel in einer Pfanne ohne Fett bei geringer bis mittlerer Hitze 8 Minuten rösten.

**2** Chilischoten, Pfeffer, Zwiebel, Zitronengras und Galgant mit Mörser und Stößel zu einer Paste verarbeiten. Nach und nach Knoblauch, Kaffirlimettenblätter und Garnelenpaste dazugeben. Alles zerstoßen, bis die Konsistenz fein und cremig ist. Mit den gerösteten Gewürzen und Salz mischen.

**3** Das Öl erhitzen. Die Paste bei mittlerer bis niedriger Temperatur 10 Minuten unter ständigem Rühren anbraten. Der Großteil des Öls wird dabei aufgenommen. Sobald das Öl wieder auszutreten beginnt, ist die Paste fertig.

**4** Vom Herd nehmen und abkühlen lassen. Die Currypaste in einem luftdicht schließenden Behälter im Kühlschrank aufbewahren.

Grüne Currypaste
Masaman-Currypaste
Gelbe Currypaste
Rote Currypaste

# DAVID THOMPSON
## Grünes Curry mit Fischklößchen

Der Australier David Thompson genießt die seltene Ehre, von der Regierung Thailands offiziell als »Leading Expert on Royal Thai Cuisine« anerkannt zu werden. Unser Rezept stammt von der Karte seines Londoner Restaurants »Nahm«, dem ersten Thai-Restaurant in Europa mit Michelin-Stern. Für die Klößchen kann man auch eine fetthaltigere Fischart verwenden, allerdings muss man dann die Sauce geschmacklich etwas darauf abstimmen.

FÜR 4 PORTIONEN ZUBEREITUNGSZEIT: 30 MINUTEN

**KOCHUTENSILIEN**
Küchenbeil
Schneidebrett
Mörser und Stößel
Suppentopf
Drahtsieb
Kochtopf

**ZUTATEN**
**für die Klößchen**
3 Korianderwurzeln, gehackt
1 Prise Salz
1 EL gehackter Krachai
5 weiße Pfefferkörner
200 g Filets vom Hecht, Zander oder Seeteufel
2 EL Fischsauce (z. B. *nam pla*) oder helle Sojasauce
etwas Palmzucker
1 Stängel Zitronengras, weich geklopft
**für das Curry**
500 ml Kokoscreme
3 EL grüne Currypaste (s. S. 186)
etwas Hühnerbrühe oder zusätzliche Kokosmilch
Fischsauce (z. B. *nam pla*) zum Abschmecken
Vogelaugen-Chilischoten, zum Abschmecken
500 ml Kokosmilch
3–4 Thai-Auberginen, geviertelt
2 Kaffirlimettenblätter
einige lange rote und grüne Chilischoten, von den Samen befreit, in feine Streifen geschnitten, zum Garnieren
1 Handvoll frische Thai-Basilikumblätter
in feine Streifen geschnittener Krachai zum Garnieren

**1** Die Korianderwurzeln für die Klößchen mit etwas Salz, dem gehackten Krachai und den Pfefferkörnern im Mörser fein zerstoßen. In eine große Schüssel geben, Mörser und Stößel reinigen.

**2** Den Fisch in den Mörser geben und zu einer glatten Masse verarbeiten. Zu der Würzpaste in die Schüssel geben, alles vermengen und zu einer Kugel formen. Die Kugel mehrfach aufnehmen und wieder in die Schüssel werfen, damit sich die Aromen entfalten und das Fleisch sich festigt. Mit etwas Fisch- oder Sojasauce und Palmzucker würzen.

**3** Mit den Fingerspitzen etwa 2 cm große Klößchen formen. In einem großen Topf Salzwasser zum Kochen bringen, das Zitronengras dazugeben. Die Temperatur senken, die Klößchen (nach Bedarf portionsweise) einlegen und etwa 2 Minuten sanft pochieren. In einem Sieb abtropfen lassen und beiseitestellen.

**4** In der Zwischenzeit die Kokoscreme erhitzen und so lange kochen, bis sich das Fett absetzt. Die Temperatur auf eine mittlere Stufe senken und die Currypaste unterrühren. 4 Minuten köcheln lassen, dann falls nötig etwas Hühnerbrühe oder zusätzliche Kokosmilch zugeben, bis das Curry eine rührei-artige Konsistenz annimmt. Mit etwas Fischsauce und Chilischoten abschmecken.

**5** Die Kokosmilch einrühren und erneut zum Kochen bringen. Die Auberginen dazugeben und 3 Minuten kochen. Kurz vor dem Servieren die Klößchen, Kaffirlimettenblätter, grüne und rote Chilischotenstreifen, Thai-Basilikum und die Krachai-Streifen dazugeben. Heiß servieren.

# Hähnchencurry mit Zitronengras

**Dieses hocharomatische, mit Zitronengras, Thai-Basilikum und Kaffirlimettenblättern frisch gewürzte Gericht steht deutlich in der Tradition der thailändischen gelben Currys. Es ist ganz einfach zuzubereiten.**

FÜR 4 PORTIONEN ZUBEREITUNGSZEIT: 25 MINUTEN

**KOCHUTENSILIEN**

Küchenbeil
Schneidebrett
Wok und Kelle

**ZUTATEN**

250 g Hähnchenbrustfilets
2 EL Erdnussöl
2 Stängel Zitronengras, von den harten Hüllblätter befreit, in feine Scheibchen geschnitten
1 große Zwiebel, in feine Ringe geschnitten
400 ml Kokosmilch
2 EL Tamarindenpaste
1 EL Palmzucker
2 EL gelbe Currypaste (s. S. 186)
3 Kaffirlimettenblätter

**1** Das Fleisch in mundgerechte Stücke schneiden, dabei sichtbares Fett und Knorpel entfernen.

**2** Die Hälfte des Öls im Wok erhitzen, das Fleisch darin bei hoher Temperatur 3 Minuten scharf anbraten, bis es goldbraun geworden ist. Auf Küchenpapier abtropfen lassen und warm halten.

**3** Das restliche Öl im Wok erhitzen. Darin Zitronengras und Zwiebel 2 Minuten anbraten, bis sie weich geworden sind und aromatisch duften.

**4** Kokosmilch, Tamarindenpaste, Palmzucker und gelbe Currypaste unterrühren und 5 Minuten sanft köcheln lassen. Das angebratene Fleisch dazugeben und in der Sauce nochmals 10 Minuten köcheln lassen. Mit Nudeln oder Jasminreis servieren.

**Tipp** Das Fleisch zuerst getrennt anzubraten entspricht der traditionellen Methode. Man kann auf diesen Schritt aber auch verzichten, das Fleisch einfach am Ende von Schritt 3 zu den anderen Zutaten in den Wok geben und 3 Minuten anbraten. Der geschmackliche Unterschied ist gering.

# Masaman-Lammcurry

**Das Wort *masaman* leitet sich angeblich von einer alten thailändischen Bezeichnung für Moslems ab, darum wird dieses Gericht manchmal auch »Moslem-Curry« genannt. Es ist typisch für die Küche Südthailands, einer Region, die an Malaysia grenzt und in der viele Moslems leben. Hier spürt man deutlich den jahrhundertelangen Einfluss der malayischen Küche – und diese wiederum stand unter dem Einfluss von Kaufleuten aus Indien, Persien und der arabischen Welt.**

FÜR 4 PORTIONEN ZUBEREITUNGSZEIT: 45 MINUTEN

**KOCHUTENSILIEN**
Küchenbeil
Schneidebrett
Wok und Kelle

**ZUTATEN**
2 EL Erdnussöl
1 große Zwiebel, in Streifen geschnitten
2 EL Masaman-Currypaste (s. S. 185)
500 ml Kokosmilch
500 g mageres Lammfleisch ohne Knochen, in mundgerechte Würfel geschnitten
2 EL Fischsauce (z. B. *nam pla*)
2 EL Limettensaft
1 TL Zucker
100 g Pea-Auberginen, Thai-Auberginen, gewöhnliche Auberginen oder eine Mischung daraus
2 EL gehacktes Thai-Basilikum, zzgl. einige Blätter zum Garnieren

**1** Das Öl auf kleiner Flamme im Wok erhitzen. Die Zwiebel darin etwa 5 Minuten anbraten, bis sie weich, aber nicht gebräunt ist. Die Currypaste mit etwas Kokosmilch verquirlen und in den Wok geben. Die Temperatur auf eine mittlere Stufe erhöhen und die Mischung 1 Minute anbraten, bis sie duftet.

**2** Das Lammfleisch dazugeben und 3 Minuten kräftig pfannenrühren. 1 EL Kokosmilch zum Garnieren zurückbehalten, den Rest zusammen mit Fischsauce, Limettensaft und Zucker in den Wok gießen. Die Temperatur reduzieren und das Curry 20 Minuten köcheln lassen.

**3** Thai-Auberginen halbieren und gewöhnliche Auberginen in 1 cm dicke Halbmonde schneiden. Die kleinen Pea-Auberginen werden nicht zerkleinert. Die Auberginen in den Wok geben, die Temperatur erhöhen und alles 5 Minuten kochen.

**4** Unmittelbar vor dem Servieren das Curry mit dem gehackten Thai-Basilikum bestreuen. Die zurückbehaltene Kokosmilch spiralförmig angießen. Mit den ganzen Basilikumblättern garnieren und sofort servieren.

# DARANEE COBHAM Scharf-saures Fischcurry mit Ananas

Das Restaurant »Royal Thai« in Monaco schmückt sich mit so illustren Gästen wie Prinz Albert und der Sängerin Shirley Bassey – und mit einer authentischen königlich-thailändischen Küche. Von der Chefköchin Daranee Cobham stammt dieses typisch südthailändische Rezept namens *kaeng som.* Es ist eng mit dem beliebten *tom yam kung* verwandt, jedoch reichhaltiger.

FÜR 4 PORTIONEN ZUBEREITUNGSZEIT: 30 MINUTEN

**KOCHUTENSILIEN**

Küchenbeil
Schneidebrett
Mörser und Stößel
mittelgroßer Topf

**ZUTATEN**

- 4 Filets vom Wolfsbarsch oder einem anderen festfleischigen Fisch
- 1 TL Salz
- 2 EL frisch gepresster Zitronensaft
- 1 EL Tamarindenkonzentrat
- 1 EL Fischsauce (z. B. *nam pla*)
- 1 TL Zucker
- 1 Stängel Zitronengras, nur die unteren 5 cm, weich geklopft
- 200 g frische Ananaswürfel

**für die Gewürzpaste**

- 2 Knoblauchzehen, grob gehackt
- 5 getrocknete rote Chilischoten, Samen nach Belieben entfernt
- ½ TL Salz
- 30 g Kurkuma, grob gehackt
- 2 Stängel Zitronengras, von den harten Hüllblättern befreit, grob gehackt
- 40 g Garnelenpaste

**zum Garnieren**

- frisches Thai-Basilikum
- fein gehackte rote Chilischoten

**1** Die Fischfilets waschen, mit Küchenpapier trocken tupfen, mit Salz einreiben und beiseitestellen. Zitronensaft, Tamarindenkonzentrat und 200 ml Wasser verquirlen und in einen mittelgroßen Topf gießen.

**2** Alle Zutaten für die Gewürzpaste mit Mörser und Stößel zu einer feinen, glatten Paste verarbeiten. Zusammen mit Fischsauce, Zucker und dem weich geklopften Zitronengras in den Topf geben. Kurz aufkochen, dann bei reduzierter Temperatur 5 Minuten köcheln lassen.

**3** Zum Schluss Fischfilets und Ananas hineingeben und 5–8 Minuten köcheln lassen, bis der Fisch gar ist. Abschmecken und heiß mit Thai-Basilikum und Chiliwürfeln garniert servieren.

# Südostasiatische Schneidewerkzeuge

Die vielen kleinen Vorarbeiten in der Küche Südostasiens sind von großer Bedeutung für die Beschaffenheit und das Aussehen eines Gerichts. Am augenfälligsten wird das in der thailändischen Art zu kochen, bei der sogar Salatzutaten so kunstvoll zerkleinert werden, dass das Gericht nicht nur herrlich schmeckt, sondern auch so aussieht. Selbst frischen Fisch und Meeresfrüchte bereiten gute Köche selber vor. Für all das gibt es besondere Utensilien, die die Arbeit erleichtern.

**1 FISCHENTSCHUPPER**
Dieses einfache, aber wirksame Utensil besteht aus einer gebogenen Klinge an einem Holzgriff. Die scharfen Metallzähne werden vom Schwanz zum Kopf des Fisches gezogen und lösen dabei die Schuppen.

1

**2 KOMBINATION AUS HOBEL UND RASPEL**
Damit kann man nicht nur hauchdünne Scheiben von festem Obst und Gemüse hobeln, die geriffelte untere Klinge schneidet auch dünne Raspel, und die obere arbeitet wie ein normales Messer.

2

**3 JULIENNE-SCHNEIDER**
Die gezahnte Klinge dieses praktischen Messers schneidet aus festem Obst und Gemüse feine Streifen und Stifte, die sogenannte Julienne.

3

**4 OBST- UND GEMÜSESCHNITZMESSER IM SET**
Was für uns eher nach Zahnarzt- oder Chirurgen-Besteck aussieht, gibt es in Thailand in verschiedenen Größen und Formen in jedem besseren Haushaltswarenladen zu kaufen. Thailändische Köche sind stolz auf die in kunstvolle Blüten verwandelten Lebensmittel, mit denen sie ihre Gerichte und Buffets verzieren. Genau wie bei feinem Werkzeug zum Holzschnitzen sind die Spitzen je nach Verwendungszweck unterschiedlich geformt – rund oder spitz, bauchig oder eher flach, in jedem Fall aber so scharf, dass man damit auch feinste Linien und Formen schneiden kann. So verwandeln sich Melonenstücke oder gar Wurzelgemüse in zarte Blütenblätter. Der Umgang mit den scharfen Werkzeugen erfordert neben einigem Geschick auch Vorsicht. Zur Sicherheit kann man nach Gebrauch Korken auf die Spitzen stecken.

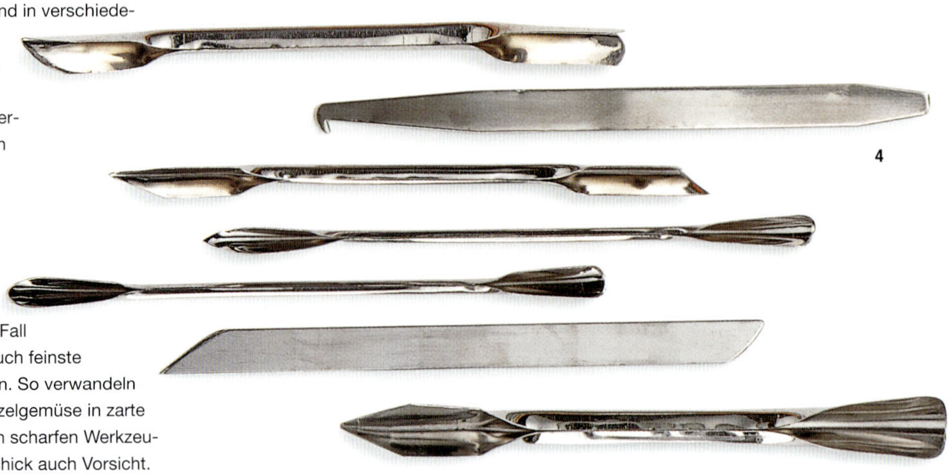

4

# Garniermesser und Förmchen für Süßspeisen

In Südostasien gibt es eine überraschende Vielfalt von Süßspeisen, Gebäck und Konfekt. Die zu ihrer Herstellung benötigten Utensilien bestanden früher aus natürlichen Materialien wie Bambus und Holz, heute fertigt man sie aus leichtem Metall. Viele Formen spiegeln die in der asiatischen Kultur gängigen Symbole wider und dienen dazu, aufwendige Dekorationen von großer Schönheit herzustellen.

**1 BUNTSCHNEIDEMESSER**
Die Geleespeisen in der Küche Südostasiens sind selten cremig, sondern meist recht fest und werden mit Agar-Agar, einem pflanzlichen Geliermittel auf Algenbasis, hergestellt. In Asien verkauft man es in langen durchsichtigen Streifen, bei uns als Granulat. Agar-Agar geliert auch ohne Kühlung, ein großer Vorteil in tropischen Ländern. Die Gelees – häufig wunderbar reichhaltig mit Kokoscreme hergestellt – werden aus der Form gestürzt und dann zu Rauten oder Dreiecken geschnitten serviert. Dazu dient entweder ein normales Messer oder ein Buntschneidemesser mit gezackter Klinge. Damit gelingen ganz einfach dekorative Stücke.

**2 GEMÜSESCHNEIDER**
Gemüseschneider aus Metall gibt es in Südostasien und China in den verschiedensten Formen. Mit ihnen erzeugt man etwa aus Möhren oder Rettichen dekorative Schriftzeichen, Blumen und Tiere zum Garnieren von Nudelgerichten oder Salaten.

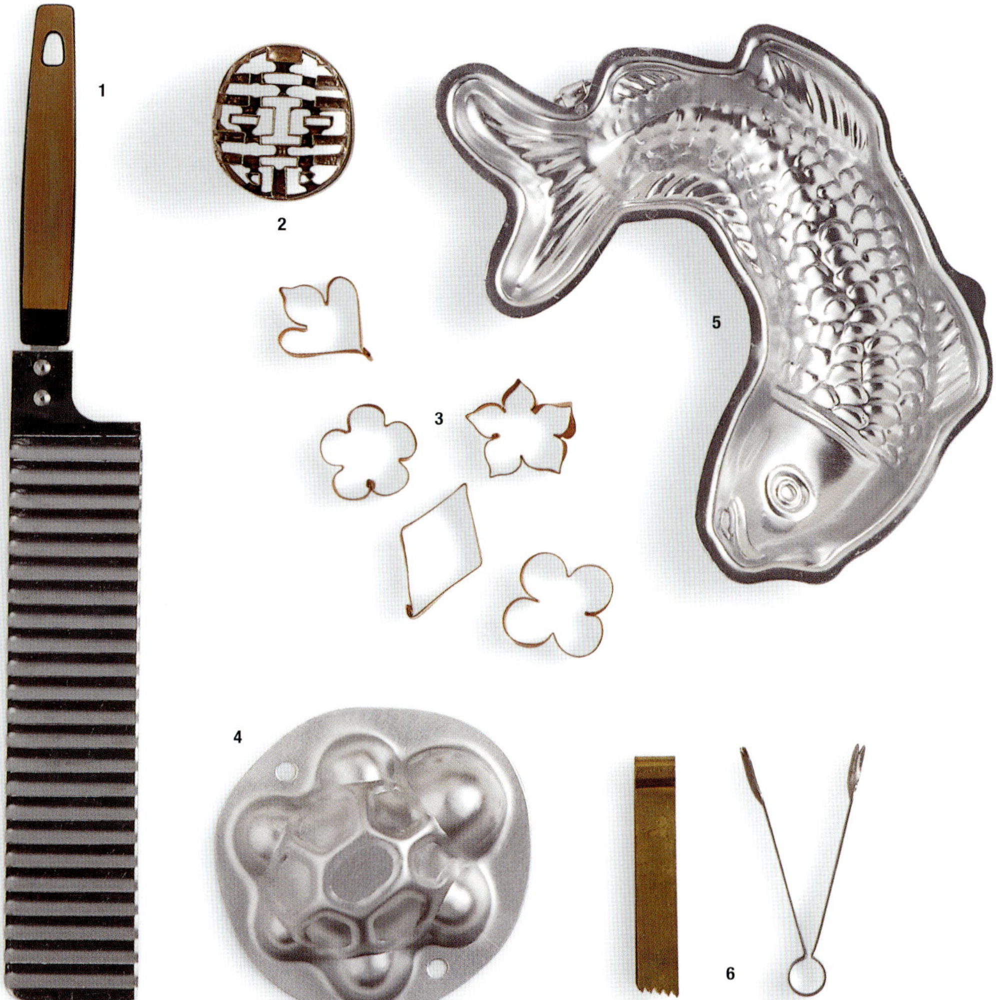


**3 AUSSTECHFÖRMCHEN**
Ausstechförmchen für kleine Reismehlkekse werden meist aus Messingstreifen geformt.

**4 5 FÖRMCHEN MIT TIERMOTIVEN**
Diese Förmchen sind vermutlich europäischen Kochutensilien aus der Kolonialzeit nachgebildet, doch die Motive stammen aus der asiatischen Kultur, in der Tiere und Pflanzen symbolische Bedeutung besitzen. Man benutzt sie für eine Vielzahl von Süßspeisen.

**6 PINZETTEN**
Kuchen, Kekse, Pasteten und auch noch die kleinsten Reisküchlein werden liebevoll verziert, indem man mit solchen Pinzetten in verschiedenen Größen Muster, Falten und Wellen in den Teigrand drückt.

# Würzige Salate

Saftige, reife Papayas und Mangos werden bei uns vor allem als süßes Obst geschätzt. In Asien dagegen verwendet man die unreifen Früchte auch wie Gemüse, zum Beispiel für würzige Salate und Currys. Der hier vorgestellte thailändische Salat aus grünen Papayas (*som tam*) wird in einem großen Terrakottamörser zubereitet. Der kambodschanische Salat mit rohem Fisch erinnert an die südamerikanische *ceviche.* Er stammt wohl aus China, wo roher Fisch seit jeher als ein Symbol der Wiedergeburt gesehen wird. In Mandarin werden die Worte für »Wiedergeburt« und für »roher Fisch« zwar mit unterschiedlichen Schriftzeichen wiedergegeben, sie klingen aber genau gleich. Das Rezept können Sie auch mit Garnelen abwandeln, in jedem Fall aber sollten Fisch und Meeresfrüchte absolut frisch sein.

## Grüne-Papaya-Salat

1 EL getrocknete Garnelen in etwas Wasser einweichen, dann abtropfen lassen. In einem großen Mörser 2 grüne Chilischoten (Samen nach Belieben entfernt) und 4 Knoblauchzehen fein zerstoßen. Die Garnelen dazugeben. 1 große grüne (d.h. unreife) Papaya schälen und in den Mörser raspeln. 1 EL Palmzucker in 2 EL heißem Wasser auflösen. Zusammen mit 2 EL Fischsauce (z.B. *nam pla)* und 2 EL frisch gepresstem Limettensaft in den Mörser geben. 2 EL zerpflückte Korianderblätter und 12 halbierte Kirschtomaten hinzufügen. Alle Zutaten vorsichtig durchheben. Den Salat in eine Schüssel umfüllen und sofort servieren.

## Kambodschanischer Fischsalat

600g gehäutetes, sehr frisches Thunfisch- oder Lachsfilet waschen, mit Küchenpapier vollständig trocken tupfen und in mundgerechte Stücke schneiden. In eine Schüssel geben, den frisch gepressten Saft von 6 Limetten darüberträufeln, gründlich verrühren und 2 Stunden im Kühlschrank ziehen lassen. In einem Mörser 4 Knoblauchzehen, 6 Schalotten, 3 Scheiben Ingwer, 2 Stängel Zitronengras ohne die harten Hüllblätter und 4 grüne Chilischoten (Samen nach Belieben entfernt) zu einer feinen Paste zerstoßen. 1 EL Palmzucker in 2 EL heißem Wasser auflösen und zusammen mit 1 EL Fischsauce und 2 EL in feine Streifen geschnittenem Thai-Basilikum in den Mörser geben. Vor dem Servieren den marinierten Fisch mit dem Dressing vermengen und mit Basilikumblättern garnieren.

# MARLENA SPIELER Vietnamesischer Krautsalat

Dieser knackig-frische Salat passt nicht nur wunderbar zu gegrilltem Fleisch oder vietnamesischen Frühlingsrollen, er gibt auch eine erfrischend leichte Vorspeise ab. Das Rezept stammt von Marlena Spieler, die schon etliche Kochbuch-Bestseller verfasst hat und als kulinarische Europa-Korrespondentin für den *San Francisco Chronicle* schreibt.

FÜR 8–10 PORTIONEN ZUBEREITUNGSZEIT: 25 MINUTEN, ZZGL. MIND. 30 MINUTEN RUHEZEIT

**KOCHUTENSILIEN**
Küchenbeil
Gemüsehobel
Schneidebrett
Reibe
Salatschüssel
Salatsieb

**ZUTATEN**
1 Weißkohl
1 Salatgurke
2 Möhren
1 Bund Frühlingszwiebeln
5 Knoblauchzehen
1–2 EL fein geschnittener oder gehackter Ingwer
6 EL Zucker
3 EL Weißweinessig
Saft von 2 Limetten
2–3 EL Sesamöl
½ TL getrocknete Chiliflocken oder ½ rote Chilischote, gehackt
2 TL helle Sojasauce oder Fischsauce (z. B. *nuoc mam*)
3 EL gehackte Korianderblätter
1 EL gehackte Minzeblätter (nach Belieben)
6–8 EL Erdnüsse, geschält, geröstet und grob gehackt
Salz und frisch gemahlener schwarzer Pfeffer

**1** Den Kohl mit Beil oder Hobel fein zerkleinern, den Strunk wegwerfen. Die Gurke fein würfeln, die Möhre reiben, die Frühlingszwiebeln in feine Ringe schneiden, den Knoblauch hacken.

**2** Gemüse, Knoblauch und Ingwer in einer Salatschüssel vermengen und großzügig salzen. Mindestens 30 Minuten ziehen lassen, dann in ein Sieb geben. Überschüssige Flüssigkeit portionsweise mit den Händen herausdrücken.

**3** Das Gemüse in eine saubere Schüssel füllen und mit allen übrigen Zutaten mit Ausnahme der Erdnüsse vermengen. Mit Salz und schwarzem Pfeffer würzen, dann mit Frischhaltefolie abgedeckt in den Kühlschrank stellen.

**4** Kurz vor dem Servieren erneut abtropfen lassen und abschmecken. Mit Erdnüssen bestreut auftragen.

# Burmesischer Gemüsesalat

Burmesische Salate können sehr aufwendig sein und bis zu einem Dutzend verschiedener Gemüsesorten enthalten. Das Dressing wird meist gekocht und ist dank diverser Kräuter und Gewürze sehr aromatisch. Traditionell gehören Bohnen, Okras, Sprossen, Gurken und Frühlingszwiebeln in den Salat, aber beim Kombinieren sind der Fantasie keine Grenzen gesetzt.

FÜR 4 PORTIONEN ZUBEREITUNGSZEIT: 20 MINUTEN

**KOCHUTENSILIEN**
Gemüsemesser
Schneidebrett
Wok und Kelle
großer Topf
Schaumlöffel
Sieb

**ZUTATEN**
100g grüne Bohnen (Spargel- oder Buschbohnen)
100g frische Okras
100g Bambussprossen aus der Dose, abgespült und abgetropft
4 Frühlingszwiebeln
½ Salatgurke
100g Bohnensprossen
2 TL Salz
2 EL geröstete Sesamsamen zum Garnieren
Knoblauch und Schalotten, knusprig gebraten, zum Garnieren

**für das Dressing**
2 EL Öl
10 Schalotten, fein gehackt
6 Knoblauchzehen, in Scheiben geschnitten
2 EL Sesamöl
1 TL gemahlene Kurkuma
2 EL Reisessig
1 TL Salz
½ TL Zucker

**1** Das Öl für das Dressing in einem Wok erhitzen. Schalotten und Knoblauch darin goldbraun braten. Herausnehmen und auf Küchenpapier abtropfen lassen. Das Sesamöl zum verbliebenen Öl in den Wok geben, die Kurkuma bei milder Hitze unterrühren.

**2** Essig, Salz und Zucker dazugeben und alles gründlich verrühren. Warm halten, während das Gemüse vorbereitet wird.

**3** Die Bohnen in 5cm lange Stücke schneiden. Die Okras putzen und halbieren. Die Frühlingszwiebeln diagonal in 5cm lange Stücke schneiden. Die Gurke längs halbieren, das weiche Innere mit den Kernen herauslösen, den Rest diagonal in Rauten schneiden.

**4** 1 l Salzwasser zum Kochen bringen. Das Gemüse darin portionsweise 1–2 Minuten blanchieren. Mit einem Schaumlöffel herausheben und im Sieb abtropfen lassen.

**5** Den Salat warm oder kalt mit dem Sesam-Kurkuma-Dressing beträufelt servieren. Sesamsamen, gebratenen Knoblauch und Schalotten darüberstreuen oder separat in Schälchen auftragen.

# Pfannengerührter Wasserspinat

Wasserspinat gehört zur Familie der Prunkwinden, die prachtvolle Blüten hervorbringen. Im englischsprachigen Raum heißt die Pflanze *morning glory.* Sie wächst in Thailand fast überall, doch auch die chinesische, malaiische und indonesische Küche kennen das knackige Gemüse. Gewöhnlicher Spinat ist ein guter Ersatz.

FÜR 4 PORTIONEN  ZUBEREITUNGSZEIT: 10 MINUTEN

**KOCHUTENSILIEN**

Gemüsemesser
Schneidebrett
Sieb
Wok mit Deckel und Kelle

**ZUTATEN**

200g Wasserspinat oder gewöhnlicher Spinat
2 EL Erdnussöl
2 Knoblauchzehen, in Scheiben geschnitten
1 EL rote oder gelbe Currypaste (s. S. 186)
1 TL Zucker

**1** Die Stiele der Wasserspinatblätter in 5cm lange Stücke schneiden, die Blätter grob hacken. Beides waschen und gründlich abtropfen lassen.

**2** Das Öl im Wok erhitzen. Den Knoblauch darin 1 Minute anbraten, bis er leicht gebräunt ist. Currypaste und Zucker einrühren und 1 Minute weiterrühren.

**3** Den Wasserspinat und 100ml Wasser dazugeben. Den Wok mit einem Deckel verschließen. Auf kleiner Flamme etwa 3 Minuten dünsten. Wenn der Spinat gar ist, sofort servieren.

# Mit Knoblauch gebratene Kalmare

**Dieses thailändische Rezept ist ein gutes Beispiel für ein authentisches Gericht: Es verwendet ausschließlich regionale Zutaten, ist schlicht und herzhaft und nur selten auf den Speisekarten der Touristenlokale zu finden.**

FÜR 4 PORTIONEN  ZUBEREITUNGSZEIT: 15–20 MINUTEN

**KOCHUTENSILIEN**
Küchenbeil
scharfes Messer
Schneidebrett
Wok und Kelle

**ZUTATEN**
500g frische Kalmare, küchenfertig vorbereitet
2 EL Erdnussöl
2 EL gehackter Knoblauch
1 kleine Zwiebel, in feine Streifen geschnitten
1 TL zerstoßene schwarze Pfefferkörner
1 EL Austernsauce
1 EL Fischsauce (z.B. *nam pla*)
**zum Garnieren**
frische Thai-Basilikumblätter
grüne Pfefferkörner

**1** Das Fleisch der Kalmare in 5cm große Stücke schneiden. Auf einer Seite mit einem scharfen Messer ein Gittermuster einritzen. Dadurch wird das Fleisch schneller gar und rollt sich beim Garen auf.

**2** Das Öl im Wok erhitzen. Den Knoblauch darin in etwa 1 Minute goldbraun anbraten, aber nicht anbrennen lassen. Die Zwiebel dazugeben und noch 1 Minute pfannenrühren.

**3** Pfefferkörner, Kalmare, Austernsauce sowie Fischsauce dazugeben und 2 Minuten lang kräftig pfannenrühren. Mit Thai-Basilikum und grünen Pfefferkörnern garniert servieren.

**Tipp** Frische grüne Pfefferkörner sind nicht so leicht zu bekommen, am ehesten noch im Feinkosthandel oder Asialaden. Sie geben dem Gericht seinen echt thailändischen Pfiff.

# Mee Krob

*Mee krob* heißt wörtlich übersetzt »knusprige Nudeln« und ist so etwas wie ein Nationalgericht: Jede Region und jedes Dorf kennt eine eigene Variante. Unser Rezept stammt aus der Hauptstadt Bangkok und ist typisch für die Küche im Süden Thailands.

FÜR 4 PORTIONEN ZUBEREITUNGSZEIT: 15–20 MINUTEN

**KOCHUTENSILIEN**
Messer
Schneidebrett
Wok und Schaumlöffel

**ZUTATEN**
Erdnussöl zum Frittieren
300g dünne Reisnudeln (Vermicelli)
2 EL gehackter Knoblauch
150g Krebsfleisch (frisch ausgelöst oder aus der Dose)
250g küchenfertig geschälte und geputzte kleine Garnelen
3 Frühlingszwiebeln, in feine, etwa 5cm lange Streifen geschnitten
2 EL Chilipaste
2 EL Fischsauce (z.B. *nam pla*)
2 EL frisch gepresster Limettensaft
1 TL Zucker
200g Bohnensprossen

**1** Im Wok genügend Öl erhitzen, um die Reisnudeln portionsweise darin frittieren zu können. Portionsweise ins heiße Öl geben und so lange frittieren, bis die Nudeln aufgebläht und hellbraun sind. Abschöpfen, auf Küchenpapier abtropfen lassen und beiseitestellen.

**2** Das Öl bis auf 2 EL abgießen und den Knoblauch im Wok hellbraun anbraten. Krebsfleisch, Garnelen und Frühlingszwiebeln dazugeben und 2 Minuten pfannenrühren.

**3** Chilipaste, Fischsauce, Limettensaft und Zucker unterrühren. Die knusprig gebratenen Nudeln dazugeben und vorsichtig untermengen. Den Wok vom Herd nehmen und zum Schluss die Bohnensprossen dazugeben, sie bleiben praktisch roh. Sofort servieren.

# Laotische Pilzpfanne

**In den ländlichen Gebieten von Laos werden Wildpilze für eine Vielzahl von Gerichten gesammelt. Für dieses deftige Rezept eignen sich alle Arten, Hauptsache sie sind wirklich frisch. Auch eine Mischung aus Strohpilzen, Champignons und Austernpilzen ergibt in Geschmack und Konsistenz ein interessantes Zusammenspiel.**

FÜR 4 PORTIONEN   ZUBEREITUNGSZEIT: 20 MINUTEN

**KOCHUTENSILIEN**
Grillzange
Gemüsemesser
Schneidebrett
Wok und Kelle

**ZUTATEN**
2 Frühlingszwiebeln
2 EL Erdnussöl
2 Knoblauchzehen, gehackt
120 g Bauchspeck, in feine Streifen geschnitten
2 EL Fischsauce (z. B. *nam pla*)
½ TL frisch gemahlener schwarzer Pfeffer
200 g gemischte frische Pilze, in Scheiben geschnitten

**1** Die Frühlingszwiebeln einzeln mit der Grillzange über eine Gasflamme halten und einige Minuten ringsum rösten, bis sie weich geworden sind und leicht verbrannt aussehen. (Ersatzweise eine Grillpfanne benutzen.) Fein hacken und beiseitestellen.

**2** Das Öl im Wok erhitzen, den Knoblauch darin goldbraun anbraten. Die Frühlingszwiebeln dazugeben und alles 30 Sekunden pfannenrühren.

**3** Den Speck in den Wok geben und bei mittlerer bis hoher Temperatur 1 Minute pfannenrühren. Dann Fischsauce und Pfeffer untermengen, die Temperatur erhöhen und 3 Minuten garen.

**4** Die Pilze dazugeben und bei hoher Temperatur weitere 3 Minuten pfannenrühren, bis die Flüssigkeit nahezu verdampft ist. Mit Reis servieren.

# Rindfleisch mit Sesamsauce

**Vor etwa 400 Jahren gab es in Vietnam eine große Einwanderungswelle von Südchinesen. Im Lauf der Zeit übernahmen sie zwar die vietnamesische Sprache, die Gebräuche und Traditionen, viele klassische chinesische Gerichte aber haben bis heute in der Region überlebt.**

FÜR 4 PORTIONEN ZUBEREITUNGSZEIT: 30 MINUTEN

**KOCHUTENSILIEN**
Küchenbeil
Schneidebrett
Wok und Kelle

**ZUTATEN**
1 EL dunkle Sojasauce
2 EL chinesischer Reiswein (z.B. Shaoxing)
300 g Sirloin- oder Hüftsteak ohne Knochen, in feine Streifen geschnitten
2 EL Erdnussöl
3 Knoblauchzehen, grob zerdrückt
1 EL geriebener Ingwer
1 EL Sesampaste
½ TL Salz
1 TL Speisestärke
2 Frühlingszwiebeln, in 5 cm lange Stücke geschnitten

**1** Sojasauce und Reiswein vermengen, das Fleisch 20 Minuten darin marinieren.

**2** Das Öl bei mittlerer Temperatur im Wok erhitzen. Knoblauch und Ingwer darin 30 Sekunden anbraten, bis sie duften. Das Fleisch mitsamt der Marinade dazugeben und bei hoher Temperatur 1 Minute pfannenrühren. Sesampaste und Salz rasch und gründlich unterrühren.

**3** Die Stärke mit 125 ml Wasser verquirlen und in den Wok gießen. Unter Rühren köcheln lassen, bis die Sauce dick und glänzend ist, dann die Frühlingszwiebeln dazugeben und 30 Sekunden pfannenrühren, bis sie vollständig mit Sauce überzogen sind und beginnen, weich zu werden.

**4** Mit Reis oder Nudeln servieren.

# Einfache Dips

**Dips sind in Südostasien fester Bestandteil jeder Mahlzeit. So schätzt man in Vietnam zum Beispiel den Chilidip *nuoc cham* (s. S. 208). All diese Saucen sind raffinierte Mischungen, in denen Zitronengras, Ingwer, Galgant, Kaffirlimettenblätter oder Basilikum mit Chilischoten und Gewürzen eine harmonische Verbindung eingehen.**

## Chilidip

**Mit seiner großzügig bemessenen Portion frischer grüner Chilischoten ist dieser scharfe, rauchige Dip in Thailand als Beilage zu Fisch und Fleisch allgegenwärtig.**

ERGIBT ETWA 200 G

**ZUTATEN**

15 große grüne Chilischoten, Stängel entfernt
6 Knoblauchzehen, geschält, aber nicht zerkleinert
9 Thai-Schalotten oder gewöhnliche Schalotten, geschält, aber nicht zerkleinert
½ TL Garnelenpaste
½ TL Salz
1 EL Fischsauce (z. B. *nam pla)*
3 EL frisch gepresster Limettensaft
1 TL Zucker

**1** Die Chilischoten ohne Fett bei milder Hitze etwa 5 Minuten rösten, dabei gelegentlich wenden, bis sie leicht verkohlt sind. Auf die gleiche Weise Knoblauch und Schalotten rösten.

**2** Die Chilischoten im Mörser zerstoßen, nach Belieben zuvor die Samen entfernen. Dann den Knoblauch und anschließend die Schalotten dazugeben und ebenfalls zerstoßen.

**3** Garnelenpaste und Salz hinzufügen und alles mit dem Stößel zu einer stückigen oder glatteren Masse verarbeiten. Mit Fischsauce, Limettensaft und Zucker würzen.

## Dip mit Garnelenpaste und Limettenblättern

**Dieser frische Dip passt ausgezeichnet zu Fisch, man kann ihn aber auch einfach unter heißen Reis rühren. Die Limettenblätter sind keine traditionelle Zutat, verleihen ihm aber zusätzlich Duft und Aroma.**

ERGIBT ETWA 150 G

**ZUTATEN**

1 Stück Garnelenpaste, etwa 4 cm groß und 1 cm dick
6 rote Chilischoten, nach Belieben Samen entfernt
4 Kaffirlimettenblätter, in Streifen geschnitten
1 Prise Salz
Saft von 3 Limetten

**1** Die Garnelenpaste an der Spitze eines Spießes festdrücken, mit Alufolie umhüllen und 3 Minuten über einer Gasflamme rösten, bis das Stück leicht verkohlt ist.

**2** Die Chilischoten im Mörser fein zerstoßen. Die geröstete Garnelenpaste und die Limettenblätter dazugeben. Alles zu einer mehr oder minder glatten, dicken Paste verarbeiten. Zum Schluss 1 EL heißes Wasser, Salz und Limettensaft unterrühren.

**Tipp** Man kann die Garnelenpaste auch in Folie wickeln und das Päckchen 8 Minuten grillen und dabei einmal wenden.

## Dip mit getrockneten Garnelen, Limettensaft und Basilikum

**Eine vielseitige Mischung, die sich nicht nur als Dip, sondern auch als Würzpaste für Pfannengerichte eignet.**

ERGIBT ETWA 200 G

**ZUTATEN**

3 EL getrocknete Garnelen
4 rote Chilischoten, nach Belieben Samen entfernt
Saft von 3 Limetten
2 TL Zucker
1 TL Fischsauce (z. B. *nam pla)*
1 TL fein gehacktes Thai-Basilikum

**1** Die getrockneten Garnelen in einem Schälchen mit 125 ml heißem Wasser einweichen. Gründlich abtropfen lassen.

**2** Im Mörser fein zerstoßen. Die Chilischoten dazugeben und ebenfalls zerstoßen.

**3** Limettensaft, Zucker, Fischsauce und Basilikum zu den Zutaten in den Mörser geben und mit 2 EL Wasser verrühren.

Chilidip

Dip mit Garnelenpaste und Limettenblättern

Dip mit getrockneten Garnelen, Limettensaft und Basilikum

# CORINNE TRANG Knusprige Reismehlcrêpes mit Sprossen und Pilzen

Der vietnamesische Name dieses Gerichts, *banh xeo*, ist eine lautmalerische Umschreibung des Geräuschs, das der Crêpeteig in der heißen Pfanne macht. Das Rezept stammt aus dem Buch »Noodles Every Day« der franko-vietnamesischen Autorin Corinne Trang. Neben Reismehl enthält der Teig Kokosmilch und einen Hauch Kurkuma, bei der Füllung sind der Fantasie keine Grenzen gesetzt. Dazu serviert man einen süß-sauren Dip mit Fischsauce. Er heißt *nuoc cham* oder *nuoc mam cham* und ist ein Klassiker der vietnamesischen Küche. Er schmeckt auch köstlich zu gegrilltem Fleisch mit Reisnudeln und geraspeltem Gemüse – eine leichte sommerliche Mahlzeit.

ERGIBT ETWA 12 CRÊPES ZUBEREITUNGSZEIT: 45 MINUTEN

**KOCHUTENSILIEN**
Gemüsemesser
Schneidebrett
Wok und Kelle
Crêpepfanne

**ZUTATEN**
1 EL Erdnussöl
10 mittelgroße bis große Shiitake, Stiele entfernt, Hüte in feine Streifen geschnitten
200 g Mungbohnensprossen
225 g Reismehl
1–2 Prisen Kurkumapulver
125 ml Kokosmilch
1 großer Kopfsalat, zerpflückt
etwa 30 Minzeblätter
2 mittelgroße bis große Möhren, in feine Stifte geschnitten
1 Salatgurke, längs halbiert und quer in feine Scheiben geschnitten (nach Belieben)
Meersalz
schwarzer Pfeffer

**für den Dip**
125 ml Fischsauce (z. B. *nuoc mam)*
115 g Zucker
125 ml frisch gepresster Limetten- oder Zitronensaft
1 große Knoblauchzehe, in feine Scheiben geschnitten oder sehr fein gehackt
1–2 rote Chilischoten (vorzugsweise Vogelaugen-Chilis), von den Samen befreit, in feine Scheiben geschnitten oder fein gehackt
1 Schalotte, in feine Streifen geschnitten, abgespült und abgetropft (nach Belieben)

**1** Für den Dip Fischsauce und Zucker in einer Schüssel verquirlen, bis sich der Zucker aufgelöst hat. Limetten- oder Zitronensaft unterrühren, dann Knoblauch, Chilischoten sowie Schalotte (falls verwendet) dazugeben und etwa 20 Minuten ziehen lassen. Der Dip hält sich im Kühlschrank 1 Woche.

**2** Im Wok 1 EL Öl bei hoher Temperatur erhitzen. Die Pilze darin 1–2 Minuten anbraten. Die Bohnensprossen untermengen, dann den Inhalt des Woks auf einem Teller abkühlen lassen.

**3** Reismehl, Kurkuma und Kokosmilch in einer Schüssel zu einem glatten Teig verquirlen.

**4** Die Crêpepfanne bei mittlerer Temperatur erhitzen. Etwa 60 ml (¼ Tasse) Teig hineingießen, die Pfanne dabei kreisend schwenken, sodass sich der Teig gleichmäßig darin verteilt. Etwa 5 Minuten braten, bis die Ränder sich nach oben biegen und die Crêpe fest und knusprig ist. Eine Handvoll Pilze und Sprossen auf eine Hälfte der Crêpe streuen und die andere Hälfte darüberschlagen. Die Crêpe auf einen Teller gleiten lassen und warm halten. Pro Person zunächst eine Crêpe backen, die restlichen danach frisch zubereiten.

**5** Die Crêpes mit zerpflückten Salatblättern, Minze, Möhren und Gurken (nach Belieben) garnieren und mit dem Dip servieren. Mit etwa 2 EL Dip beträufeln.

**6** Statt wie hier gezeigt, können Sie die Crêpes auch in Stücke reißen, dünn mit Pilzen, Sprossen, Minze, Möhren und Gurke belegen und in ein Salatblatt einrollen. Die Rolle dippt man in die Sauce und isst sie mit den Fingern.

**Tipp** Die ersten Crêpes gelingen meist nicht so gut, da die Pfanne sich erst vollständig aufheizen muss. Opfern sie getrost die verunglückten den Küchengöttern. Mit einer 25 cm großen Pfanne und etwas Glück reicht der Teig für 14 bis 15 Crêpes.

# TOM KIME Pho Bo

Die scharfe Rindfleischsuppe mit Nudeln genießt in Vietnam Kultstatus. Unser Rezept stammt von dem Kochbuchautor Tom Kime. Er zählt *pho bo* zu seinen absoluten Lieblingsgerichten. »Wenn Dampf einen Geschmack hätte«, sagt er, »dann wäre es der von *pho*.« Traditionell isst man die Suppe zum Frühstück, doch mit ihrer kräftigen Brühe und den Aromen gerösteter Gewürze ist sie ein herzhaftes Gericht für jede Tageszeit.

FÜR 4 PORTIONEN ZUBEREITUNGSZEIT: 2 STUNDEN

**KOCHUTENSILIEN**

scharfes Messer
Schneidebrett
Mörser und Stößel
Suppentopf
feines Sieb
Kelle

**ZUTATEN**

**für die Brühe**

3 Sternanis
2 Zimtstangen
2 EL Koriandersamen
1 TL Salz
40g Ingwer, Schale und Abschnitte für die Brühe, das Fruchtfleisch für die Einlage verwenden
1 Knoblauchknolle, die Zehen abgelöst und geschält
½ mittelscharfe bis scharfe rote Chilischote, halbiert, Samen entfernt
4 Stängel Koriander mit Wurzeln
2 EL Erdnussöl
2 Möhren, grob gehackt
2 Selleriestangen, grob gehackt
5 Schalotten, ungeschält und grob gehackt
1 kg Rinderknochen, im Backofen etwa 30 Minuten lang goldbraun geröstet
Salz und frisch gemahlener schwarzer Pfeffer

**für Suppe und Einlage**

250g breite Reisnudeln
2 Limetten
20 Thai-Basilikumblätter
20 Minzeblätter
30 Korianderblätter (von der Brühe übrig)
2 große Handvoll würziges Blattgemüse, (z.B. Rucola, Wasserkresse, Senfkresse)
Fischsauce (z.B. *nuoc mam*) zum Abschmecken
helle Sojasauce zum Abschmecken
250g Sirloinsteak, in hauchdünne Streifen geschnitten
1 rote Chilischote, von den Samen befreit, fein gehackt
4 Frühlingszwiebeln, fein gehackt
3 Schalotten, in feine Ringe geschnitten
100g Mungbohnensprossen

**1** Für die Brühe die getrockneten Gewürze zusammen mit dem Salz in einen Mörser geben und nur so lange zerstoßen, bis sie aromatisch duften. Die Ingwerschalen und -abschnitte, Knoblauch, Chilischote, Korianderwurzeln und -stängel (Blätter beiseitestellen) dazugeben und leicht zerdrücken.

**2** Das Öl in einem Suppentopf bei mittlerer Temperatur erhitzen. Die Gewürzmischung darin 3–4 Minuten anbraten, bis sie aromatisch duftet. Möhren, Sellerie und Schalotten dazugeben und nochmals etwa 8 Minuten braten, bis das Gemüse bräunlich karamellisiert. Falls es zu braun wird, zwischendurch die Temperatur senken. Die Rinderknochen dazugeben, 2 l Wasser angießen und zum Kochen bringen. Die Temperatur etwas reduzieren und die Brühe 1½ Stunden köcheln lassen. Zwischendurch immer wieder den aufsteigenden Schaum abschöpfen.

**3** Die Zutaten für die Suppe vorbereiten: Die Reisnudeln in warmem Wasser einweichen. Den Ingwer in sehr feine Stifte schneiden. Eine der Limetten vierteln und auf einem Teller in die Mitte des Tisches stellen. Alle Kräuter und das Blattgemüse waschen und verlesen und ebenfalls in einer Schüssel auf dem Tisch bereitstellen.

**4** Kurz vor dem Servieren die Brühe durch ein Sieb gießen, alle festen Bestandteile wegwerfen. Fettaugen von der Brühe abschöpfen, mit Fischsauce, Sojasauce, einem Spritzer Limettensaft und viel schwarzem Pfeffer abschmecken, sodass sie herzhaft würzig und leicht süßlich schmeckt. Danach erneut zum Kochen bringen.

**5** Die Nudeln abgießen und in der Brühe kurz gar ziehen lassen. Das dauert höchstens 1 Minute, deswegen die Nudeln erst im letzten Moment in die Brühe geben.

**6** Etwas Chilischote, Frühlingszwiebel, Schalotte und Ingwer in vier Suppenschalen geben. Je etwa 1 TL Limettensaft und Fischsauce darüberträufeln. Jede Schale zu einem Drittel mit den Reisnudeln füllen. Darüber einige Rindfleischstreifen und je 1 Handvoll Bohnensprossen anrichten. Die kochende Brühe mit einer Kelle darübergießen. Die restlichen Einlagen ebenso wie Limetten und Blattgemüse in Schüsseln bereitstellen.

**7** Am Tisch ergänzt jeder die Suppe nach Belieben selbst mit den angebotenen Einlagen, Würzsaucen und Limettensaft. Die Blattgemüse und Kräuter mit den Fingern leicht über der Suppenschale zerpflücken, sodass sie aromatischer schmecken. Vor dem Essen alles umrühren.

# Vietnamesische Sommerrollen

*Goi cuon* (wörtlich: »gemischte Salatrollen«) sind eine frische, knackige Alternative zu den frittierten chinesischen Frühlingsrollen. Die Füllung scheint durch die rohen Reispapierblätter hindurch. Sommerrollen sind der ideale Snack für heiße Tage oder ein zwangloses Treffen an einem lauen Abend. Dazu serviert man einen Dip aus Hoisin-Sauce, Sojabohnenpaste, gebratenem Knoblauch, Tamarinden- und Kokoswasser oder, wie hier, einen Erdnussdip.

FÜR 4–6 PORTIONEN ZUBEREITUNGSZEIT: 30 MINUTEN

**KOCHUTENSILIEN**
scharfes Messer
Schneidebrett
Wok und Kelle

**ZUTATEN**
100g dünne Reisnudeln (Vermicelli)
1 EL Erdnuss- oder Rapsöl
250g Shiitake, Stiele entfernt, Hüte in 2–3cm große Stücke geschnitten
60ml Reisessig
2 EL helle Sojasauce
2 TL Hoisin- oder Fischsauce (z.B. *nuoc mam)*
1 TL Sesamöl aus gerösteten Samen
12–16 mittelgroße Garnelen, gegart, geschält, von den Därmen befreit, grob gehackt
2 Frühlingszwiebeln, in feine Ringe geschnitten
2–3cm Ingwerwurzel, fein gerieben
1 Möhre, in Stifte geschnitten
½ Salatgurke, geschält, von den Samen befreit, in Stifte geschnitten
1 Handvoll Minzeblättchen
1 Handvoll Thai-Basilikumblätter
1 Handvoll Korianderblätter
Saft von 1 Limette oder 1 EL Tamarindenkonzentrat
16 vietnamesische Reispapierblätter *(banh trang)*
Meersalz und frisch gemahlener schwarzer Pfeffer

**für den Erdnussdip**
2 Knoblauchzehen, geschält, aber nicht zerkleinert
1 EL Erdnussöl
1 kleine Vogelaugen-Chilischote, von den Samen befreit, fein gehackt
2cm Ingwerwurzel, fein gerieben
100ml Hühnerbrühe oder Wasser
1 TL Zucker
2 EL Erdnussbutter oder fein geriebene geröstete Erdnusskerne, nach Belieben auch mehr
3 EL Kokoscreme
3 EL Hoisin-Sauce
1 EL Fischsauce (z.B. *nuoc mam)*
Saft von 1 Limette oder 1 EL Tamarindenkonzentrat
3–4 EL geröstete Erdnusskerne, grob gehackt, zum Garnieren

**1** Für den Dip den Knoblauch mit einem Messerrücken und etwas Meersalz auf einem Schneidebrett zerdrücken. Das Öl im Wok erhitzen, Knoblauch, Chilischote und Ingwer darin einige Minuten anbraten, bis der Knoblauch leicht gebräunt ist.

**2** Brühe oder Wasser, Zucker, Erdnussbutter, Kokoscreme, Hoisin- und Fischsauce dazugeben und alles verquirlen, bis sich der Zucker aufgelöst hat. Kurz aufkochen, dann bei reduzierter Temperatur 5–10 Minuten köcheln lassen. Vom Herd nehmen und abkühlen lassen. Limettensaft und Erdnüsse unterrühren. Bis zur Verwendung beiseitestellen.

**3** Die Reisnudeln in einer Schüssel mit heißem Wasser übergießen, sodass sie vollständig bedeckt sind und das Wasser darüber noch etwa 5cm hoch steht. 10 Minuten einweichen, dann abgießen, mit kaltem Wasser abschrecken und beiseitestellen.

**4** Das Erdnussöl in einem sauberen Wok stark erhitzen. Die Pilze darin pfannenrühren, bis sie gar sind und den Großteil der in ihnen enthaltenen Flüssigkeit abgegeben haben. Essig, Sojasauce, Hoisin- bzw. Fischsauce und Sesamöl dazugeben. Nochmals etwa 1 Minute pfannenrühren. Mit Salz und Pfeffer würzen. In eine Schüssel füllen und auf Raumtemperatur abkühlen lassen.

**5** Die abgekühlte Pilzmischung mit Garnelen, Frühlingszwiebeln, Ingwer, Möhre, Gurke, Minze, Basilikum, Koriander und Limettensaft bzw. Tamarindenkonzentrat vermengen.

**6** Eine große Schale oder Auflaufform mit warmem Wasser füllen. Ein Reispapierblatt darin 30 Sekunden einweichen, dann sofort auf die Arbeitsfläche legen. Etwas Füllung auf das untere Drittel des Blatts geben, dabei aber einen 1cm breiten Randstreifen frei lassen. Den Reisteig über die Füllung schlagen und einmal herumwickeln. Die Ränder einschlagen, dann den Rest des Teiges aufrollen. Die fertige Rolle auf eine Platte legen und mit einem feuchten Tuch abdecken, während die restlichen Rollen zubereitet werden. Mit dem Erdnussdip servieren.

# Grillkörbe

Grillgerichte sind in Indochina äußerst beliebt. Überall in den Straßen von Bangkok bis Ho-Chi-Minh-Stadt sieht man fliegende Händler, die Kohlebecken auf ihre Karren montiert haben und darüber Fleisch, Fisch und Meeresfrüchte zubereiten. In flachen Grillkörben wird das Grillgut festgehalten, kann aber jederzeit leicht gewendet oder mit Marinade eingepinselt werden. Als Pinsel dient häufig ein aufgeklopfter Zitronengrasstängel, der dem Fleisch ein frisches Aroma verleiht.

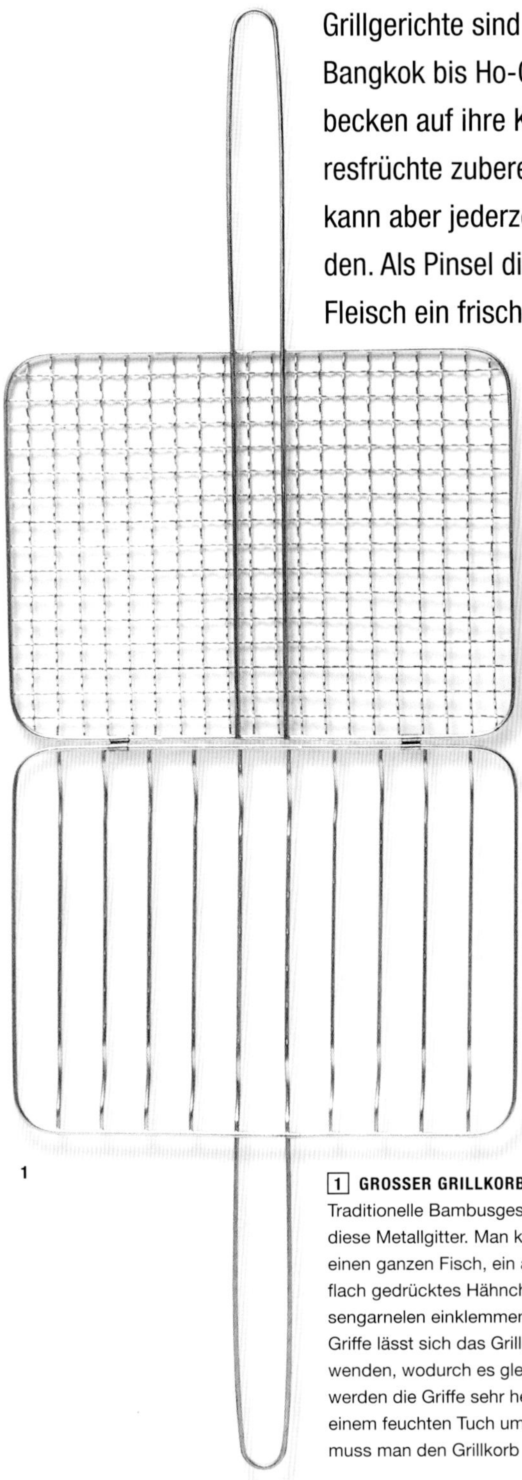

1

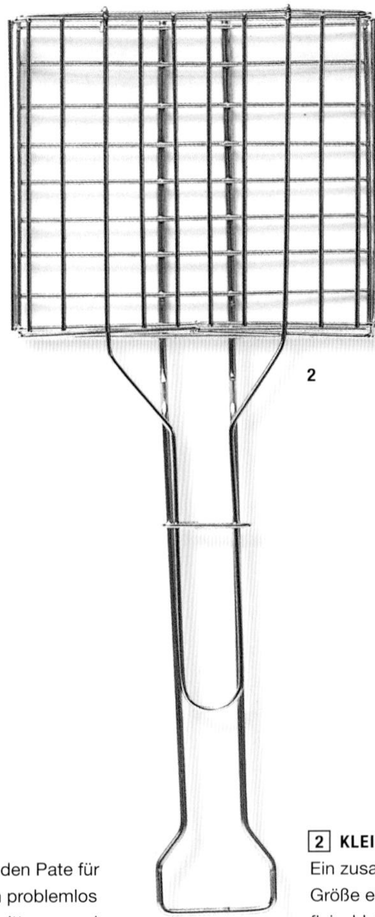

2

**[1] GROSSER GRILLKORB**
Traditionelle Bambusgestelle standen Pate für diese Metallgitter. Man kann darin problemlos einen ganzen Fisch, ein aufgeschnittenes und flach gedrücktes Hähnchen, Kalmare oder Riesengarnelen einklemmen und grillen. Dank der Griffe lässt sich das Grillgut ohne Schwierigkeiten wenden, wodurch es gleichmäßig gart. Allerdings werden die Griffe sehr heiß, man sollte sie also mit einem feuchten Tuch umwickeln. Nach Gebrauch muss man den Grillkorb gründlich reinigen.

**[2] KLEINER GRILLKORB**
Ein zusammenklappbares Gitter dieser Größe eignet sich für gegrillte Hackfleischbällchen oder Krustentiere. Das Grillgut wird mithilfe einer Klammer fest im Gitter fixiert, und Zwiebelringe oder Kräuterzweige fallen beim Wenden nicht so leicht heraus.

# Garnelenspieße auf Zitronengrasstängeln

**Zitronengras ist in Südostasien ein sehr beliebtes Gewürz, doch für dieses Rezept dienen die holzigen Stängel als Spieße. Man isst sie zwar nicht mit, doch sie verleihen dem pikanten Garnelenfleischteig einen köstlichen frischen Zitrusgeschmack.**

FÜR 4 PORTIONEN   ZUBEREITUNGSZEIT: 40 MINUTEN

**KOCHUTENSILIEN**
Küchenbeil
Schneidebrett
Mörser und Stößel
Grill

**ZUTATEN**
500 g rohe frische Garnelen, geschält, Därme entfernt
3 Frühlingszwiebeln, grob gehackt
3 rote Chilischoten, nach Belieben von den Samen befreit, grob gehackt
2 Knoblauchzehen, grob gehackt
2 Eier
Saft von 2 Limetten
2 EL Fischsauce (*nam pla* oder *nuoc mam*)
1 EL Speisestärke
1 TL frisch gemahlener schwarzer Pfeffer
1 TL Zucker
12 Stängel Zitronengras, etwa 12 cm lang
2 EL Erdnussöl

**1** Den Grill vorheizen. Die Garnelen mit dem Küchenbeil fein hacken.

**2** Frühlingszwiebeln, Chilischoten und Knoblauch im Mörser sehr fein zerstoßen. Die gehackten Garnelen dazugeben und ebenfalls zerstoßen, bis die Mischung einem feinen Fleischteig ähnelt.

**3** In eine Schüssel füllen. Eier, Limettensaft, Fischsauce, Stärke, Pfeffer und Zucker dazugeben. Gründlich mischen und zu einer dicken, glatten Masse verkneten.

**4** Je etwa 2 EL davon um das Ende eines Zitronengrasstängels drücken und mit etwas Erdnussöl einpinseln.

**5** Die Spieße 5–8 Minuten grillen, bis sie knusprig sind, dabei häufig wenden. Warm servieren.

# Knoblauch-Koriander-Hähnchen

Ein Gericht, das als Markenzeichen so vieler Thai-Restaurants gilt, existiert natürlich in vielen Variationen. Der frische Koriander wird samt Wurzeln verwendet – eine thailändische Spezialität.

FÜR 4 PORTIONEN ZUBEREITUNGSZEIT: 40 MINUTEN, ZZGL. 30 MIN. ZUM MARINIEREN

**KOCHUTENSILIEN**
scharfes Messer
Schneidebrett
Mörser und Stößel
Grill
Küchenpinsel

**ZUTATEN**
4 Hähnchenkeulen
4 Knoblauchzehen, grob gehackt
2 EL gehackter Koriander, mit Stängeln und Wurzeln
1 EL Fischsauce (z.B. *nam pla)*
2 EL frisch gepresster Limettensaft
1 EL Palmzucker
1 TL frisch gemahlener schwarzer Pfeffer

**1** Die Keulen auf der gewölbten Seite mehrfach einschneiden und beiseitestellen.

**2** Knoblauch und Koriander mit Mörser und Stößel fein zerstampfen, dann gründlich mit Fischsauce, Limettensaft, Palmzucker und Pfeffer vermengen.

**3** Die Hähnchenkeulen in eine säurebeständige Schale legen und mit der Marinade übergießen. Im Kühlschrank mindestens 30 Minuten ruhen lassen.

**4** Am besten gelingt das Gericht, wenn man das Fleisch 20–30 Minuten auf dem Holzkohlengrill gart, es dabei gelegentlich wendet und mit Marinade bestreicht. Stattdessen können Sie es auch unter dem vorgeheizten Backofengrill zubereiten. Die Garzeit beträgt dann 20–25 Minuten, zwischendurch sollte das Fleisch auch hier ein- bis zweimal gewendet und mit Marinade bestrichen werden.

# ALAN DAVIDSON Nordvietnamesische Fischspieße

In Hanoi gab es früher sogar eine nach diesem Gericht benannte Straße, die *Phõ hàng chà cá*. Das ist Geschichte, doch noch immer gehören die Fischspieße zu den beliebtesten Gerichten Nordvietnams. Unser Rezept stammt von Alan Davidson, einem Fischexperten und Nahrungsmittelhistoriker. Es ist nicht so wichtig, welchen festfleischigen Fisch Sie verwenden; der authentische Geschmack kommt von der vietnamesischen Fischsauce *nuoc mam*.

FÜR 4 PORTIONEN ZUBEREITUNGSZEIT: 20 MINUTEN, ZZGL. 2–3 STUNDEN ZUM MARINIEREN

**KOCHUTENSILIEN**

Küchenbeil
Schneidebrett
Bambusspieße
Wok und Kelle
Grill
Grillkorb
Küchenpinsel
Mörser und Stößel

**ZUTATEN**

500g weißes, festfleischiges Fischfilet
4 Scheiben durchwachsener Speck
3 EL Erdnussöl
2 Frühlingszwiebeln, gehackt
5–6 EL geröstete Erdnusskerne

**für die Marinade**

3 EL Erdnussöl
3 EL Fischsauce (z.B. *nuoc mam)*
2 EL Reiswein
1 Prise gemahlene Kurkuma
2 TL gehackter Krachai
2 TL Garnelenpaste

**1** Den Fisch säubern, Haut und Gräten entfernen und das Fleisch in 3cm große Würfel schneiden.

**2** Die Zutaten für die Marinade in einer großen Schüssel vermischen. Die Fischwürfel dazugeben und behutsam untermengen. 2–3 Stunden marinieren.

**3** Die Bambusspieße mindestens 30 Minuten in kaltem Wasser einweichen, damit sie beim Grillen nicht verbrennen. Den Speck in 3cm große Quadrate schneiden. Speck und Fisch abwechselnd auf die Spieße stecken. Bis zur Verwendung mit Frischhaltefolie abgedeckt in den Kühlschrank stellen.

**4** Das Öl im Wok erhitzen, die Frühlingszwiebeln darin braten, bis sie weich sind, danach mitsamt dem Fett in ein Schälchen füllen.

**5** Den Grill erhitzen. Die Spieße in einen zusammenklappbaren Grillkorb spannen und auf den Grill legen. Während des Garens mit dem Frühlingszwiebelöl einpinseln.

**6** In der Zwischenzeit die Erdnüsse im Mörser grob zerstoßen. Kurz vor dem Servieren über die Spieße streuen.

# Frittierte Garnelenküchlein

**Die Garnelenküchlein namens *tod man goong* sind nahe Verwandte der berühmten thailändischen Fischküchlein, sie schmecken aber dank des aromatischen Garnelenfleisches herzhafter. Ein wunderbares Fingerfood für besondere Anlässe, das Sie gut auch im Voraus zubereiten und einfrieren können.**

FÜR 4 PORTIONEN ZUBEREITUNGSZEIT: 30 MINUTEN

**KOCHUTENSILIEN**
Küchenbeil
Schneidebrett
Wok und Schaumlöffel
Mörser und Stößel

**ZUTATEN**
500g rohe Garnelen, geschält, Därme entfernt, gehackt
1 Ei, leicht verquirlt
2 TL Speisestärke, zzgl. etwas zum Bestäuben
2 Frühlingszwiebeln, fein gehackt
1 EL Schweineschmalz
1 EL Fischsauce (z.B. *nam pla)*
1 TL Zucker
1 EL zerdrückter Knoblauch
½ TL frisch gemahlener schwarzer Pfeffer
Erdnuss- oder Rapsöl zum Frittieren

**1** Die gehackten Garnelen im Mörser sehr fein zerstoßen. Ei, Stärke, Frühlingszwiebeln, Schmalz, Fischsauce, Zucker, Knoblauch und Pfeffer dazugeben und alles gründlich vermengen.

**2** Die Hände mit etwas Speisestärke bestäuben und aus der Garnelenmischung 1cm dicke, runde Küchlein von etwa 5cm Durchmesser formen. Fest zusammenklopfen und mit etwas zusätzlicher Speisestärke bestäuben.

**3** Im Wok bei mittlerer Temperatur genügend Öl zum Frittieren erhitzen. Die Küchlein darin portionsweise einige Minuten rundum hellbraun frittieren. Mit Gurkenstreifen und Chilidip (s.S. 208) servieren.

# Südostasiatische Korbwaren

Aus getrockneten Palmwedeln und Bambus flicht man in Südostasien nützliche und formschöne Körbe. In ihnen werden Lebensmittel aufbewahrt, gedämpft oder serviert. In Thailand und Laos zum Beispiel kommen Klebreis, Cracker, Krabbenchips, gewürzte Nüsse und Rohkost in kleinen dekorativen Körbchen auf den Tisch.

**1 DÄMPFKORB**
Dieser trichterförmige Korb steht in einem mit Wasser gefüllten Metalltopf. Das Dämpfgut – meist Reis – wird in den Korb gefüllt, das Wasser erhitzt und der Korb mit einem separaten Deckel verschlossen. Auf diese Weise gart das Essen sanft im Dampf.

1

2

**2 VORRATSKORB**
Feine Bambuskörbe wie dieser – am Boden quadratisch und oben rund – dienten traditionell zum Lagern von Getreide. In modernen, gut schließenden Gefäßen sind die Körner allerdings viel besser vor Verunreinigungen und Ungeziefer geschützt.

3

**3 WASSEREIMER**
In abgelegenen Regionen kann man bis heute solche aus großen getrockneten Palmblättern hergestellte Eimer finden. Mit ihnen holte man früher frisches Wasser vom Brunnen oder Bach.

**4 SERVIERKORB MIT DECKEL**
Dieser hübsche Korb ist aus breiteren Bambusstreifen und feinen, zum Teil farbigen Bändern geflochten. Der Deckel wird von einer Schnur gehalten, am Boden sorgt ein Holzkreuz dafür, dass der Korb nicht kippelt, wenn man den gegarten Reis darin aufträgt.

4

**5 OFFENES RUNDES KÖRBCHEN**
Dieses sehr fein geflochtene Körbchen sieht aus wie die Nachbildung einer chinesischen Reisschale. Man serviert darin Würzsaucen, Rohkost und kleine trockene Snacks.

**6 7 KÖRBCHEN MIT DECKEL**
Miniaturversionen des links gezeigten Servierkorbs dienen in Thailand zum Anbieten von kleinen Happen und Snacks. Die Körbchen können schlicht oder dekorativ gestaltet sein, manchmal ist der Deckel lose, manchmal mit einem Band befestigt.

6

5

7

# Küchenhelfer aus Kokosschalen

In tropischen Ländern dient die Kokospalme nicht nur der Ernährung: Blätter und Stamm werden zum Bau von Hütten und Möbeln verwendet, die Kokosfasern zu Matten gewoben, und das Öl verarbeitet man zu Körperpflegemitteln. Selbst die Schalen der Kokosnüsse finden Verwendung, zum Beispiel beim Wasserschöpfen, als Behälter oder Servierschale.

**1 5 KELLEN AUS KOKOSSCHALEN**
Die natürliche Wölbung der Kokosschale macht sie zu einer idealen Kelle, man muss nur noch einen Griff anbringen. Kellen wie diese findet man überall, wo Kokospalmen gedeihen. Mit langem Griff dienen sie zum Servieren von Suppen und Currys, mit kürzerem als Löffel für Reis, Desserts und Salate.

**2 SCHAUMLÖFFEL**
Kokosschale ist zwar ein einfaches Material, aber sie lässt sich gut bearbeiten, durchlöchern und für jeglichen Zweck in die richtige Form bringen – hiermit z. B. hebt man fertige Happen aus Garflüssigkeit oder Frittierfett und lässt sie abtropfen.

**3 SPATEL**
Dieser fein geschliffene Spatel aus Kokosschale erfüllt seinen Zweck genauso gut wie ein modernes Modell aus Edelstahl.

**4 SCHAUMLÖFFEL**
Geschlitzte Schaumlöffel werden ebenso verwendet wie der oben gezeigte mit den kleinen Löchern.

**6 SALATBESTECK**
Salate sind ein wichtiger Bestandteil der verschiedenen Regionalküchen auf der indochinesischen Halbinsel. Feine Handwerkskunst verwandelt einfache Kokosschalen in formschöne Löffeln und Gabeln mit glatten runden Griffen.

# Würzig gefüllte Kalmare

Mit Hackfleisch gefüllte Kalmare sind überall in Südostasien beliebt, häufig verwendet man sie dann als Einlage für eine Suppe. Unser Rezept stammt aus Vietnam und wird mit einem Dip serviert, entweder als Vor- oder Hauptspeise. Neben Hackfleisch gehören Glasnudeln, Pilze und Kräuter in die würzige Füllung.

FÜR 4 PORTIONEN ZUBEREITUNGSZEIT: 25 MINUTEN

**KOCHUTENSILIEN**

Gemüsemesser
Küchenbeil
Schneidebrett
Zahnstocher oder Küchengarn
Kochtopf und Schaumlöffel
Wok oder Bratpfanne

**ZUTATEN**

12 mittelgroße Kalmare, je etwa 8 cm lang
5 chinesische Pilze aus der Dose, abgetropft
200 g Schweinehackfleisch
2 Knoblauchzehen, fein gehackt
2 Frühlingszwiebeln, fein gehackt
1 EL gehackte Korianderblätter
2 EL Fischsauce (z. B. *nuoc mam*)
½ TL frisch gemahlener schwarzer Pfeffer
30 g Glasnudeln, eingeweicht
3 EL Erdnussöl

**1** Die Kalmare waschen. Nach Bedarf ausnehmen, Köpfe und Fangarme abtrennen. Die Kauwerkzeuge entfernen, die Tentakel nach Belieben für einen anderen Zweck verwenden. Die Körper nochmals sorgfältig waschen.

**2** Die Pilze fein hacken und gründlich mit Hackfleisch, Knoblauch, Frühlingszwiebeln, Koriander, Fischsauce und Pfeffer vermengen. Die eingeweichten Glasnudeln ebenfalls hacken und behutsam unterrühren.

**3** Die Füllung mit einem Teelöffel in die Kalmare geben, dabei aber nicht zu prall füllen, da sich das Fleisch beim Garen zusammenzieht und die Füllung dann möglicherweise herausquillt. Die offenen Enden mit Zahnstochern zusammenstecken oder mit Küchengarn zunähen.

**4** In einem großen Topf Wasser zum Kochen bringen. Die Kalmare darin 3 Minuten kochen, bis das Hackfleisch gar ist. Mit einem Schaumlöffel herausnehmen, abtropfen lassen und mit Küchenpapier trocken tupfen.

**5** Das Öl in Wok oder Pfanne erhitzen und die Kalmare darin portionsweise 2–3 Minuten sanft anbraten. Die Zahnstocher bzw. den Küchenzwirn entfernen und die Kalmare sofort servieren.

# Goldener Reis

Wie in vielen asiatischen Ländern liegt auch in Burma das Hauptaugenmerk bei jeder Mahlzeit auf dem Reis. Für festliche Anlässe gönnt man ihm eine »Spezialbehandlung«, wie die goldene Färbung in diesem Rezept. Sie stammt von gemahlener Kurkuma, einem Lieblingsgewürz der burmesischen Küche. Eine edlere Variante verwendet Safran. Für unser Rezept nimmt man eine Mischung aus beidem. Goldener Reis eignet sich als Beilage zu vielen Currys.

FÜR 6–8 PORTIONEN ZUBEREITUNGSZEIT: 30 MINUTEN

**KOCHUTENSILIEN**

Gemüsemesser
Schneidebrett
Wok und Kelle
großer Topf

**ZUTATEN**

3 EL Erdnussöl
6 Knoblauchzehen, in feine Scheiben geschnitten
4 Schalotten, gehackt
250g Basmatireis
1 TL Safranfäden
2 TL Kurkumapulver
2 TL Salz

**1** Das Öl im Wok erhitzen. Knoblauch und Schalotten darin knusprig und goldbraun braten. Auf Küchenpapier abtropfen lassen. Den Reis abspülen, abtropfen lassen und in einen großen Topf geben. Mit Wasser auffüllen, sodass es 2,5cm über dem Reis steht.

**2** Safranfäden und Kurkuma unterrühren. Den Topf schließen und den Reis bei mittlerer Temperatur etwa 12 Minuten köcheln lassen. Zwischendurch prüfen, ob er nicht zu stark kocht oder ansetzt, nach Bedarf die Temperatur senken. (Nach Möglichkeit einen elektrischen Reiskocher verwenden.)

**3** Einige Minuten vor Ende der Garzeit das Salz unterrühren. Den Reis vor dem Servieren abschmecken und mit gebratenen Schalotten und Knoblauch bestreuen. Heiß auftragen.

# Laotische Hühnersuppe

**Dieses Rezept habe ich von Samly aus Laos. Er hat zwei Jahre lang als Gastschüler bei meiner Familie gelebt und am Wochenende manchmal groß für uns gekocht. In Laos verwendet man als Gewürz häufig knusprig geröstete und dann zerstoßene Frühlingszwiebeln, außerdem frisches Koriandergrün mitsamt seinen aromatischen Wurzeln.**

FÜR 4 PORTIONEN ZUBEREITUNGSZEIT: 30 MINUTEN

**KOCHUTENSILIEN**

Küchenbeil
Schneidebrett
Suppentopf
Wok und Kelle
Schaumlöffel

**ZUTATEN**

1 Bund Koriander mit Wurzeln
5 Gewürznelken
4 Hähnchenbrustfilets
3 Frühlingszwiebeln
2 EL Erdnussöl
5 Schalotten, in Streifen geschnitten
3 Knoblauchzehen, in feine Scheiben geschnitten
1 EL Fischsauce (z. B. *nam pla*)
½ TL frisch gemahlener schwarzer Pfeffer

**1** In einem Suppentopf 1 l Wasser zum Kochen bringen. Einige Korianderblätter zum Garnieren beiseitelegen, den Rest mit den Nelken in den Topf geben. Die Hitzezufuhr verringern, das Fleisch zugeben und in dem Sud 20 Minuten gar ziehen lassen. Mit einem Schaumlöffel herausheben, etwas abkühlen lassen und in feine Streifen zerpflücken. Nelken und Koriander aus der Brühe heben. Fett und Trübstoffe sorgfältig entfernen.

**2** Die Frühlingszwiebeln über einer Gasflamme oder in einer Grillpfanne einige Minuten rösten, bis sie beginnen, weich zu werden, und leicht verbrannt aussehen. Fein hacken und beiseitestellen. Das Öl im Wok erhitzen, Schalotten und Knoblauch darin goldbraun und knusprig braten, dann auf Küchenpapier abtropfen lassen.

**3** Die Brühe wieder zum Kochen bringen. Frühlingszwiebeln, Fleisch, Fischsauce und Pfeffer dazugeben. Die Suppe abschmecken, in tiefe Teller oder Schalen schöpfen und mit klein geschnittenen Korianderblättern, gebratenen Schalotten und Knoblauch garniert servieren.

# Kambodschanische Reiskuppel

**Da Kambodscha lange Zeit isoliert war, ist seine Küche außerhalb der Landesgrenzen kaum bekannt. Sie ähnelt den Regionalküchen von Laos und Nordostthailand, ist aber noch etwas würziger. Der Reis wird häufig mit Fleisch und Gewürzen zusammen gegart und zum Servieren in eine Form gedrückt und gestürzt.**

FÜR 4 PORTIONEN ZUBEREITUNGSZEIT: 25 MINUTEN

**KOCHUTENSILIEN**
Küchenbeil
Schneidebrett
Topf oder elektrischer Reiskocher
Wok und Kelle
kleine Reisschalen

**ZUATEN**
300g Jasminreis
2 EL Schweineschmalz oder Öl
2 Knoblauchzehen, fein gehackt
2 Frühlingszwiebeln, in feine Ringe geschnitten
1 EL Fischsauce (z.B. *nam pla)*
½ TL frisch gemahlener schwarzer Pfeffer
125g gekochter Schweinebauch, grob gehackt
125g gekochtes Hähnchenfleisch, grob gehackt oder zerpflückt
**zum Garnieren**
blühender chinesischer Schnittlauch
knusprig gebratener Knoblauch

**1** Den Reis in einen Topf oder Reiskocher geben, 500ml Wasser dazugießen. Faustregel für das Verhältnis von Reis und Wasser ist immer, dass das Wasser unabhängig von der Größe des Topfes etwa 2,5cm über dem Reis stehen sollte. Im geschlossenen Topf 15 Minuten garen, danach warm halten.

**2** Schmalz oder Öl im Wok erhitzen. Knoblauch und Frühlingszwiebeln darin einige Minuten goldbraun anbraten, dann gründlich mit Fischsauce und Pfeffer verrühren.

**3** Den gekochten Reis, Schweinebauch und Hähnchenfleisch dazugeben und die Mischung nach Belieben mit etwas Salz abschmecken. Auf vier Reisschalen verteilen und festdrücken. Den Inhalt der Schalen auf einzelne Teller stürzen. Mit blühendem chinesischen Schnittlauch und knusprig gebratenem Knoblauch garniert servieren.

# Fischwürfel in Kokoscreme

**Besser als in diesem wunderbaren mild-würzigen Fischgericht aus Kambodscha kann man Kokosmilch kaum verwenden. Für frisches Aroma sorgen Zitronengras und Galgant, eine ingwerähnliche Wurzel.**

FÜR 4 PORTIONEN ZUBEREITUNGSZEIT: 30 MINUTEN

**KOCHUTENSILIEN**

Küchenbeil
Schneidebrett
Wok und Schaumlöffel
Mörser und Stößel

**ZUTATEN**

500g festes Fischfilet (z.B. Seeteufel oder Kabeljau)
5 EL Erdnussöl
2 Stängel Zitronengras, nur die unteren 3cm, von den harten Hüllblättern befreit
2 Scheiben frischer Galgant oder Ingwer
3 rote Chilischoten, nach Belieben von den Samen befreit, grob gehackt
4 Knoblauchzehen, halbiert
200ml Kokosmilch
1 EL Fischsauce (z.B. *nam pla)*
etwas Limettensaft (nach Belieben)
2 EL gehackte, geröstete Erdnusskerne
Minze- oder Basilikumblätter zum Garnieren

**1** Den Fisch in Würfel schneiden und mit Küchenpapier trocken tupfen. Das Öl im Wok bei mittlerer Temperatur erhitzen. Die Fischwürfel darin rundum einige Minuten sanft anbraten. Mit einem Schaumlöffel herausheben und warm halten. Das Öl im Wok bis auf etwa 2 EL abgießen, die Hitzezufuhr reduzieren.

**2** Zitronengras, Galgant oder Ingwer, Chilischoten und Knoblauch mit Mörser und Stößel zu einer Paste verarbeiten. Im Wok 5 Minuten pfannenrühren, bis sie aromatisch duftet. Die Kokosmilch angießen und die Fischsauce unterrühren, nach Belieben etwas Limettensaft dazugeben. Die Temperatur leicht erhöhen und die Sauce 5 Minuten köcheln lassen, sodass sie etwas einkocht.

**3** Die angebratenen Fischwürfel in die Sauce geben, Erdnüsse und Minze oder Basilikum darüberstreuen. Mit Reis servieren.

# Laotischer Gemüsesalat

**Die Köche in Laos legen die Kohlblätter für diesen Salat selbst in Salz ein, und in der Regel verwenden sie auch nur hausgemachte Fischsauce und Rinderbrühe. Wir kürzen diese aufwendige Prozedur kräftig ab und benutzen stattdessen eine chinesische Konserve, fertig gekaufte Fischsauce und Brühwürfel. Auch bei der Gemüseauswahl kann man getrost auf heimische Gewächse ausweichen.**

FÜR 4 PORTIONEN   ZUBEREITUNGSZEIT: 30 MINUTEN

**KOCHUTENSILIEN**
Gemüsemesser
Schneidebrett
Wok oder schwere Pfanne
kleines Drahtsieb
Mörser und Stößel
Sieb

**ZUTATEN**
1 EL Öl
1 Aubergine, in dicke Stifte geschnitten
5 Knoblauchzehen, geschält
4 Frühlingszwiebeln, in 5cm lange Stücke geschnitten
150g eingesalzener Kohl *(ham choi* oder *phak gad khem),* in Streifen geschnitten
2 EL grob gehackter Ingwer
1 großer Romana-Salat, in Streifen geschnitten
100g Reisnudeln (Vermicelli), in kaltem Wasser eingeweicht
2 rote Chilischoten, von den Samen befreit, in feine Streifen geschnitten
knusprig gebratene Schalotten (nach Belieben)

**für das Dressing**
1 Brühwürfel für Rinderbrühe
1 EL Fischsauce (z.B. *nam pla)*
2 EL frisch gepresster Limettensaft
1 TL Zucker

**1** Das Öl in Wok oder Pfanne bei mittlerer Temperatur erhitzen. Die Aubergine darin anbraten, bis die Streifen leicht gebräunt und gar sind. Auf Küchenpapier abtropfen lassen. Das Öl aufbewahren.

**2** Die ganzen Knoblauchzehen im Drahtsieb über einer Gasflamme etwa 30 Sekunden rösten, bis sie leicht angekohlt sind. Auf diese Weise auch die weißen Teile der Frühlingszwiebeln rösten. Beides mit Mörser und Stößel leicht zerstampfen und beiseitestellen.

**3** Den Kohl 10–15 Minuten in kaltes Wasser legen, danach in einem Sieb abspülen, damit ein Teil des Salzes ausgewaschen wird.

**4** Für das Dressing den Brühwürfel in einem Schälchen mit 2 EL heißem Wasser auflösen und gründlich mit den übrigen Dressingzutaten verquirlen, bis sich der Zucker vollständig aufgelöst hat. Falls nötig, nachwürzen.

**5** Alle vorbereiteten Zutaten mitsamt dem Fett vom Anbraten der Auberginen in einer großen Schüssel mit dem Dressing durchheben. Nach Belieben mit knusprig gebratenen Schalotten garnieren.

# Burmesisches Hähnchencurry mit Nudeln

*Khao swe* ist ein Standardgericht der burmesischen Küche, ganz typisch ist die Auswahl an Beilagen zum Würzen und Garnieren. Zwiebeln, Knoblauch und Ingwer sind die geschmackliche Grundlage vieler burmesischer Currys, Kurkuma sorgt für Schärfe und eine schöne Farbe, Chili dagegen wird (wenn überhaupt) nur sparsam eingesetzt.

FÜR 4 PORTIONEN ZUBEREITUNGSZEIT: 1 STUNDE 15 MINUTEN

**KOCHUTENSILIEN**
Küchenbeil
Schneidebrett
Mörser und Stößel
großer Topf

**ZUTATEN**
1 kg Hähnchenkeulen ohne Haut und Knochen, in mundgerechte Stücke geschnitten
2 große Zwiebeln, grob gehackt
5 Knoblauchzehen, grob gehackt
1 TL fein geriebener Ingwer
2 EL Sonnenblumen- oder Rapsöl
½ TL burmesische Garnelenpaste (*ngapi*, ersatzweise thailändische Garnelenpaste)
400 ml Kokosmilch
1 EL mittelscharfes Currypulver
200 g Eiernudeln
Salz und frisch gemahlener schwarzer Pfeffer

**zum Garnieren**
gehackte Korianderblätter
fein gehackte rote Zwiebeln
frittierte Knoblauchscheiben
in Ringe geschnittene rote Chilischoten
Limettenspalten

**1** Das Fleisch mit Salz und Pfeffer würzen und beiseitestellen. Zwiebeln, Knoblauch und Ingwer mit Mörser und Stößel zu einer glatten Paste verarbeiten. Falls nötig, etwas Wasser dazugeben.

**2** Das Öl in einem großen Topf stark erhitzen. Zwiebel- und Garnelenpaste darin etwa 5 Minuten unter Rühren anbraten. Die Temperatur auf eine mittlere Stufe senken, das Hähnchenfleisch dazugeben und ebenfalls unter gelegentlichem Rühren anbraten, bis das Fleisch schön gebräunt ist.

**3** Die Kokosmilch angießen und das Currypulver darüberstreuen. Kurz aufkochen, dann die Temperatur reduzieren und das Curry im geschlossenen Topf etwa 30 Minuten köcheln lassen. Danach ohne Deckel noch weitere 15 Minuten köcheln lassen, bis das Fleisch zart ist.

**4** In der Zwischenzeit die Nudeln nach den Angaben auf der Packung garen. Abgießen und auf vier vorgewärmte Schalen verteilen. Das Curry darüberschöpfen und mit der Garnitur servien.

**Tipp** Für besondere Gelegenheiten kann man das Rezept mit einer Handvoll gekochter, geschälter Garnelen verfeinern.

# SOMKID BHANUBANDH Pfannengerührtes Rehfleisch mit Pfeffer

**Somkid Bhanubandh ist nicht nur eine erstklassige Köchin und Restaurantchefin, sondern auch die Frau eines thailändischen Prinzen. Ihr Rezept ist ein gutes Beispiel für die königliche Thai-Küche, die Somkid von der Pike auf gelernt hat. Diese Küche genießt bis heute eine Sonderstellung innerhalb der kulinarischen Tradition des Landes.**

FÜR 4 PORTIONEN ZUBEREITUNGSZEIT: 15 MINUTEN

**KOCHUTENSILIEN**
Küchenbeil
Schneidebrett
Wok und Kelle

**ZUTATEN**
500 g Rehrücken, in dünne Streifen geschnitten
2 EL Erdnussöl
2 Knoblauchzehen, zerdrückt
1 EL Austernsauce
1 EL Fischsauce (z. B. *nam pla*)
½ TL gemahlener weißer Pfeffer
½ TL zerstoßene schwarze Pfefferkörner
2 Frühlingszwiebeln, in 2–3 cm lange Stücke geschnitten
125 ml Gemüsebrühe
1 TL Speisestärke
1 EL gehackte Frühlingszwiebeln zum Garnieren

**1** Das Fleisch mit dem Rücken des Küchenbeils vorsichtig klopfen, damit es zarter wird. Das Öl im Wok erhitzen, den Knoblauch darin 30 Sekunden anbraten.

**2** Die Fleischstreifen dazugeben und bei starker Hitze unter ständigem Rühren 40 Sekunden anbraten. Austernsauce und Fischsauce angießen, den Pfeffer und die Frühlingszwiebelstücke dazugeben und weitere 30 Sekunden pfannenrühren.

**3** Mit der Brühe ablöschen. Die Stärke mit etwas Wasser anrühren und in den Wok geben. Umrühren, bis die Sauce bindet und glänzend geworden ist. Das Gericht mit den gehackten Frühlingszwiebeln garniert heiß servieren. Dazu passt gedämpfter Pak Choi.

# Kokosreis mit Mangos

Da Reis und Mangos zu den Grundpfeilern der thailändischen Küche zählen, darf dieses Rezept wohl als das Thai-Dessert schlechthin gelten. Die frische, aromatische Süße der Mangos verbindet sich mit dem milden Kokosreis zu einer wirklich verlockenden Köstlichkeit. Allerdings kann man auch anderes Obst, zum Beispiel Bananen oder Jackfrüchte, dazu probieren. Thailändische Mangos sind bei uns schwer zu finden, aber indische sind fast genauso gut.

FÜR 2 PORTIONEN ZUBEREITUNGSZEIT: 35 MINUTEN, ZZGL. MEHRERE STUNDEN ZUM EINWEICHEN

**KOCHUTENSILIEN**
Gemüsemesser
Schneidebrett
Dämpftopf
hitzebeständige Schüssel

**ZUTATEN**
150g Klebreis
300ml Kokosmilch
1 EL Zucker
½ TL Salz
2 große reife Mangos (Thai-Mangos oder eine andere süße Sorte)

**1** Den Reis in einer Schüssel mit Wasser bedecken und mehrere Stunden einweichen. Danach hat er den Großteil der Flüssigkeit aufgenommen und kann gedämpft werden.

**2** Kokosmilch, Zucker und Salz sorgfältig unter den Reis rühren. Diese Mischung in eine große hitzebeständige Schüssel geben. Achtung: Der Reis nimmt beim Garen an Volumen zu. Im geschlossenen Dämpftopf 30 Minuten über kochendem Wasser garen, bis der Reis die Kokosmilch vollständig aufgenommen hat.

**3** Einige Körner probieren. Falls sie noch nicht gar sind, den Reis kurze Zeit weiterdämpfen. Den fertigen Reis aus dem Dämpftopf nehmen und abkühlen lassen.

**4** Die Mangos schälen, das Fruchtfleisch in große Stücke schneiden und zum Klebreis servieren.

# Singapur, Malaysia und Indonesien

Die Länder Südostasiens sind nicht nur durch ihre geografische Nähe, sondern auch kulturell eng miteinander verbunden. Für Singapur, Malaysia und Indonesien trifft das ganz besonders zu. Ihre Küche ist ein spannender Mix aus würzigen, aromatischen Verbindungen, in denen Sojasauce, Chilischoten und Kokos eine wichtige Rolle spielen, bereichert von Elementen aus anderen Kulturen.

3
1
6
4
7
5
9
10
8
2

# Singapur, Malaysia und Indonesien

**Singapur, Malaysia und der Inselstaat Indonesien gehörten einst zu dem mächtigen Königreich Srivijaya. Es ging unter, lange bevor arabische Händler, dann Portugiesen und schließlich Holländer sowie Briten den Gewürzhandel und die Macht an sich rissen. Bis heute haben die Länder vieles gemeinsam, vor allem ihren Reichtum an landwirtschaftlichen Erzeugnissen und ihre kulinarischen Traditionen.**

Die Küche dieser südostasiatischen Region ist eine Mischung aus indischen, chinesischen, arabischen, holländischen, britischen und thailändischen Einflüssen. In der Luft liegen die betörenden Aromen von Ingwer, Galgant, Zitronengras, Chilischoten, Schalotten, Koriander, Kokos, Tamarinde und zahllosen frischen Kräutern. Sie verleihen der Vielfalt südostasiatischer Currys und Pfannengerichte ihren unvergleichlichen Geschmack.

Fisch und Meeresfrüchte werden mit Chili, Kurkuma, Ingwer und Kokosmilch gewürzt und in Bananenblättern gedämpft. Huhn, Rind und Schweinefleisch gart man in berauschenden Würzmischungen aus Garnelenpaste, Schalotten, Galgant, Kaffirlimettenblättern und Zitronengras. Über dem Grill brutzeln Spieße aus mariniertem Hähnchenfleisch, der saftige Reis schmeckt nach Kokos und Pandanblättern. Es gibt unzählige herzhafte und süße Nudelgerichte, aus geriebenem Maniok bäckt man mit Palmsirup gesüßte Küchlein, Eier und Kokosmilch verwandeln sich in hauchdünne, dekorative Waffeln – und das allermeiste wird noch immer auf traditionelle Weise hergestellt.

Desserts sind in Südostasien im Allgemeinen nicht sehr populär. Ein Großteil der Süßspeisen entstand im Zusammenhang mit buddhistischen und taoistischen Festen. Heute ist ihre religiöse Bedeutung vielfach in Vergessenheit geraten, und sie werden als beliebte Snacks das ganze Jahr über angeboten.

Die bunte Vielfalt an kulinarischen Stilen ist die unmittelbare Folge des jahrhundertealten multikulturellen Erbes in der Region. So hat sich in Singapur aus der Verbindung von chinesischer Tradition und heimischem Nahrungsangebot der Nyonya-Stil entwickelt. Der Begriff *nyonya* selbst ist eine Mischung aus dem chinesischen *neo* (Dame) und dem malaiischen *hya* (Herr). Er wurde ursprünglich für Mischehen zwischen Chinesen und malaiischen Frauen verwandt und steht heute für eine ganze Kultur.

Ebenfalls einzigartig ist die Küche der fliegenden Händler in Südostasien. Tag für Tag werden hier indische, malaiische, chinesische, arabische und eurasische Gerichte durch die Straßen der Städte und Dörfer getragen. Viele Händler arbeiten mit kaum mehr als einfachen Karren oder großen Körben, die sie an langen Stangen auf ihren kräftigen Schultern balancieren. Heutzutage gibt es in vielen Städten auch überdachte Märkte für die Imbissverkäufer, und auch wenn das Bild dort nicht mehr so malerisch ist, der Essensduft spricht noch immer für sich. Die Kochkunst ist in Südostasien so tief verwurzelt, dass das kulinarische Erbe überall lebendig ist – und das schmeckt man!

**LINKS 1** Chinesischer Schnittlauch **2** vietnamesischer Koriander *(rau ram)* **3** Galgant **4** rote Zwiebel **5** Kalamansi-Limetten **6** chinesischer Brokkoli **7** rote Chilischoten **8** Knoblauch **9** Zitronengras **10** Pandanblatt
**UNTEN 1** Frittierter Tofu **2** Tempeh **3** schwarzer Reis **4** gelbe Bohnenpaste **5** Garnelenpaste, **6** Fischbällchen **7** Sambal Oelek **8** Kokosmilch **9** Chilisauce **10** Fischkuchen **11** kleine Trockenfische *(ikan teri, ikan bilis)*

# Utensilien südostasiatischer Straßenhändler

**Obwohl viele Städte rasant wachsen, sind fliegende Imbisshändler noch immer ein vertrautes Bild in Südostasien. Manchmal arbeiten ganze Familien an den kleinen Ständen. Sie verkaufen Nudeln, *satay*-Spieße, Teigtaschen, schwarzen Klebreisbrei, frische Fruchtsäfte und in Bananen- und Pandanblätter gewickelte kleine Köstlichkeiten, die sie allesamt mit Utensilien wie diesen herstellen.**

1

2

3

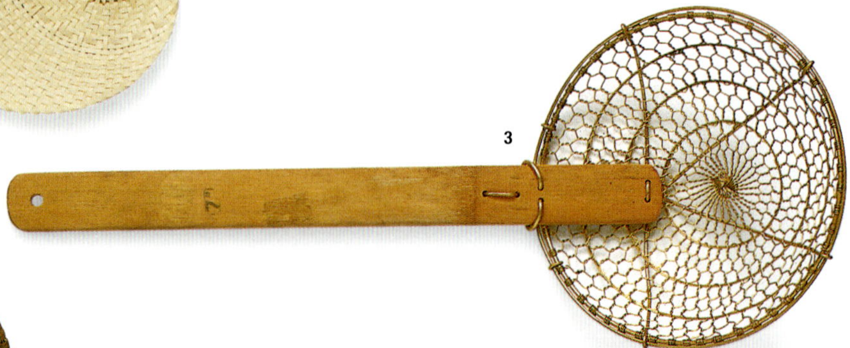

4

5

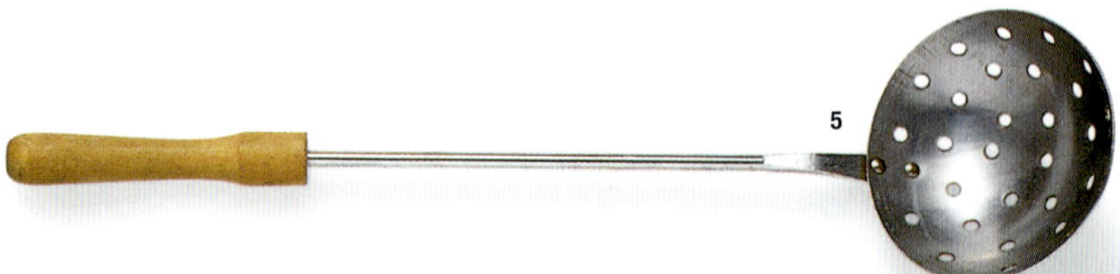

6

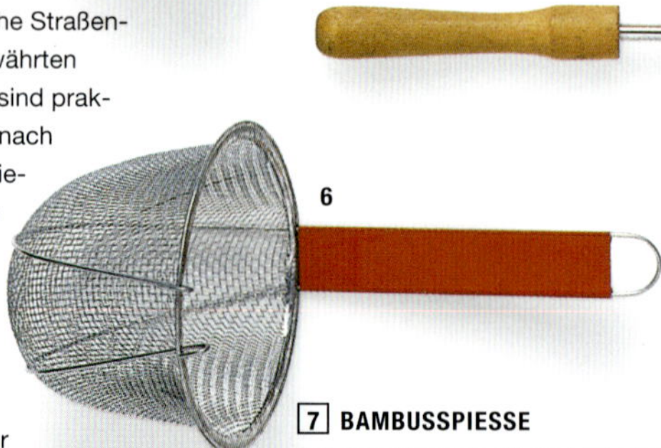

7

**1 FÄCHER AUS PANDANBLÄTTERN**
Der »*satay*-Mann« ist in den Straßen Südostasiens ein vertrauter Anblick. Da er nie weiß, wann der nächste Kunde kommt, hält er immer heiße Kohlen bereit. Daraus entfacht er mit seinem Fächer im Nu eine Glut zum Braten der Spieße. Und zwischendurch kann er sich selbst damit frische Luft zufächeln – eine Wohltat in Rauch und Hitze.

**2 6 KLEINE SIEBE**
Wenn man zarte Fischstücke oder fein geschnittenes Fleisch kurz blanchiert oder frittiert, dann braucht man dafür Siebe wie diese – und eine gewisse Geschicklichkeit, um sie locker aus dem Handgelenk heraus zu schwenken, zu schütteln und zu entleeren.

**3 4 NUDELSIEBE**
Bevor Metall und Kunststoff auch in Südostasien ihren Siegeszug antraten, beherrschte Bambus die Szenerie. In ländlichen Gegenden verwenden manche Straßenhändler noch immer ihre bewährten Utensilien. Die langen Griffe sind praktisch, wenn man die Nudeln nach dem Garen wieder aus den riesigen Töpfen voll kochenden Wassers fischen will, ohne sich zu verbrühen.

**5 SCHAUMLÖFFEL**
Mit diesem praktischen Utensil schöpft man nicht nur Schaum von der Brühe ab, man kann damit auch fertig gegarte Teile aus der Garflüssigkeit heben.

**7 BAMBUSSPIESSE**
Auf die zwischen 16 und 20 Zentimeter langen, spitzen Spieße steckt man kleine Stücke Fleisch, Fisch oder Meeresfrüchte zum Grillen. Damit die Enden nicht verbrennen, werden die Spieße zuvor gewässert. In Indonesien und Malaysia bindet man größere Spieße auch zu Grillgabeln zusammen, auf denen man Geflügel gart. Kleine Bambusspieße dienen dazu, Bananenblätter zu Garkörbchen zusammenzustecken.

# Penang-Frühlingsrollen

**Die Küche der malaysischen Insel Penang ist vor allem für diese Frühlingsrollen bekannt, doch die Namensgleichheit mit den chinesischen Rollen täuscht: Statt aus Weizen- oder Reismehl sind diese knusprigen Teighüllen aus Tofu gemacht – und viel weniger fettig! Man bekommt sie in gut sortierten Asialäden.**

FÜR 4 PORTIONEN ZUBEREITUNGSZEIT: 35 MINUTEN

**KOCHUTENSILIEN**

Küchenbeil
Schneidebrett
Wok und Schaumlöffel
Wokstäbchen

**ZUTATEN**

500g Schweinehackfleisch
3 Frühlingszwiebeln, gehackt
1 Ei, leicht verquirlt
1 TL Fünf-Gewürze-Pulver
1 EL helle Sojasauce
1 EL dunkle Sojasauce
2 EL Sesamöl
½ TL frisch gemahlener schwarzer Pfeffer
2 große Tofuteigblätter (im Asialaden unter der Bezeichnung *bean curd sheets* zu finden)
Erdnussöl zum Frittieren
Salatblätter und Chili-Knoblauch-Dip zum Servieren

**1** Für die Füllung Hackfleisch, Frühlingszwiebeln, Ei, Fünf-Gewürze-Pulver, Sojasauce, Sesamöl und Pfeffer gründlich vermengen.

**2** Ein Teigblatt auf die Arbeitsfläche legen und mit einem sauberen, feuchten Geschirrtuch etwas anfeuchten, dann in zwei Rechtecke schneiden (etwa 20 × 13cm). Das zweite Teigblatt genauso vorbereiten.

**3** Eines der Rechtecke mit der Längsseite parallel zur vorderen Kante der Arbeitsfläche ausbreiten. Etwa 6cm oberhalb der unteren, langen Teigseite 2 EL Füllung in einer waagrechten Linie verteilen, dabei rechts und links je etwa 7 cm zum Einschlagen des Teigs freilassen. Den Teig von unten her über die Füllung schlagen und festdrücken. Die Seiten einschlagen, dann den Teig bis zum Ende aufrollen. Die übrigen Rollen genauso zubereiten und 10 Minuten ruhen lassen.

**4** Genügend Öl zum Frittieren erhitzen. Die Frühlingsrollen darin 4–5 Minuten knusprig und goldbraun frittieren, dabei mit den Wokstäbchen im Öl bewegen. Kurz auf Küchenpapier abtropfen lassen, dann schräg halbieren und heiß auf einem Salatbett servieren. Dazu einen scharfen Chili-Knoblauch-Dip anbieten.

## HONG SAI CHOI

# Frittierte Reisnudeln nach Xiamen-Art

»Nach Xiamen-Art« bedeutet, dass ein Gericht in der Tradition der Küche der ostchinesischen Provinz Fujian steht, wo man häufig Fisch und Meeresfrüchte mit Fleisch kombiniert. Genau das erprobt unser Rezept mit den knusprigen Reisnudeln. Es stammt von Hong Sai Choi, einem Koch, der den Xiamen-Stil kennt wie kaum ein zweiter.

FÜR 2–4 PORTIONEN ZUBEREITUNGSZEIT: 30 MINUTEN

**KOCHUTENSILIEN**
Küchenbeil
Schneidebrett
kleiner Topf
2 Woks mit Kelle
kleines Drahtsieb

**ZUTATEN**
100g Bohnensprossen
Erdnussöl zum Frittieren
100g dünne Reisnudeln (Vermicelli)
150g Hähnchenbrustfilet, in feine Streifen geschnitten
125g rohe Garnelen, geschält, Därme entfernt
1 kleine grüne Paprikaschote, von Stielansatz, Samen und Scheidewänden befreit, in Streifen geschnitten
1 kleine rote Paprikaschote, von Stielansatz, Samen und Scheidewänden befreit, in Streifen geschnitten
1 Würfel für Hühnerbrühe, zerbröselt
½ TL Austernsauce
1 Prise Zucker
½ TL Sesamöl

**1** Die Bohnensprossen etwa 1 Minute in einem kleinen Topf mit kochendem Wasser blanchieren. Abgießen und beiseitestellen.

**2** In einem Wok genügend Öl zum Frittieren erhitzen, bis es raucht. Die Reisnudeln darin portionsweise frittieren, bis sie knusprig, leicht gebräunt und aufgebläht sind. Mit einem Drahtsieb oder Schaumlöffel herausheben und beiseitestellen.

**3** Das Frittieröl bis auf etwa 2 EL wegschütten. Hähnchenfleisch und Garnelen darin 3 Minuten braten, bis sie gar sind, dann herausnehmen und beiseitestellen.

**4** Die Paprikastreifen 1 Minute im Wok anbraten, dann Fleisch und Garnelen wieder dazugeben, zusammen mit Bohnensprossen, Brühwürfel, Austernsauce, Zucker und Sesamöl. Alles 1 Minute pfannenrühren.

**5** Die frittierten Nudeln in einem zweiten Wok kurz wieder aufwärmen, dann in eine Schüssel oder auf eine Platte geben, den Inhalt des ersten Woks darüberlöffeln und sofort servieren.

# Satay-Spieße

**Die feinen Spießchen sind so etwas wie die kulinarischen Botschafter Südostasiens. Fast jedes Land in der Region beansprucht die Urheberschaft für sich. Da für Moslems Schweinefleisch tabu ist, werden zumindest in Malaysia ausschließlich Rind, Lamm und Huhn verwendet. In einer würzigen Kokosmarinade eingelegt und beim Grillen mit einem aufgeklopften Zitronengrasstängel bestrichen, schmeckt das zarte Fleisch wirklich umwerfend aromatisch. Die cremige Erdnusssauce macht den Genuss perfekt.**

ERGIBT 20–24 SPIESSE ZUBEREITUNGSZEIT: 45 MINUTEN

**KOCHUTENSILIEN**
Küchenbeil
Schneidebrett
Mörser und Stößel
mittelgroßer Topf
Grill
Bambusspieße, etwa 20cm lang

**ZUTATEN**
500g Sirloinsteak, Fett entfernt
3 EL Erdnussöl
1 Stängel Zitronengras, das verdickte Ende zu einem faserigen Pinsel aufgeklopft
süße Chilisauce zum Servieren

**für die Marinade**
2 EL gemahlener Koriander
1 EL gemahlener Kreuzkümmel
1 TL gemahlene Kurkuma
1 TL Cayennepfeffer
150ml Kokosmilch
1 TL Salz
2 TL Zucker
3 EL Erdnussöl

**für die Erdnusssauce**
2 getrocknete Chilischoten, von den Samen befreit, in warmem Wasser eingeweicht
4 Schalotten, gehackt
2 Knoblauchzehen, gehackt
2–3cm Galgant oder Ingwerwurzel, gehackt
1 Stängel Zitronengras, nur der helle untere Teil, gehackt
1 TL gemahlener Koriander
½ TL gemahlener Kreuzkümmel
1 EL Erdnussöl
250g ungesalzene, geröstete Erdnusskerne, fein gehackt
400ml Kokosmilch, evtl. etwas mehr
1 EL dunkle Sojasauce
1 EL Palmzucker oder Rohrzucker
1 Prise Salz
1–2 EL frisch gepresster Limetten- oder Zitronensaft

**1** Die Bambusspieße mindestens 30 Minuten in kaltes Wasser legen, damit die Enden beim Grillen nicht verbrennen. Das Fleisch in etwa 2cm breite Streifen schneiden und in eine Schüssel legen. Alle Zutaten für die Marinade verquirlen und das Fleisch damit übergießen. Im Kühlschrank mindestens 30 Minuten marinieren.

**2** In der Zwischenzeit die Chilischoten für die Erdnusssauce abtropfen lassen und grob hacken. Chilischoten, Schalotten, Knoblauch, Galgant oder Ingwer, Zitronengras, Koriander und Kreuzkümmel mit Mörser und Stößel zu einer Paste verarbeiten. Das Öl in einem schweren Topf bei mittlerer bis hoher Temperatur erhitzen und die Paste darin einige Minuten anbraten, bis sie aromatisch duftet. Die Hitzezufuhr reduzieren, dann Erdnüsse, Kokosmilch, Sojasauce, Zucker und Salz unterrühren. Zum Kochen bringen und unter ständigem Rühren köcheln lassen, bis die Sauce andickt. Sollte sie zu dick werden, mit etwas zusätzlicher Kokosmilch oder Wasser wieder verflüssigen. Vom Herd nehmen, abschmecken und mit etwas Limetten- oder Zitronensaft würzen. Bis zum Servieren warm halten.

**3** Den Grill vorheizen. Je 3–4 Fleischstreifen auf die Spieße stecken und fest andrücken. Das faserige, zu einer Art Pinsel aufgeklopfte Ende des Zitronengrasstängels in Öl tauchen und die Spieße während des Grillens damit bestreichen. Über Holzkohlen beträgt die Garzeit etwa 5 Minuten auf jeder Seite, unter dem Backofengrill dauert es zweimal 4 Minuten.

**4** Heiß mit Erdnusssauce und süßer Chilisauce zum Dippen servieren.

# Gegrillte Stubenküken

**Der würzige, rauchige Geschmack dieses zarten Geflügels ist unwiderstehlich. Es gart schneller und bleibt dabei saftiger als ausgewachsene Hähnchen. Bei einer Grillparty sollten Sie für jeden Gast ein ganzes Küken rechnen.**

FÜR 4 PORTIONEN ZUBEREITUNGSZEIT: 45 MINUTEN

**KOCHUTENSILIEN**

Küchenbeil oder Geflügelschere
Schneidebrett
dicke Holz- oder Metallspieße
breiter Topf
Mörser und Stößel
Grill

**ZUTATEN**

4 größere Stubenküken (junge Hähnchen), küchenfertig, je etwa 650g
200ml Kokosmilch
4 Kaffirlimettenblätter
1 TL Salz

**für die Würzpaste**

3 rote Chilischoten, nach Belieben Samen entfernt
4 Knoblauchzehen
½ große Zwiebel
1 Stängel Zitronengras, nur die unteren 4cm, harte Hüllblätter entfernt
2 Scheiben Ingwer

**1** Die Stubenküken mit der Brustseite nach unten auf die Arbeitsfläche legen. Mit Küchenbeil oder Geflügelschere an einer Seite des Rückgrats entlang aufschneiden, dann umdrehen, an der anderen Seite entlangschneiden und das Rückgrat vollständig ablösen. Das Gabelbein in der Mitte durchtrennen, das Küken aufklappen und mit dem Küchenbeil flach drücken. Zwei Spieße kreuzweise diagonal durch Schenkel, Brust und Flügel stechen, sodass das Küken in dieser Position fixiert wird (s. Abb. oben).

**2** Die Kokosmilch in den Topf gießen. Stubenküken, Limettenblätter und Salz dazugeben und kurz aufkochen. Bei reduzierter Temperatur 5 Minuten köcheln lassen, dabei die Küken einmal wenden, sodass sie gleichmäßig garen und mit der Kokosmilch überzogen sind.

**3** Alle Gewürze für die Paste mit Mörser und Stößel fein pürieren und in den Topf geben. Weitere 10 Minuten köcheln lassen, bis die Sauce auf die Hälfte eingekocht ist, aromatisch duftet und leicht ölig ist. Die Küken herausnehmen, die Sauce aufbewahren.

**4** Die Stubenküken auf dem heißen Grill garen, bis sie schön gebräunt sind, dabei mehrfach großzügig mit der Sauce bestreichen. Bei Verwendung des vorgeheizten Backofengrills ein Blech unter das Gitter schieben und die Stubenküken auf jeder Seite etwa 8 Minuten grillen. (Garprobe: Den dicksten Teil der Keule mit einem scharfen Messer oder Spieß einstechen. Der austretende Saft sollte klar sein.) Heiß mit Brot oder Reis servieren.

# Utensilien zur Herstellung von essbaren Gefäßen

Wenn es darum geht, Speisen ansprechend zu präsentieren, dann haben asiatische Köche von jeher die Nase vorn. Vor allem bei festlichen Anlässen serviert man viele Gerichte in essbaren kleinen Gefäßen, die mit den hier gezeigten Utensilien hergestellt werden. Man findet sie durchaus nicht nur in Profiküchen. Fast jeder Haushalt in Südostasien verfügt zum Beispiel über ein Backeisen für kleine Becherpasteten *(kueh pai tee).* In die kleinen, frittierten »Zylinderhüte« füllt man die unterschiedlichsten gegarten Zutaten.

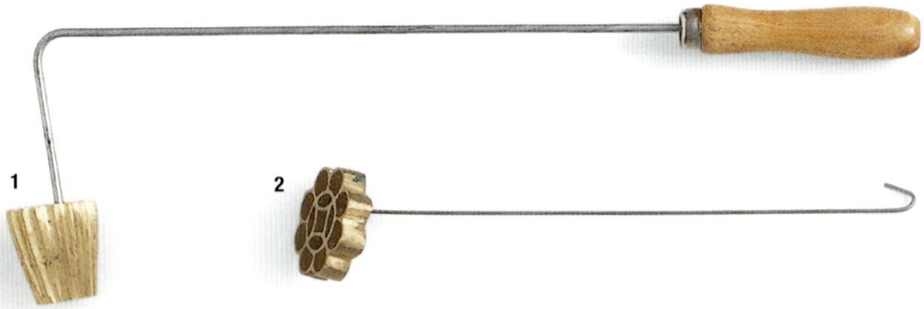

1 2

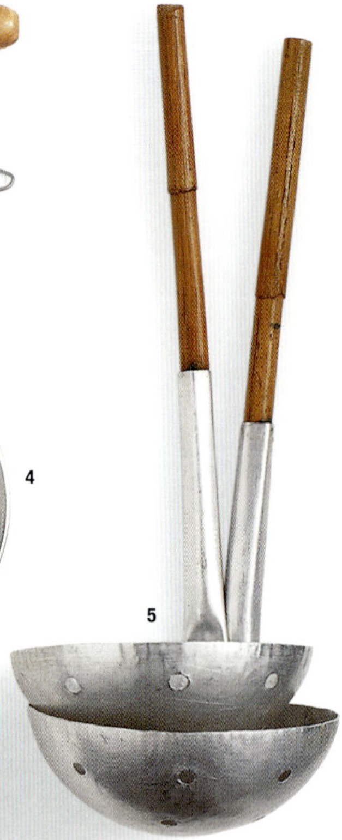

5

**1 BACKEISEN FÜR BECHERPASTETEN**
Die schwere, gezackte Messingform sitzt an einem abgewinkelten Metallstiel. Man taucht sie in heißes Fett, dann in den flüssigen Teig und schließlich zum Frittieren wieder ins Öl. So entstehen knusprig frittierte Becherpasteten. Sie sind wie Zylinderhüte geformt und werden zum Beispiel mit gekochten Bambussprossen gefüllt. In Singapur heißen die attraktiven Häppchen *kueh pai tee.* Da sie ein beliebtes Fingerfood sind, wird behauptet, dass sich *pai tee* von »Party« ableite. Der Begriff *kueh* (oder *kuih)* wird für viele Arten von Kuchen, Snacks und Süßspeisen verwendet. Die Herstellung der Pasteten erfordert etwas Übung. Entscheidend ist die richtige Temperatur des Öls, sonst kann es passieren, dass man Becher ohne Boden fabriziert. Die Pasteten lassen sich gut im Voraus zubereiten und bis zu einem Monat aufbewahren. Das Backeisen sollte man nach Gebrauch nur mit Küchenpapier abreiben, sonst sammelt sich Spülwasser zwischen Form und Stiel.

4

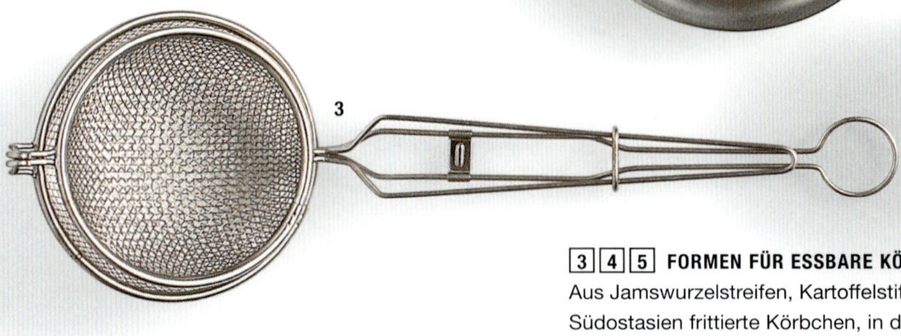

3

**2 BACKEISEN FÜR LOMPANG**
Dieses blütenförmige Backeisen an einem dünnen Metallstiel stammt aus Indonesien. Man taucht es in einen süßen, flüssigen Teig aus Reismehl, Zucker und Kokosmilch und danach in heißes Fett. Die dabei entstehenden *kueh lompang* (»fliegende Blütenkekse«) sind so leicht, dass sie der Wind davontragen kann.

**3 4 5 FORMEN FÜR ESSBARE KÖRBCHEN**
Aus Jamswurzelstreifen, Kartoffelstiften oder Nudeln fabriziert man in Südostasien frittierte Körbchen, in denen meist pfannengerührte kleine Gerichte serviert werden. Das traditionelle Utensil zu ihrer Herstellung sind zwei ineinanderpassende, durchlöcherte Kellen mit langen Bambusstielen. Die größere Kelle wird mit feinen, mit Speisestärke bestreuten Gemüsestreifen oder Nudeln ausgelegt. Sie bilden eine Art Nest, das mit der kleineren Kelle festgedrückt und beim Frittieren fixiert wird. Die Stärke wirkt als Bindemittel, sodass die Körbchen nach dem Frittieren recht stabil sind. Die modernere Version besteht aus zwei Metallsieben, die durch eine Klammer zusammengehalten werden. Daneben gibt es noch lose Formen ohne Griff, die allerdings schwierig zu handhaben sind, da sie frei im heißen Fett schwimmen und die Zutaten beim Frittieren nicht gut fixieren.

# Knusperkörbchen herstellen

**Die sehr stärkehaltigen, fein süßlichen Jamswurzeln sind die beste Wahl für die Körbchen. Kartoffeln eignen sich ebenfalls, sie sollten aber so groß sein, dass man 10–12 Zentimeter lange Stifte aus ihnen schneiden kann.**

**1** Aus dem Wurzelgemüse möglichst feine Stifte schneiden, damit sie biegsam sind.

**2** Die Stifte so in der Kelle anordnen, dass der Boden der Kelle vollständig bedeckt ist. Großzügig und gleichmäßig mit Speisestärke bestreuen, mit einer zweiten Kelle festdrücken.

**3** Damit der Rand dekorativ aussieht, sollten die Stifte ringsum etwa 4 cm überstehen.

1

2

3

# Garnelen im Knusperkörbchen

Mit diesen spektakulären Körbchen und ihrer Füllung aus saftigen pfannengerührten Garnelen beeindrucken Sie Ihre Gäste bestimmt – dabei sind die knusprigen Nester aus Jamswurzeln leichter zu machen, als es vielleicht den Anschein hat, vor allem wenn einem die richtigen Utensilien zur Verfügung stehen (s. S. 244).

FÜR 4 PORTIONEN ZUBEREITUNGSZEIT: 30 MINUTEN

**KOCHUTENSILIEN**
Küchenbeil
Schneidebrett
Körbchenformen
Wok und Kelle

**ZUTATEN**
1 große Jamswurzel, in feine Stifte geschnitten
4 EL Speisestärke
Erdnussöl zum Frittieren
Salatblätter zum Garnieren

**für die Füllung**
3 EL Erdnussöl
2 Knoblauchzehen, zerdrückt
1 kleine Möhre, in Scheiben geschnitten
1 Selleriestange, in Scheiben geschnitten
20 kleine Champignons, mit Küchenpapier abgerieben
400g Riesengarnelen, geschält, von den Därmen befreit, Schwanzflossen intakt
2 EL Sesamöl
1 TL frisch gemahlener schwarzer Pfeffer
1 EL frisch gepresster Ingwersaft
2 EL Austernsauce
1 EL Speisestärke

**1** Die Jamsstreifen in Speisestärke wenden. Das untere Teil der Form so damit auslegen, dass sich die Streifen etwas überlappen. Mit dem oberen Teil der Form festdrücken.

**2** Im Wok bei mittlerer Temperatur genügend Öl zum Frittieren erhitzen. Wenn es raucht, die Form mitsamt dem oberen Teil ins heiße Fett tauchen und so lange darin bewegen, bis die Jamsstreifen knusprig und goldbraun sind.

**3** Die Form vorsichtig herausnehmen und das Knusperkörbchen herauslösen. Kurz auf Küchenpapier abtropfen lassen, dann auf einem Salatbett anrichten. Die übrigen Nester ebenso zubereiten.

**4** Für die Füllung den Wok leeren und ausreiben oder einen zweiten Wok benutzen. Das Öl darin erhitzen und den Knoblauch 1 Minute pfannenrühren. Möhre, Sellerie und Champignons dazugeben und nochmals 2 Minuten pfannenrühren. Garnelen, Sesamöl, Pfeffer, Ingwersaft und Austernsauce hinzufügen und weitere 5 Minuten pfannenrühen.

**5** Die Stärke mit etwas Wasser anrühren und unter die Sauce mischen. Unter Rühren kochen, bis die Sauce andickt und glänzt. Den Inhalt des Woks in die Knusperkörbchen füllen und sofort servieren.

# Kueh Pai Tee

Knusprige kleine Becherpasteten aus einem federleichten Teig sind eine Spezialität der südostasiatischen Küche. In Indonesien heißen sie *kueh pai tee*. Sie werden mit einem speziellen Backeisen (s. S. 244) hergestellt und für unser Rezept mit einer würzigen Mischung aus Yambohnenwurzeln und Bambusstreifen gefüllt – perfektes Fingerfood.

ERGIBT 40 STÜCK   ZUBEREITUNGSZEIT: 1 STUNDE

**KOCHUTENSILIEN**

Küchenbeil
Schneidebrett
Wok und Kelle
Gemüsehobel
Sieb
kleiner, tiefer Topf
Backeisen für *pai tee*
kleine, tiefe Tasse
Wokstäbchen

**ZUTATEN**

**für die Pasteten**

300g Mehl
1 TL Salz
3 Eier
Erdnussöl zum Frittieren

**für die Füllung**

200g chinesische Yambohnenwurzeln oder Steckrüben
400g Bambussprossen aus der Dose, abgespült und abgetropft
4 EL Erdnussöl
4 Knoblauchzehen, zerdrückt
3 EL fermentierte gelbe Bohnen
3 EL dunkle Sojasauce
Korianderblätter zum Garnieren
Chilisauce zum Servieren

**1** Für die Füllung die Yambohnenwurzeln oder Steckrüben schälen und in etwa 3cm lange, feine Stifte schneiden. Mit den Bambussprossen ebenso verfahren.

**2** Das Öl bei mittlerer Temperatur im Wok erhitzen. Den Knoblauch darin 2 Minuten anbraten. Die fermentierten Bohnen dazugeben und mit der Kelle etwas zerdrücken. Gemüsestifte hinzufügen und 2 Minuten pfannenrühren. Die Sojasauce und 500ml Wasser angießen. Die Temperatur erhöhen, die Flüssigkeit zum Kochen bringen und 10 Minuten kochen lassen. Dann bei mittlerer Hitze 20 Minuten köcheln lassen, bis die Sauce fast vollständig eingekocht ist. Bis zum Servieren warm halten.

**3** In der Zwischenzeit das Mehl für den Teig in eine Schüssel geben. Eine Mulde in die Mitte drücken. Nach und nach 600ml Wasser dazugießen und mit dem Mehl zu einer dickflüssigen Masse verquirlen. Das Salz unterrühren.

**4** Die Eier in eine zweite Schüssel aufschlagen und leicht verquirlen. Zu der Mehlmasse geben und gründlich unterrühren, dann durch ein Sieb streichen und im Kühlschrank 1 Stunde quellen lassen.

**5** Genügend Öl zum Frittieren in einem kleinen Topf erhitzen, der so tief ist, dass man das Backeisen bequem in ihn eintauchen kann. Etwas Teig in eine kleine, tiefe Tasse gießen, auch hier sollte das Backeisen beim Eintauchen nicht den Boden berühren.

**6** Wenn das Frittieröl raucht, das Backeisen mindestens 5 Minuten hineintauchen, sodass es sich gründlich erhitzt. Beim Herausnehmen das heiße Öl vorsichtig abschütteln.

**7** Das Backeisen nun rasch und mit ruhiger Hand bis zum Rand der Messingform in den Teig tauchen. Dabei darauf achten, dass der Teig sich nicht über den Rand des Eisens zieht, sonst ist die Pastete oben geschlossen und lässt sich nicht vom Backeisen lösen.

**8** Das mit Teig bedeckte Backeisen nun wieder ins Frittierfett tauchen. Nach 1–2 Minuten beginnt der Teig zu bräunen. Sobald er goldbraun ist, das Backeisen herausnehmen und die Pastete vorsichtig mit Stäbchen ablösen. Die Pastete auf Küchenpapier abtropfen lassen, während die übrigen zubereitet werden.

**9** Etwa 2 EL Füllung in jede Pastete geben und mit Koriander garnieren. Mit der Chilisauce servieren.

# Kochtöpfe

Der Wok ist auch in Südostasien das am häufigsten genutzte Kochgefäß. Für verschiedene Gerichte, auch für ganz alltägliche wie Suppen, verwendet man aber Kochtöpfe oder die schnellen Dampfkochtöpfe. In chinesischstämmigen Familien ist der Feuertopf, also das Fondue, eine beliebte Art, gemeinsam zu kochen und zu essen.

3

4

5

6

**[1] SCHNELLKOCHTOPF**
Gerade für Gerichte mit langer Garzeit, während der die Flüssigkeit nicht einkochen soll, ist der Schnellkochtopf unverzichtbar. Geschmorter Schweinebauch mit Fünf-Gewürze-Pulver zum Beispiel, oder Rindfleisch *rendang* mit grünen Mungbohnen und Kokosmilch sind im Schnellkochtopf schon nach weniger als der halben Zeit fertig. Ein weiterer Vorteil: Getrocknete Zutaten wie Sojabohnen müssen vorab nicht eingeweicht werden.

1

2

**[2] WASSERBADTOPF**
Der aus China stammende Wasserbadtopf dient zum schonenden, langsamen Garen und Schmoren. Im unteren Aluminiumtopf kocht Wasser, dessen Dampf den in ihn eingehängten Porzellanbehälter erhitzt. Das ist ideal für Cremespeisen, Eiergerichte und für Eintöpfe oder Suppen mit feinen Kräutern oder anderen delikaten Zutaten.

**[3] ELEKTRISCHER FEUERTOPF**
Die modernen Elektrogeräte unterscheiden sich äußerlich kaum von den traditionellen mongolischen Feuertöpfen, wie sie in China und Korea verwendet werden (s. S. 101). Strom ist sauberer und sicherer als ein im Boden des Topfs eingebautes Kohlenbecken entfalten geht ein wenig Charme verloren. Die Zutaten für das Fondue variieren von Region zu Region. In Thailand bereitet man eine würzige Version von *tom yam* im Feuertopf zu, ein Rezept aus Sichuan sieht eine Chilibrühe mit Mohn vor.

**[4] KLEINE DRAHTSIEBE**
Beim chinesischen Fondue taucht man die rohen Zutaten mithilfe kleiner Siebe in die kochende Brühe. Da jeder sein eigenes Sieb hat, kann er sich seine Lieblingszutaten ganz nach Wunsch darin zusammenstellen und nach Belieben länger oder kürzer garen. Dabei entsteht mit der Zeit eine besonders gehaltvolle Brühe, die alle Aromen von in ihr gegartem Fleisch, Geflügel, Fisch, Meeresfrüchten und Gemüse aufgenommen hat.

**[5] [6] KOCHTÖPFE**
Auch in Südostasien schätzt man die bei uns üblichen, möglichst hochwertigen Kochtöpfe, denn sie eignen sich für manches, wofür der Wok weniger tauglich ist, etwa blanchieren, Brühe und Suppe kochen, Nudeln garen oder Reisbrei (*congee*) zubereiten.

# Feuertopf

Ein chinesisches Fondue ist immer wieder gut: festlich, unterhaltsam und perfekt für Gäste. Sind die vielen verschiedenen rohen Zutaten erst einmal in mundgerechte Happen geschnitten und ist eine aromatische Hühnerbrühe gekocht, bleibt dem Gastgeber nichts mehr zu tun, als zu genießen. Traditionelle mongolische Feuertöpfe werden mit Holzkohle in einem Becken im Fuß des Topfs geheizt, aber auch elektrische Geräte oder die bei uns üblichen Fonduetöpfe mit Rechaud erfüllen ihren Zweck.

FÜR 10–14 PORTIONEN ZUBEREITUNGSZEIT: 45 MINUTEN

**KOCHUTENSILIEN**

Suppentopf
Küchenbeil
Schneidebrett
Feuertopf
kleine Drahtsiebe

**ZUTATEN**

4 l Hühnerbrühe
400 g mageres Schweinefilet
400 g Rinderfilet
400 g Hähnchenbrustfilet ohne Haut
500 g Riesengarnelen, geschält, Därme entfernt
20 chinesische Fischklößchen
200 g Schweineleber (nach Belieben)
200 g frischer Kalmar, küchenfertig vorbereitet
400 g Tofu
100 g dünne Reisnudeln (Vermicelli), eingeweicht
1 Chinakohl
helle Sojasauce, Chilisauce, Senf und frisch zerstoßene schwarze Pfefferkörner zum Würzen bei Tisch

**1** Die Brühe im Suppentopf zum Kochen bringen. In der Zwischenzeit alle anderen Zutaten in mundgerechte Stücke oder feine Streifen schneiden und auf Platten appetitlich anrichten.

**2** Die kochende Brühe in den Feuertopf gießen, den Feuertopf in die Mitte des Tisches stellen und erhitzen. Die Platten mit den Zutaten ringsum verteilen. Sojasauce, Chilisauce, Senf und Pfeffer zum Würzen in kleinen Schälchen bereitstellen.

**3** Alle Teilnehmer des Essens bestücken ihre kleinen Siebe mit Zutaten ihrer Wahl und hängen sie in die köchelnde Brühe, bis sie nach Wunsch gegart sind.

**4** Die köstliche Brühe kann man am Ende der Mahlzeit in Suppenschalen servieren oder am folgenden Tag mit einer Einlage essen.

# NEIL PERRY Kürbis-Schweinefleisch-Curry nach Nyonya-Art

Der Begriff *nyonya* bezeichnete früher Mischehen zwischen chinesischen Männern und malaiischen Frauen, heute steht er unter anderem für eine charakteristische Küche, die Einflüsse aus diesen beiden Kulturen vereint. Das traditionelle Rezept, hier in einer Interpretation des australischen Spitzenkochs Neil Perry, stammt aus der nordmalaysischen Provinz Penang. Dort nennt es sich ganz einfach *gulai* (Curry).

FÜR 10 PORTIONEN ZUBEREITUNGSZEIT: 45 MINUTEN

**KOCHUTENSILIEN**

kleine Pfanne
Mörser und Stößel
Küchenbeil
Schneidebrett
Dämpfbehälter
großer Topf

**ZUTATEN**

5 EL Koriandersamen
2 TL Fenchelsamen
1,25 kg Kürbis, geschält, Samen entfernt
10 Knoblauchzehen
2 große milde Zwiebeln, gehackt
10 cm Kurkumawurzel, gehackt
8 lange rote Chilischoten, von den Samen befreit, gehackt
10 getrocknete rote Chilischoten, in warmem Wasser eingeweicht, nach Belieben Samen entfernt
100 ml Erdnussöl
1 Stängel Zitronengras, von den harten Hüllblättern befreit, weich geklopft
250 ml Kokoscreme
2 Sternanis
5 Gewürznelken
5 cm Zimtstange
1,25 kg Schweineschulter ohne Knochen, gewürfelt
Salz und frisch gemahlener schwarzer Pfeffer

**1** Koriander- und Fenchelsamen nacheinander in einer kleinen Pfanne ohne Fett rösten, bis sie aromatisch duften, dann im Mörser zu einem Pulver zerstoßen und beiseitestellen.

**2** Den Kürbis in große Stücke schneiden und 20 Minuten dämpfen, bis er gar, aber noch fest ist.

**3** Knoblauch, Zwiebeln, Kurkuma, frische und getrocknete Chilischoten und die gerösteten Fenchel- und Koriandersamen im Mörser zu einer Paste verarbeiten.

**4** Das Öl in einem großen Topf erhitzen. Das Zitronengras 30 Sekunden darin anbraten, dann die Würzpaste dazugeben und auf kleiner Flamme weitere 4 Minuten braten.

**5** Kokoscreme, Sternanis, Nelken und Zimt unterrühren. Das Schweinefleisch dazugeben und alles etwa 30 Minuten sanft köcheln lassen, bis das Fleisch gar ist.

**6** Die gedämpften Kürbisstücke 5 Minuten vor Ende der Garzeit dazugeben. Mit Salz und Pfeffer abschmecken. Heiß servieren.

# Mit Kokosgewürzpaste gebratene Garnelen

In Indonesien werden Garnelen fast immer in der Schale gegart, denn so bleibt ihr Aroma optimal erhalten. Die frisch-aromatische Würzpaste streicht man einfach in einen Schlitz im Rücken der Tiere. Schöne, große Riesengarnelen lassen sich auch nach dem Braten noch gut schälen.

FÜR 4 PORTIONEN ZUBEREITUNGSZEIT: 20 MINUTEN

**KOCHUTENSILIEN**
Gemüsemesser
Schneidebrett
Mörser und Stößel
Wok und Kelle
Schaumlöffel

**ZUTATEN**
16 rohe Riesengarnelen
3 EL Erdnussöl
Limettenspalten
**für die Würzpaste**
4 Kaffirlimettenblätter, gehackt
2 EL getrocknete Kokosraspel
2 rote Chilischoten, halbiert, nach Belieben Samen entfernt
3 Knoblauchzehen, grob gehackt
3 Schalotten, grob gehackt
1 daumengroßes Stück Kurkumawurzel oder ½ TL gemahlene Kurkuma
2 EL frisch gepresster Limettensaft
½ TL Salz

**1** Die Köpfe der Garnelen entfernen. Den Rücken mit einem scharfen Messer aufschlitzen, dabei die Garnelen aber nicht völlig durchtrennen. Waschen und mit Küchenpapier sorgfältig trocken tupfen.

**2** Limettenblätter, Kokosraspel, Chilischoten, Knoblauch, Schalotten und Kurkuma mit Mörser und Stößel zu einer sehr feinen Paste verarbeiten. Limettensaft und Salz unterrühren. Je etwa 1 TL dieser Mischung fest in den Schlitz im Rücken der Garnelen streichen. Den Rest der Paste verwenden, um die Garnelen rundum einzureiben.

**3** Das Öl im Wok bei mittlerer Temperatur erhitzen. Die Garnelen darin portionsweise braten, bis sie schön rosa und nicht mehr durchscheinend sind. Das dauert nur wenige Minuten. Auf Küchenpapier abtropfen lassen, dann heiß mit einem Salat oder Gurkenscheiben servieren und bei Tisch mit Limettensaft beträufeln.

# Hähnchen in rotem Sambal

Sambal bedeutet in den malaiischen Sprachen »Gewürz-« oder »Chilipaste«. Viele Sambals gibt es fertig zu kaufen, sie sind aber auch ganz einfach selbst herzustellen, was den Vorteil hat, dass man den Schärfegrad selbst bestimmen kann. Das vielseitig verwendbare rote Sambal aus diesem Rezept hält sich gekühlt wochenlang.

FÜR 4 PORTIONEN ZUBEREITUNGSZEIT: 1 STUNDE

**KOCHUTENSILIEN**
Gemüsemesser
Schneidebrett
Mixer oder Pürierstab
Wok und Kelle

**ZUTATEN**
4 Hähnchenkeulen ohne Haut
½–1 TL Salz
2 EL Erdnussöl
**für das rote Sambal**
8–10 getrocknete rote Chilischoten, in warmem Wasser eingeweicht
3 große Zwiebeln, zusammen etwa 500g, gehackt
6 Knoblauchzehen, gehackt
40g Garnelenpaste
200ml Erdnussöl
1 EL Zucker
2 EL Tomatenmark
1 TL Salz
Saft von 2 Limetten

**1** Zuerst das Sambal zubereiten. Je nach gewünschter Schärfe die Samen der Chilischoten ganz, teilweise oder gar nicht entfernen. Chilischoten, Zwiebeln, Knoblauch und Garnelenpaste im Mixer oder mit dem Pürierstab zu einer feinen Paste verarbeiten.

**2** Im Wok 200ml Öl erhitzen und die Paste darin auf kleiner Flamme etwa 15 Minuten unter ständigem Rühren braten. Die hoch erscheinende Menge an Öl ist notwendig, damit die Paste auch nach dem Garen nicht trocken wird.

**3** Zum Ende der Garzeit Zucker, Tomatenmark, Salz und Limettensaft unterrühren. Danach die Paste nach Belieben abschmecken und abkühlen lassen. Die vollständig abgekühlte Paste in ein sauberes, luftdicht schließendes Gefäß umfüllen und im Kühlschrank aufbewahren. Das Rezept ergibt etwa 600g Sambal, das sich mehrere Wochen lang hält.

**4** Die Hähnchenkeulen am Gelenk in zwei Stücke teilen und rundum mit Salz einreiben. In einem Topf Wasser erhitzen und das Fleisch in der leise siedenden Flüssigkeit etwa 10 Minuten lang ziehen lassen, bis es fast gar ist. Abtropfen und abkühlen lassen.

**5** Kurz vor dem Servieren 2El Öl im Wok erhitzen und das Fleisch rundum etwa 3 Minuten lang anbraten, bis es appetitlich gebräunt ist.

**6** Jede Portion Fleisch mit etwa 1 EL Sambal beträufeln und mit Reis und Gurkenstücken servieren.

# SRI OWEN Rindfleisch-Rendang

»Im Lauf der langen Garzeit kocht die Kokosmilch fast vollständig ein«, weiß die renommierte, aus Sumatra stammende Kochbuchautorin Sri Owen, von der diese Version des traditionellen indonesischen Rezepts stammt. Das Rindfleisch nimmt das Kokosöl in sich auf und wird dabei sehr saftig, während die festen Bestandteile der Zutaten sich in eine dicke, dunkle Sauce verwandeln. Sri Owen empfiehlt für *rendang* Rinderbrust, aber auch ein Stück aus Hüfte oder Unterschale eignet sich.

FÜR 6–8 PORTIONEN ZUBEREITUNGSZEIT: 1 STUNDE 30 MINUTEN

**KOCHUTENSILIEN**
Küchenbeil
Schneidebrett
Mörser und Stößel
Schnellkochtopf

**ZUTATEN**
5 Schalotten, in feine Streifen geschnitten
6 rote Chilischoten, grob gehackt, oder 3 TL Cayennepfeffer
4 Knoblauchzehen, grob, gehackt
2,5 cm Ingwerwurzel, grob gehackt
1,5 kg Rinderbrust, in 2 cm große Streifen geschnitten
1 TL gemahlene Kurkuma
1 TL gehackter Galgant oder ½ TL Laospulver
2,3 l Kokosmilch
1 Lorbeerblatt
1 frisches Kurkumablatt oder 1 Stängel Zitronengras
2 TL Salz

**1** Schalotten, Chilischoten (Samen nach Belieben entfernt) oder Cayennepfeffer, Knoblauch und Ingwer mit Mörser und Stößel zu einer feinen Paste verarbeiten.

**2** Die Paste mit allen anderen Zutaten etwa 1 Stunde im Schnellkochtopf garen.

**3** Den Topf vom Herd nehmen, den Dampf ablassen und den Deckel öffnen. Alles gründlich umrühren. Von der Kokosmilch sollten nur noch die öligen Bestandteile übrig sein.

**4** Den offenen Topf wieder auf den Herd stellen und nochmals etwa 15 Minuten garen, bis die Garflüssigkeit dick und braun geworden ist. Heiß mit Reis servieren.

# Bali-Hähnchen

**Mangos, Jackfruit, Karambole und andere Früchte werden in Indonesien und vor allem auf Bali gerne zum Kochen verwendet. Grüne Mangos, Kokosmilch und feine Gewürze machen dieses Gericht verführerisch aromatisch.**

FÜR 4 PORTIONEN ZUBEREITUNGSZEIT: 45 MINUTEN

**KOCHUTENSILIEN**

Küchenbeil
Schneidebrett
Mörser und Stößel
Wok und Kelle

**ZUTATEN**

4 Hähnchenbrustfilets ohne Haut
etwa 2 TL Salz
2 grüne (unreife) Mangos
250 ml Kokosmilch
1 TL Zucker
1 EL frisch gepresster Limettensaft
frische Minze oder Thai-Basilikum zum Garnieren

**für die Gewürzpaste**

2 rote Chilischoten, nach Belieben Samen entfernt
1 TL schwarze Pfefferkörner
4 Kukui-, Macadamia-Nuss- oder Mandelkerne

**1** Die Hähnchenbrustfilets waagerecht in drei oder vier Schnitzel schneiden und mit etwa ½ TL Salz einreiben. Die Mangos schälen und in feine Stifte schneiden. Ebenfalls mit etwas Salz bestreuen, etwa 20 Minuten ziehen lassen, dann gut ausdrücken.

**2** Die Zutaten für die Gewürzpaste mit Mörser und Stößel zu einer groben Paste verarbeiten. Die Kokosmilch in den Wok gießen. Die Gewürzpaste, 1 TL Salz, Zucker und Limettensaft dazugeben und zum Kochen bringen. Dann das Fleisch hinzufügen und bei reduzierter Temperatur etwa 10 Minuten köcheln lassen, bis das Fleisch gar ist. Während der letzten 2 Minuten die Mangostifte mitgaren.

**3** Mit Minze oder Thai-Basilikum garnieren und warm servieren.

# Koriander-Ente Nyonya-Art

Die Zubereitung dieses Leckerbissens ist fast schon enttäuschend simpel, man muss das Fleisch eigentlich nur überwachen, während es langsam seinem dunklen, appetitlichen Glanz entgegenkocht. Der kommt traditionell von frischem Zuckerrohr, aber notfalls tut es auch Palmzucker oder brauner Rohrzucker. Damit nichts ansetzt, sollte man einen beschichteten Wok oder Schmortopf verwenden.

FÜR 6–8 PORTIONEN ZUBEREITUNGSZEIT: 2 STUNDEN

**KOCHUTENSILIEN**
Gemüsemesser
Schneidebrett
großer beschichteter Wok oder Schmortopf

**ZUTATEN**
1 küchenfertige Ente
2 EL gemahlene Koriandersamen
1 TL frisch gemahlener schwarzer Pfeffer
½ TL gemahlene Nelken
5 EL dunkle Sojasauce
3 EL Erdnussöl
6–8 Schalotten, gehackt
6 Knoblauchzehen, grob zerdrückt
1 kleines Bund Koriandergrün, gehackt
2 TL Salz
4–5 Rohrzuckerstücke, je etwa 10 cm lang, leicht zerdrückt, oder 2 EL Palmzucker oder brauner Rohrzucker
4 Frühlingszwiebeln, in 5 cm lange Stücke geschnitten

**1** Die Ente gründlich waschen und die Bauchhöhle von Resten von Blut und Innereien säubern. Mit Küchenpapier abtrocknen, dann gründlich mit einer Mischung aus Koriander, Pfeffer, Nelken und Sojasauce einreiben und 15 Minuten marinieren.

**2** Das Öl in Wok oder Schmortopf erhitzen und die Schalotten darin einige Minuten anbraten, bis sie beginnen, goldbraun zu werden. Den Knoblauch dazugeben und 1 Minute mitbraten. Knoblauch und Schalotten sollten schön gebräunt, aber nicht zu dunkel sein.

**3** Die Ente dazugeben und rundum anbraten, bis die Haut vollständig knusprig gebräunt ist. Dafür empfiehlt sich ein beschichteter Wok oder Schmortopf.

**4** Genügend Wasser zum Schmoren angießen (je nach Größe des Topfs etwa 200 ml, die Ente sollte aber nicht im Wasser »schwimmen«). 1½ Stunden köcheln lassen, die Ente dabei immer wieder wenden und mit dem Schmorfond beträufeln. Zwischendurch gelegentlich den Topf für 10 Minuten schließen, sodass das Garen durch den Dampf etwas beschleunigt wird. Falls nötig, etwas zusätzliches Wasser angießen. Nach der Hälfte der Garzeit Koriandergrün, Salz und Zuckerohr oder Zucker dazugeben. In den letzten 15 Minuten auch die Frühlingszwiebeln mitgaren. Wenn der Bratensaft dick und glänzend geworden ist, sollte auch das Fleisch gar sein.

**5** Die Ente tranchieren oder im Ganzen mitsamt dem Bratensaft servieren, wobei sich jeder nach Belieben Stücke abschneidet. Als Beilage dient Reis.

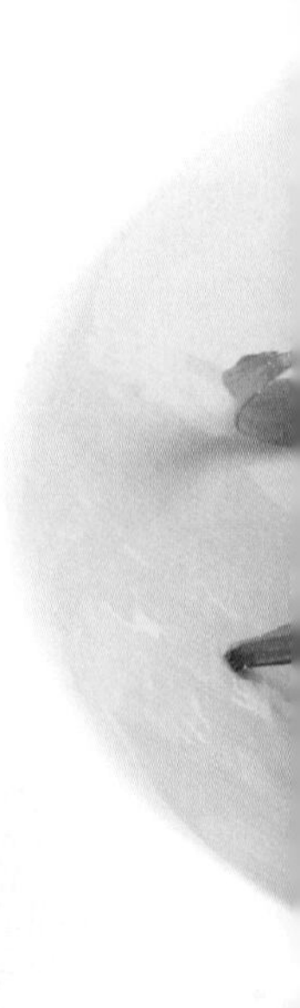

# Opor Ayam

*Opor ayam* ist ein mildes Curry aus Indonesien. Kokosmilch gibt ihm ein fein süßliches Aroma, Tamarindenmark oder Limettensaft sorgt für eine säuerlich-frische Note, und geröstete Kokosraspel verleihen ihm den letzten Pfiff.

FÜR 4 PORTIONEN ZUBEREITUNGSZEIT: 45 MINUTEN

**KOCHUTENSILIEN**
Küchenbeil
Schneidebrett
Wok und Kelle
Mörser und Stößel
kleine Bratpfanne

**ZUTATEN**
4 Hähnchenkeulen
500 ml Kokosmilch
2 Kaffirlimettenblätter
2 Stängel Zitronengras, nur die unteren 5 cm, weich geklopft
1 TL Salz
1 TL Zucker
1 EL Tamarindenkonzentrat oder 2 EL frisch gepresster Limettensaft
2 EL getrocknete Kokosraspel
1 rote Chilischote, in feine Ringe geschnitten (nach Belieben)

**für die Gewürzpaste**
2 rote Chilischoten, nach Belieben von den Samen befreit, grob gehackt
5 Kukui- oder Macadamia-Nusskerne
½ große Zwiebel, fein gehackt
3 Knoblauchzehen, grob gehackt
1 EL gemahlene Koriandersamen
1 TL gemahlene Fenchelsamen
2 dünne Scheiben Galgant
60 g Garnelenpaste

**1** Nach Belieben die Haut von den Hähnchenkeulen entfernen, jede Keule in vier Stücke hacken. Die Kokosmilch in den Wok gießen, das Fleisch dazugeben und zum Kochen bringen.

**2** Alle Zutaten für die Gewürzpaste mit Mörser und Stößel zu einer glatten Paste verarbeiten. Die Paste zusammen mit Kaffirlimettenblättern, Zitronengras, Salz, Zucker und Tamarindenkonzentrat oder Limettensaft in den Wok geben. 25 Minuten köcheln lassen.

**3** Die Kokosraspel in einer kleinen Pfanne ohne Fett bei mittlerer Temperatur einige Minuten goldbraun rösten. Vor dem Servieren über das Fleisch streuen. Nach Belieben mit Chiliringen garnieren und heiß mit Reis oder Fladenbrot reichen.

# Rippchen in schwarzer Bohnensauce

**Fermentierte schwarze Bohnen und schwarze Bohnensauce sind typisch für die chinesische Küche von Malaysia und Singapur. Die Sauce ist manchmal mit Ingwer und Knoblauch gewürzt und sehr geschmacksintensiv. Das Fleisch wird zunächst gekocht, später mariniert und gedämpft, sodass es schön saftig bleibt und den Geschmack gut aufnimmt.**

FÜR 4 PORTIONEN ZUBEREITUNGSZEIT: 45 MINUTEN, ZZGL. MEHRERE STUNDEN ZUM MARINIEREN

**KOCHUTENSILIEN**

Küchenbeil
Schneidebrett
Wok oder großer Topf
Dämpftopf
hitzebeständige Schüssel

**ZUTATEN**

- 8 große fleischige Schweinerippchen
- 2 EL helle Sojasauce
- 2 EL Sesamöl
- 1 EL schwarze Bohnensauce
- 1 EL zerdrückter Ingwer
- 3 Knoblauchzehen, fein gehackt
- 2 rote Chilischoten, nach Belieben von den Samen befreit, gehackt

**1** Die Rippchen in 6 cm lange Stücke schneiden. 500 ml Wasser zum Kochen bringen. Die Sojasauce dazugeben und das Fleisch darin 20 Minuten köcheln lassen. Abgießen und abkühlen lassen.

**2** Sesamöl, schwarze Bohnensauce, Ingwer, Knoblauch und Chilischoten verquirlen. Das gekochte Fleisch mit dieser Marinade vermischen und mehrere Stunden im Kühlschrank durchziehen lassen.

**3** Das Fleisch in einer hitzebeständigen Schüssel 15 Minuten in einem geschlossenen Topf dämpfen. Danach haben die Rippchen das Aroma der schwarzen Bohnensauce aufgenommen, und ihr Fleisch ist zart. Heiß als Fingerfood servieren – mit vielen Papierservietten!

**Tipp** Schwarze Bohnensauce kann man leicht selbst herstellen: fermentierte schwarze Sojabohnen zerdrücken, mit etwas Öl vermengen und nach Belieben würzen.

# TYM SRISAWATT Lammkoteletts in Penang-Sauce

**Tym Srisawatt ist nicht nur eine Botschafterin der authentischen Thai-Küche in Europa, durch die Ehe mit einem Malaysier hat sie ihren kulinarischen Horizont und ihr Verständnis der Entwicklung und der Zusammenhänge zwischen den verschiedenen Regionalküchen Südostasiens zusätzlich erweitert. Dieses Rezept stammt von der malaysischen Insel Penang, der Heimat ihres Mannes.**

FÜR 4 PORTIONEN ZUBEREITUNGSZEIT: 50 MINUTEN

**KOCHUTENSILIEN**
Mörser und Stößel
Küchenbeil
Schneidebrett
Bratpfanne
Wok und Kelle

**ZUTATEN**
500g Lammkoteletts, sichtbares Fett abgeschnitten
2 EL Erdnussöl
2 EL Penang-Currypaste (s. u.)
150ml Kokosmilch
5 Kaffirlimettenblätter
1 EL Fischsauce (z.B. *nam pla*)
1 EL Palmzucker
gehackte Korianderblätter zum Garnieren

**für die Penang-Currypaste**
6–8 große getrocknete rote Chilischoten
1 TL Kreuzkümmelsamen
1 TL Koriandersamen
2 EL Erdnusskerne, grob gehackt
1 TL Salz
1 Stängel Zitronengras, von harten Hüllblättern befreit, in feine Scheiben geschnitten
2 TL gehackter Galgant
1 EL gehackte Korianderwurzeln
5 Schalotten, fein gehackt
5 Knoblauchzehen, fein gehackt
1 TL Garnelenpaste

**1** Für die Currypaste die getrockneten Chilischoten mit heißem Wasser übergießen und 30 Minuten einweichen. Abtropfen lassen und längs halbieren, dann Samen und Scheidewände entfernen.

**2** In der Zwischenzeit eine Pfanne ohne Fett bei mittlerer Temperatur erhitzen und darin zunächst die Kreuzkümmelsamen, danach die Koriandersamen und zum Schluss die Erdnüsse jeweils 3–5 Minuten rösten, bis sie aromatisch duften. Koriander und Kreuzkümmel im Mörser zu einem feinen Pulver zerstoßen.

**3** Die abgetropften Chilischoten und das Salz mit Mörser und Stößel zu einer glatten Paste verarbeiten. Das Zitronengras dazugeben und ebenfalls zerstoßen, bis es glatt ist. Mit Galgant und Korianderwurzeln weiter zerkleinern, bis die Paste homogen ist. Zum Schluss Schalotten, Knoblauch, geröstete Erdnüsse und geröstete Gewürze dazugeben und wiederum mit dem Stößel bearbeiten. Wenn die Paste glatt ist, die Garnelenpaste einarbeiten und die fertige Penang-Currypaste in einen luftdicht schließenden Behälter füllen. Für die Lammkoteletts benötigt man 2 EL Paste, der Rest hält im Kühlschrank etwa 1 Woche.

**4** Die Lammkoteletts mit Küchenpapier trocken tupfen. Das Öl bei mittlerer Temperatur im Wok erhitzen und die Koteletts darin von beiden Seiten etwa 2–3 Minuten anbraten. Aus der Pfanne nehmen und warm halten.

**5** Im Wok 2 EL Penang-Currypaste mit Kokosmilch, Kaffirlimettenblättern, Fischsauce und Zucker vermengen und zu einem sanften Köcheln bringen.

**6** Die Koteletts mitsamt dem Bratensaft in den Wok geben und 10 Minuten sanft in der Sauce köcheln lassen. Alternativ können Sie die Koteletts auch 5 Minuten auf jeder Seite braten, bis sie gar sind, und sie dann zum Servieren nur mit der leicht eingekochten Sauce übergießen. Mit gehackten Korianderblättern garnieren und mit Reis servieren.

**Tipp** Penang-Currypaste gibt es in manchen Asialäden auch fertig zu kaufen. Ersatzweise eignet sich für dieses Rezept auch gekaufte oder selbst gemachte rote Thai-Currypaste (s. S. 186).

# Satay Babi Goreng

*Satay* muss nicht immer auf Spießen gebraten sein. Diese klassische Version aus Singapur namens *satay babi goreng* stammt aus der Tradition der *nyonya*-Küche, die chinesische und malaiische Elemente verbindet. Sie ist einfacher herzustellen und dabei nicht weniger lecker als die Spieße der südostasiatischen Imbisshändler. Das Fleisch gart langsam in einer würzigen Sauce, die zum Schluss fast vollständig eingekocht ist.

FÜR 4 PORTIONEN ZUBEREITUNGSZEIT: 35 MINUTEN

**KOCHUTENSILIEN**
Küchenbeil
Schneidebrett
Wok und Kelle

**ZUTATEN**
500g leicht durchwachsene Schweinekoteletts (ohne Knochen) oder Schweinerückensteaks
3 EL Erdnussöl
200ml Kokosmilch
1 TL Zucker
1 TL Salz
5 Kaffirlimettenblätter, in feine Streifen geschnitten
1 Salatgurke, Samen entfernt, in Streifen oder Stifte geschnitten

**für die Gewürzmischung**
2 EL gemahlene Koriandersamen
1 EL gemahlene Kreuzkümmelsamen
1 TL gemahlene Bockshornkleesamen
½ TL Cayennepfeffer
1 TL gemahlene Kurkuma

**1** Das Fleisch in etwa 1 cm dicke Scheiben schneiden und dann in 5 × 5 cm große Stücke zerteilen. Die Gewürze mit etwas Wasser zu einer dicken Paste verrühren. Das Öl im Wok auf kleiner Flamme erhitzen und die Paste darin 5 Minuten anbraten, bis sich das Öl absetzt und die Gewürze aromatisch duften.

**2** Das Fleisch dazugeben und 5 Minuten pfannenrühren. Die Kokosmilch angießen, Zucker und Salz unterrühren und bei milder Hitze im offenen Wok 20 Minuten köcheln lassen. Dabei gelegentlich umrühren, um das Einkochen der Flüssigkeit zu erleichtern.

**3** 5 Minuten vor Ende der Garzeit die Kaffirlimettenblätter dazugeben und die Temperatur erhöhen, damit die Sauce vollständig einkocht. Das Gericht heiß mit Brot oder Reis und den Gurkenstreifen servieren.

# Südostasiatisches Serviergeschirr

Gewöhnlich wird das Essen in Südostasien auf einfachem Geschirr oder gar auf Bananenblättern serviert. Bei besonderen Anlässe wie Hochzeiten und Geburtstagen gestaltet sich die Präsentation dafür umso aufsehenerregender. Zum chinesischen Neujahrsfest oder während taoistischer Feierlichkeiten gibt es große, farbenprächtige Bambuskörbe oder auch kunstvoll gestaltete kleinere Körbchen, in denen man Trockenfrüchte und Süßspeisen für die verschiedenen Götter darbietet.

1

2

**1 BEMALTE KÖRBE**

Bemalte Körbe aus geflochtenem Bambus, sogenannte *sia na,* wurden früher zum Überreichen von Hochzeitsgeschenken verwendet. Manche waren so groß, dass Früchte, Wein- und Sirupflaschen oder sogar ein Ferkel darin Platz fanden. In kleineren trugen die Familienmitglieder des Bräutigams Kuchen und Süßigkeiten zum Haus der Braut, um deren Gedanken und ihr Leben zu versüßen. Dieses traditionelle Kunsthandwerk geht zwar allmählich verloren, aber die alten Formen und ihre Funktion leben in modernen Porzellankörben weiter. Es gibt einfache Körbe und solche, die aus mehreren Ebenen bestehen. In ihnen kann man wunderbar Snacks und Knabbereien servieren.

**2 MEHRTEILIGER LACKKORB**

Korbwaren sind bis heute ein wichtiges Element in jedem südostasiatischen Haushalt. Sie erfüllen nicht nur einen bestimmten Zweck, sondern sind häufig kunstvoll gestaltete Objekte – so wie dieser Lackkorb, in dem man zu besonderen Anlässen Konfekt und Süßigkeiten anbietet.

**3 PORZELLANSCHALE IN BANANENBLATTFORM**

Die Verwendung von Bananenblättern zum Servieren von Speisen hat in Südostasien Tradition. Im ländlichen Indonesien und Malaysia ist das bis heute üblich, und auch in den Städten verbindet man die Blätter noch so stark mit gutem Essen, dass vor allem zu festlichen Anlässen und für besondere Gerichte das Serviergeschirr damit auslegt wird. Sie verleihen jedem südostasiatischen Mahl Farbe und Authentizität – kein Wunder also, dass es längst auch Porzellangeschirr in Form von Bananenblättern gibt.

**BESTECK (OHNE ABBILDUNG)**

Das Standardgeschirr für ein südostasiatisches Essen mit Reis besteht aus Teller, Gabel und Löffel, wobei das Besteck meist aus Edelstahl, Horn oder Messing gefertigt ist. Essstäbchen dagegen spielen zur Verwunderung vieler Europäer nur eine Rolle, wenn Nudeln auf dem Speiseplan stehen. Messer wird man auf asiatischen Tischen vergeblich suchen, sie gelten als Werkzeug des Kochs und daher als viel zu barbarisch, um bei Tisch verwendet zu werden. Man braucht zum Essen auch gar kein Messer, da alle Zutaten bereits in mundgerechten Happen zubereitet werden. Suppen serviert man entweder in einzelnen Schalen oder in einer großen Suppenschüssel. Dazu gehören Porzellanlöffel und ein passendes Bänkchen.

3

# Gado Gado

Dieser typisch indonesische Salat aus Tofu und Gemüse ist bereits weltbekannt – in Singapur, Malaysia und Thailand gibt unter verschiedenen Bezeichnungen ganz ähnliche Gerichte. Sie bestehen im Wesentlichen aus einer Mischung roher und gekochter Gemüse, Tofu und einem milden Erdnussdressing. Der indonesische Tofu heißt *tau kwa* und wird häufig auch frittiert.

FÜR 4 PORTIONEN ZUBEREITUNGSZEIT: 1 STUNDE

**KOCHUTENSILIEN**

Gemüsemesser
Schneidebrett
Mörser und Stößel
Wok und Kelle
kleiner Topf
großer Topf

**ZUTATEN**

1–2 Spargelbohnen oder 6 lange Buschbohnen
½ Wirsing
½ Salatgurke
2 Stücke fester Tofu
2 EL Erdnussöl
3 Eier, hart gekocht, geviertelt
geröstete Erdnusskerne zum Garnieren
1 Handvoll Erbsensprossen oder Brunnenkresse zum Garnieren (nach Belieben)

**für das Erdnussdressing**

6 getrocknete Chilischoten, nach Belieben von den Samen befreit, grob gehackt
1 EL Garnelenpaste
5 Schalotten, grob gehackt
1 EL Tamarindenkonzentrat
1 TL Zucker
1 TL Salz
2 EL gehackte, geröstete Erdnusskerne

**1** Für das Dressing Chilischoten, Garnelenpaste und Schalotten mit Mörser und Stößel zu einer feinen Paste verarbeiten. Das Tamarindenkonzentrat mit 150 ml Wasser anrühren und in einem kleinen Topf kurz aufkochen, dann bei milder Hitze 5 Minuten köcheln lassen. Die Zutaten aus dem Mörser, Zucker und Salz unterrühren und weitere 5 Minuten köcheln lassen. Dann die gehackten Erdnusskerne dazugeben und das Dressing nach Belieben bis zum Servieren warm halten oder abkühlen lassen.

**2** Die Bohnen in 5 cm lange Stücke schneiden, waschen und abtropfen lassen. Den Wirsing in mundgerechte Stücke schneiden. Die Gurke schälen, das weiche Innere herauskratzen, den Rest diagonal in etwa 1 cm breite Stücke schneiden.

**3** Den Tofu halbieren und in ½ cm dicke Stücke schneiden. Das Öl im Wok erhitzen und den Tofu darin hellbraun anbraten, danach auf Küchenpapier abtropfen lassen und warm halten.

**4** In der Zwischenzeit in einem größeren Topf Wasser zum Kochen bringen. Bohnen und Wirsing 3 Minuten darin blanchieren, dann abtropfen lassen.

**5** Gemüse, Tofu, Gurke und Eier auf einer Platte anrichten. Mit gerösteten Erdnüssen, Erbsensprossen oder Brunnenkresse bestreuen und sofort mit einem Schälchen warmem oder kaltem Dressing servieren.

**Tipp** Statt mit dem säuerlichen Dressing können Sie den Salat auch mit einer Erdnusssauce (s. S. 240) anmachen.

# Nasi Lemak

Der kulinarische Siegeszug von *nasi lemak* begann als einfacher Straßenimbiss: etwas auf ein Bananenblatt gehäufter Kokosreis mit einer dickflüssigen, scharfen Würzsauce, dem Sambal. Heute wird der Reis bisweilen von einer ganzen Palette von Leckereien begleitet: Currys, Pickles, Garnelencracker, Omelett, Fisch und natürlich Sambal. Hier finden Sie die Rezepte für den Reis und drei klassische Beilagen, aber auch die frittierte Makrele von der gegenüberliegenden Seite, Hähnchencurry oder geschmortes Rindfleisch passen wunderbar zu *nasi lemak.*

## Kokosreis

400 g Jasminreis abspülen, 30 Minuten in kaltem Wasser einweichen, danach wieder abspülen, abtropfen lassen und in einen Dämpfbehälter füllen. 2 Pandanblätter waschen, zusammenknoten und in den Reis drücken. 400 ml Kokosmilch und 1 TL Salz gründlich untermengen. 15 Minuten dämpfen. Zum Servieren auf eine mit Bananenblättern ausgelegte Platte häufen, gebratene Eier und Sambal darübergeben (Abb. gegenüberliegende Seite), Gurkenscheiben und andere Beilagen in Körbchen, Schälchen oder auf Tellern anrichten (Abb. unten).

## Gebratene Eier

4 Eier in einen Topf mit kaltem Wasser legen. Das Wasser erhitzen und 6 Minuten kochen lassen. Die Eier mit kaltem Wasser abschrecken und schälen. 1 EL Erdnussöl im Wok erhitzen. Die Eier dazugeben und im Wok bewegen, bis sie rundum gebräunt sind. Vor dem Servieren halbieren und nach Belieben mit Sambal beträufeln (Abb. gegenüberliegende Seite).

## Scharfes Chili-Sambal

1 große gehackte Zwiebel, 3 gehackte Knoblauchzehen, 4 gehackte rote Chilischoten und 2 TL Garnelenpaste mit Mörser und Stößel fein zerkleinern. 4 EL Erdnussöl im Wok erhitzen und die Paste darin auf kleiner Flamme anbraten, bis sie aromatisch duftet. 1 EL Tomatenmark, 2 EL Tamarindenpaste, 1 TL Salz und 1 TL Zucker unterrühren und nochmals 1 Minute braten. Wenn das Sambal dick und aromatisch ist, in ein Schälchen füllen und abkühlen lassen.

## Gebratene Trockenfische

200 g kleine Trockenfische (*ikan bilis*) verlesen. Im Wok 3 EL Erdnussöl erhitzen, die Fischchen darin 4 Minuten pfannenrühren, bis sie braun und knusprig geworden sind, dann herausnehmen und beiseitestellen. 200 g Erdnusskerne im Wok schwenken und leicht rösten. Getrennt oder unter den Fisch gemengt servieren.

# In Tamarindenmark marinierte, frittierte Makrele

Diese fein säuerlich marinierten und danach knusprig frittierten Makrelenstücke heißen in Malaysia *ikan goreng asam*. Ihr süßliches, vom Tamarindenmark dunkel gefärbtes Fleisch schmeckt wirklich interessant zu scharfem Chili-Sambal. Diese frittierten Makrelen sind einer der klassischen Bestandteile des auf der gegenüberliegenden Seite beschriebenen Reisgerichts *nasi lemak*.

FÜR 4 PORTIONEN ZUBEREITUNGSZEIT: 25 MINUTEN

**KOCHUTENSILIEN**

Küchenbeil
Schneidebrett
Wok und Kelle
Abtropfgitter

**ZUTATEN**

1 große Makrele, etwa 600g, ausgenommen und geputzt
2 EL Tamarindenpaste
1 EL helle Sojasauce
Erdnussöl zum Frittieren

**1** Die Markrele in vier dicke Steaks schneiden, Kopf und Schwanz wegwerfen.

**2** Tamarindenpaste, Sojasauce und 150ml Wasser in einer Schüssel verquirlen. Den Fisch 10 Minuten darin marinieren.

**3** Im Wok genügend Öl zum Frittieren erhitzen. Den Fisch abgießen und mit Küchenpapier trocken tupfen. Etwa 4 Minuten im heißen Öl frittieren, zwischendurch einmal wenden.

**4** Die Fischstücke auf einem Gitter abtropfen lassen, dann mit etwas Sambal (s. S. 254 oder gegenüberliegende Seite) oder als Teil eines *nasi lemak* (gegenüberliegende Seite) servieren.

# Südostasiatische Backutensilien

In Südostasien haben Kuchen und Kekse häufig symbolische Bedeutung und sind Teil bestimmter religiöser Riten. Manche Riten stammen aus dem chinesischen Taoismus mit seiner Symbolik von Yin und Yang, andere sind aus der Verbindung von indonesischer, malayischer und chinesischer Kultur entstanden. Einige der populärsten südostasiatischen Süßspeisen haben ihre ursprüngliche religiöse und symbolische Bedeutung mittlerweile verloren und werden inzwischen als alltägliche Snacks genossen. Sie sind heute sogar so beliebt, dass die traditionellen Backutensilien nicht etwa verschwunden sind, sondern von modernen Elektrogeräten abgelöst werden.

**1 2 HOLZMODEL FÜR GLÜCKSKÜCHLEIN**
Die aus Holz geschnitzten runden blatt- oder blütenförmigen Model sind mit Motiven verziert, die z. B. ein langes Leben und Wohlstand symbolisieren.

**3 HOLZMODEL FÜR MONDKUCHEN**
Mondkuchen werden aus Reismehl gemacht und mit einem süßen Brei aus Mandeln oder Mungbohnen gefüllt. Man presst den Teig in die Form, dann wird er herausgelöst, gebacken oder gedämpft. Die Motive der Model spielen auf die Rolle des Mondes in der Mythologie an.

**4 HOLZMODEL FÜR KEKSE**
Die Kekse aus Mungbohnenmehl, die mit diesen Modeln geformt werden, heißen *kueh koyah* (oder *kuih koya)*. Sie stellen Blätter, Früchte oder Tiere dar. Heute bestehen die Model häufig aus Plastik.

**5 FORM FÜR TEIGTASCHEN**
Die in der anglo-indischen Küche beliebten Teigtaschen mit gewelltem Rand und Curryfüllung wurden früher von Hand geformt, doch mit dieser zusammenklappbaren Form geht es viel einfacher.

**6 RUNDE AUSSTECHFORM**
Metallringe in verschiedenen Größen dienen – wie bei uns – zum Ausstechen von Teigkreisen.

**7 TEIGRÄDCHEN UND -ZANGE AUS MESSING**
Mit diesem kombinierten Utensil werden knusprige Kekse aus Reismehl und Kokosmilch verziert.

**8 KUGELAUSSTECHER**
In Südostasien türmt man kleine Melonenbällchen in großen Obstschalen auf oder lässt sie in kalten Getränken schwimmen. Manchmal dienen sie auch als Füllung süßer Reis- und Weizenmehlküchlein. Der hier gezeigte Ausstecher formt aus Wassermelonen kleine rote Herzen.

**9 SCHIFFCHENFORM**
In solchen kleinen Aluminiumschiffchen bäckt man den Teigboden für Ananas- oder andere Obsttörtchen, die zum chinesischen Neujahrsfest üblich sind.

**10 GEZACKTE TÖRTCHENFORM**
Zu dieser ovalen Form gibt es ein passendes Holzstück, mit dem man den Teig gegen die Wände drücken kann. So entsteht eine Art Körbchen für das Ananaspüree, das darin mit dem Teig gebacken wird.

14

11

**11 12 KUEH-BOLU-BACKEISEN**
Die traditionellen Backeisen für die luftigen Eierküchlein sind aus Messing oder Kupfer gefertigt. Ihren vertieften Deckel füllt man zum Backen mit heißen Kohlen, während die Form selbst im Lehmofen geheizt wird. Einfacher geht es natürlich mit dem elektrischen Gerät. Die Blumen- und Tiermotive sind geblieben. Sie stehen für Glück und Wohlstand und sehen einfach hübsch aus.

**13 14 KUEH-BELANDAH-BACKEISEN**
*Kueh belandah* sind hauchdünne, knusprige Waffeln, die ähnlich wie Eiswaffeln nach dem Backen aufgerollt werden. Angeblich wurden sie ursprünglich gemacht, um darin Botschaften zwischen Liebenden (oder auch zwischen kriegerischen Parteien) zu befördern, daher nennt man die Waffeln auch »Liebesbrief«. *Belandah* sind an den malaysischen Küsten verbreitete Krebse, die ihrem Partner ein Leben lang treu bleiben. Die Waffeln stammen zwar ursprünglich aus China, erfreuen sich heute aber vor allem in Südostasien größter Beliebtheit. Ähnlich wie Oblaten sind sie kreisrund und flach und mit floralen oder heraldischen Mustern verziert. Statt der traditionellen Eisenzange, die über heiße Kohlen gehalten wurde, benutzt man heute ein entsprechend geformtes elektrisches Waffeleisen.

12

13

# Curry-Teigtaschen

Dieser malaysische Snack unterscheidet sich äußerlich kaum von britischen *cornish pasties* oder südamerikanischen *empanadas*. Meist enthalten die Teigtaschen eine Füllung aus Kartoffeln, Lamm oder Geflügel und Currypulver. Angeblich sind sie während der Kolonialzeit entstanden, als die Besitzer der Gummibaumplantagen ihre meist aus Südindien stammenden Köche damit beauftragten, ihnen Pasteten zu machen, wie sie ihnen aus der Heimat vertraut waren. Das Ergebnis ist ein echtes Beispiel für gelungene Multikulti-Küche. Wenn Sie keine Zeit haben, den Teig selbst zu machen, können Sie auch 400 Gramm fertigen Mürbeteig verwenden.

ERGIBT 20 TEIGTASCHEN   ZUBEREITUNGSZEIT: 35 MINUTEN

**KOCHUTENSILIEN**
Schneidebrett
Küchenbeil
Nudelholz
runde Ausstechform (7 cm)
Wok und Kelle
Teigtaschenform (s. S. 270)
Drahtsieb

**ZUTATEN**
**für den Teig**
300 g Mehl,
zzgl. Mehl zum Ausrollen
1 Prise Salz
60 g Butter oder Margarine
**für die Füllung**
2 EL Currypulver
1 EL Erdnussöl,
zzgl. Öl zum Frittieren
2 Knoblauchzehen, zerdrückt
300 g Lammhackfleisch
150 g Kartoffeln, fein gewürfelt
1 TL Salz
1 TL Zucker

**1** Mehl und Salz für den Teig in einer Schüssel vermengen. Die Butter mit den Fingerspitzen unter das Mehl reiben, bis eine bröselige Mischung enstanden ist. 75 ml Wasser dazugeben und den Teig kräftig kneten, bis er sich von der Schüssel löst. Auf einer bemehlten Arbeitsfläche etwa 3 mm dick ausrollen. Mit der runden Form Teigkreise ausstechen und beiseitestellen.

**2** Das Currypulver mit 2 EL Wasser anrühren. Im Wok 1 EL Öl erhitzen und den Knoblauch darin sanft anbraten, bis er gerade beginnt, sich hellbraun zu färben. (Vorsicht: Er wird schnell zu dunkel und schmeckt dann bitter.) Die Currypaste dazugeben und auf kleiner Flamme einige Minuten rühren, ohne sie anbrennen zu lassen.

**3** Fleisch und Kartoffelwürfel dazugeben und weiterrühren, bis das Fleisch gar und die Mischung noch saftig, aber nicht mehr wässrig ist. Mit Salz und Zucker abschmecken und abkühlen lassen.

**4** Einen Teigkreis in die Form legen und 1 EL Füllung in die Mitte geben. Die Form zusammenklappen und die Ränder fest zusammendrücken, sodass eine halbkreisförmige Teigtasche mit gewelltem Rand entsteht. Die übrigen Teigkreise und die restliche Füllung ebenso verarbeiten.

**5** Den Wok mit Küchenpapier ausreiben. Genügend Öl zum Frittieren darin erhitzen. Die Teigtaschen portionsweise 3–4 Minuten frittieren, bis sie goldbraun und knusprig geworden sind, nach der Hälfte der Zeit wenden. Auf Küchenpapier abtropfen lassen und heiß oder warm servieren.

# CHRIS TAN Würziges Ni Tamago

**Der in Singapur lebende Autor Chris Tan legt wachsweich gekochte Eier in eine aromatische Marinade ein und serviert sie wie in einer japanischen *ramen*-Bar auf Nudeln. Genauso gut schmecken die Eier aber auch auf gebuttertem Toast.**

FÜR 3–4 PORTIONEN ZUBEREITUNGSZEIT: 30 MINUTEN, ZZGL. 45 MINUTEN ZUM MARINIEREN

**KOCHUTENSILIEN**
mittelgroßer Topf
großer Topf

**ZUTATEN**
750 ml leichte Fleischbrühe
1 Knoblauchzehe, ungeschält
1 EL zerstoßener Kandiszucker
2 Sternanis
3 cm Zimtstange
1 Gewürznelke
4–5 EL Shoyu (japanische Sojasauce)
½ TL Sesamöl
¼ TL Salz
6 große frische Eier, möglichst aus Freilandhaltung
300 g *ramen* (japanische Weizennudeln), gekocht und abgetropft (nach Belieben)
geröstete Sesamsamen zum Garnieren
chinesischer oder gewöhnlicher Schnittlauch zum Garnieren

**1** Brühe, Knoblauch, Kandiszucker, Sternanis, Zimt und Nelke in einem mittelgroßen Topf erhitzen und bei mittlerer Temperatur gleichmäßig köcheln lassen, bis die Flüssigkeit auf die Hälfte reduziert ist. Sojasauce und Sesamöl einrühren und abkühlen lassen. Mit Salz, noch etwas Sojasauce und Zucker abschmecken; die Marinade sollte etwas salziger schmecken als Brühe und ein konzentriertes Fleischaroma haben.

**2** In einem großen Topf bei mittlerer Temperatur Wasser zum Kochen bringen. Die Eier vorsichtig hineinlegen und exakt 6 Minuten kochen. Dann sofort herausnehmen und in Eiswasser abschrecken, damit sie nicht in der Schale weitergaren. Die abgekühlten Eier vorsichtig schälen, sie sind noch recht weich. In einen großen, stabilen Gefrierbeutel geben und die abgekühlte Marinade dazugießen. Den Beutel zuknoten, dabei möglichst viel Luft herausdrücken. Den Beutel so aufhängen, dass er nirgends anstößt und die Eier rundum von der Marinade umgeben sind. 45 Minuten marinieren.

**3** Den Beutel öffnen, die Eier vorsichtig herausnehmen. Falls gewünscht, können noch sechs weitere Eier darin mariniert werden. Wenn Sie die Eigelbe lieber fest als flüssig mögen, 1–2 Stunden länger einlegen. Die Eier in Sesam rollen und im Ganzen oder halbiert, mit Schnittlauch garniert servieren, nach Belieben auf einem Bett aus *ramen*.

# Kueh Bolu

Der Name dieses hübschen, luftigen Festtagsgebäcks bedeutet »runde Kuchen«, und das nicht etwa wegen seiner Form, sondern in Anspielung auf den Mond. Früher gab es sie nur anlässlich des chinesischen Neujahrsfestes, doch seit die praktischen elektrischen Backeisen (s. S. 271) auf dem Markt sind, isst man die *kueh bolu* das ganze Jahr über. Ihre Zubereitung ist ganz einfach, wichtig ist nur, dass die Eier mit dem Quirl schön schaumig geschlagen werden.

FÜR 4 PORTIONEN ZUBEREITUNGSZEIT: 40 MINUTEN

**KOCHUTENSILIEN**

elektrisches Handrührgerät
Mörser und Stößel
*kueh-bolu*-Backeisen
Küchenpinsel

**ZUTATEN**

6 Eier
140 g Zucker
1 Prise Salz
50 g Mehl
4 EL Kokosmilch
2 Pandanblätter
1 EL Öl

**1** Die Eier in eine Rührschüssel aufschlagen. Zucker und Salz dazugeben und alles mit dem Handrührgerät schaumig rühren. Mehl und Kokosmilch dazugeben und alles zu einem glatten Teig verarbeiten.

**2** Die Pandanblätter im Mörser zerstampfen, die dabei ausgetretene Flüssigkeit in den Teig rühren.

**3** Das Backeisen vorheizen, die Vertiefungen sorgfältig mit Öl auspinseln. Die Mulden bis knapp unter den Rand mit Teig füllen (Abb. l. o.). Den oberen Teil des Geräts herunterklappen und die Küchlein etwa 3 Minuten backen, bis sie gerade goldgelb geworden sind.

**4** Die Küchlein kurz in der Form abkühlen lassen, dann vorsichtig mit Essstäbchen herauslösen (Abb. l. u.). In einer Keksdose bleiben sie mehrere Wochen frisch.

# Rote Glücksküchlein

**Die aus dem Chinesischen stammende Bezeichnung *ang ku kueh* bedeutet wörtlich »rote Schildkrötenkuchen«. Rot steht in der chinesischen Symbolik für Wohlstand, während die Schildkröte Langlebigkeit verspricht. Der rot gefärbte Reismehlteig wird in traditionellen Holzmodeln zu Schildkröten und anderen Glückssymbolen geformt und anschließend gedämpft.**

FÜR 4 PORTIONEN ZUBEREITUNGSZEIT: 1 STUNDE, ZZGL. 1 NACHT ZUM EINWEICHEN

**KOCHUTENSILIEN**

Küchenbeil
Schneidebrett
Töpfe
Dämpfbehälter
Holzmodel

**ZUTATEN**

200g Süßkartoffeln, gewürfelt
400g Klebreismehl
300ml Kokosmilch
3 EL Zucker
1 Prise Salz
½ TL rote Lebensmittelfarbe
Bananenblätter

**für die Füllung**

500g geschälte Mungbohnen, über Nacht eingeweicht
500g Zucker

**1** Die Süßkartoffeln in einem kleinen Topf mit Wasser bedecken und 5 Minuten kochen. Abtropfen lassen und mit einer Gabel gründlich zerdrücken. Mit jeweils der Hälfte von Reismehl und Kokosmilch vermengen. Zucker und Salz daruntermischen.

**2** Die übrige Kokosmilch zum Köcheln bringen und das restliche Reismehl einrühren, sodass ein dicker Teig entsteht.

**3** Beide Mischungen auf einer bemehlten Arbeitsfläche 5 Minuten miteinander verkneten. Die Lebensmittelfarbe dazugeben und so lange weiterkneten, bis der Teig gleichmäßig gefärbt ist.

**4** Die eingeweichten Mungbohnen für die Füllung in einem Dämpfbehälter 15 Minuten garen, bis sie sehr weich sind, dann gründlich zerstampfen.

**5** Den Zucker mit 200ml Wasser erhitzen und zu einem dicken Sirup verkochen. Die zerstampften Mungbohnen unterrühren und auf kleiner Flamme so lange köcheln, bis die Masse sehr dick und trocken ist. Abkühlen lassen.

**6** Die Handflächen einfetten und den Teig in limettengroße Bällchen teilen. Jedes Bällchen etwas flach drücken, in der Mitte eine Mulde formen und 1 EL Bohnenfüllung hineingeben (Abb. o. l.). Den Teig zu einer Kugel formen und sorgfältig über der Füllung verschließen.

**7** Den Teigball mit sanftem Druck in den Holzmodel pressen (Abb. o. M.), sodass sich dessen Muster deutlich in ihn einprägt. Dann den Model stürzen und das Teigstück herauslösen (Abb. o. r.).

**8** Getrocknete Bananenblätter 1 Minute in heißem Wasser blanchieren, damit sie geschmeidiger werden, dann in Quadrate schneiden, die etwas größer als die Teigstücke sind. Je ein Teigstück auf ein Bananenblatt setzen und 15 Minuten im Dämpfbehälter in einem geschlossenen Topf dämpfen. Kalt servieren.

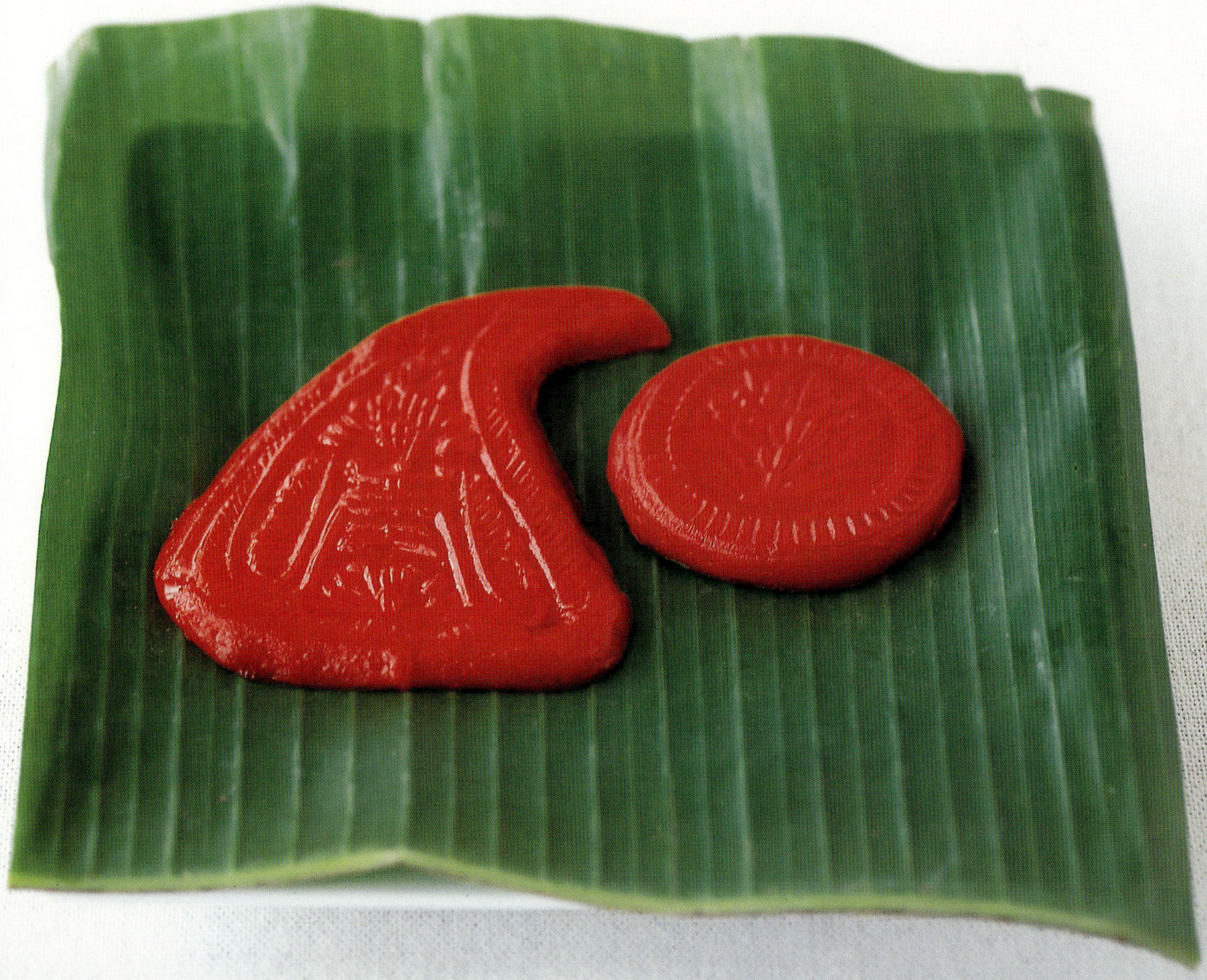

# Glossar der Zutaten

**Appam-Mehl** Ein spezielles Reismehl für die Herstellung der südindischen Spezialität *appam* und für die aus der Küche Sri Lankas stammenden *hoppers*.

**Asant** (oder Asafoetida) Gewürzpulver aus einer fenchelartigen Heilpflanze, dem Stinkasant oder Teufelsdreck. Es riecht stark beißend und harzig und sollte nur sparsam verwendet werden. Sein unangenehmer Geruch verfliegt beim Kochen und weicht einem Aroma, der dem von Zwiebeln oder Lauch ähnelt. Asant wird vor allem in der indischen, insbesondere der südindischen Küche verwendet. Die Anhänger des Jainismus, die eine Vielzahl besonderer Ernährungsregeln befolgen, schätzen ihn als Ersatz für die ihnen verbotenen Zwiebeln.

**Basilikum** siehe Thai-Basilikum

**Basmati** Eine Langkornreissorte, die für ihren duftigen, aromatischen Eigengeschmack bekannt ist. Die Hauptanbaugebiete liegen in Indien und Pakistan am Fuße des Himalajas.

**Bohnen, fermentierte schwarze** Dieses intensiv schmeckende chinesische Würzmittel wird durch Einsalzen und Fermentieren getrockneter Sojabohnen hergestellt. Man bekommt die Bohnen in den meisten Asialäden, häufig auch unter der Bezeichnung *douchi*.

**Bohnensauce, gelbe** Dickflüssige Sauce aus gelben Sojabohnen, Mehl und Salz.

**Bohnensauce, schwarze** wird aus fermentierten Sojabohnen hergestellt. Als Fertigprodukt im Glas bekommt man das markant schmeckende Würzmittel in chinesischen Lebensmittelgeschäften oder Asialäden. Neben der klassischen Bohnensauce gibt es auch eine mit Chilischoten gewürzte scharfe Variante.

**Bohnensprossen** Die Sprossen der Mungbohne sind nicht nur in der chinesischen Küche beliebt, sondern auch in anderen asiatischen Ländern wie Thailand oder Vietnam. Die dicken, knackigen Sprossen sind mittlerweile in den meisten Supermärkten erhältlich. Man sollte sie so frisch wie möglich verwenden, egal, ob man sie roh oder gekocht verzehrt. Manchmal werden sie auch als Mungobohnensprossen bezeichnet.

**Brokkoli, chinesischer** Vor allem die fleischigen Stile der Kohlart sind schmackhaft. Aber auch die jungen Blätter und ungeöffneten Blüten werden gegessen.

**Chapati-Mehl** wird zur Herstellung des gleichnamigen indischen Fladenbrotes verwendet. Es besteht aus einer Mischung aus Weizen und gemälzter Gerste und wird auch als *atta* bezeichnet. Man bekommt es am ehesten im Asialaden.

**Chili-Bohnenpaste** siehe Kochujang

**Chinakohl** siehe Kohl, asiatischer

**Chinkiang** Chinesisischen Reisessig gibt es in verschiedenen Sorten und Qualitäten. Besonders beliebt ist der aus fermentiertem Malz und Reis (manchmal auch aus Hirse oder Gerste) hergestellte dunkle Essig. Er ähnelt dem italienischen Balsamico. Der aus der gleichnamigen Provinz stammende Chinkiang gilt als der hochwertigste dunkle Reisessig.

**Choi Sum** siehe Kohl, asiatischer

**Curryblätter** Die Blätter des kleinen Currybaums *(Bergera* oder *Murraya koenigii)* werden vor allem in Südindien und Sri Lanka sehr häufig zum Würzen verwendet. Sie haben einen unverwechselbaren, etwas bitteren Geschmack und ein leicht rauchiges Aroma. Frische oder tiefgekühlte Curryblätter kann man mitessen, während getrocknete, genau wie Lorbeerblätter, vor dem Servieren entfernt werden.

**Daikon** Das große, weiße Wurzelgemüse mit dem knackigen Fruchtfleisch hat einen im Vergleich zu anderen Rettichsorten eher milden Geschmack. Daikon ist nicht nur in Japan sehr beliebt, sondern auch in anderen Teilen Asiens, zum Beispiel in Indien. Dort bezeichnet man ihn als *mooli* oder *white radish*. Die Sprossen aus Daikon-Samen, die sogenannte Daikon-Kresse, schmecken pikant und aromatisch und werden unter anderem für Sushi verwendet.

**Dal** Indisches Gericht auf Basis von Hülsenfrüchten, das – preisgünstig und proteinreich – auf dem Subkontinent häufig auf dem Speiseplan steht.

**Dashi** Japanische Brühe, die in verschiedenen Sorten und Zusammensetzungen aus geräucherten, getrockneten Fischflocken und Algen (z. B. Kombu) hergestellt wird. Man kann Dashi auch als fertig gemischtes Konzentrat oder Pulver kaufen.

**Douchi** siehe Bohnen, fermentierte schwarze

**Fischflocken** werden aus geräuchertem, getrockneten Thunfisch hergestellt, daher auch die im Handel geläufigere englischsprachige Bezeichnung *bonito flakes*. Ihr japanischer Name lautet *katsuo bushi*. Man verwendet sie hauptsächlich zum Würzen der japanischen Brühe, Dashi. Sie werden auch zu Pulver verarbeitet.

**Fischsauce** Die extrem konzentrierte Würzsauce aus fermentiertem Fisch wird in weiten Teilen Südostasiens, aber auch in einigen Gegenden Chinas und Koreas verwendet, vor allem zum Würzen von Currys und Saucen. Die Zusammensetzung und die Zubereitung unterscheiden sich geringfügig zwischen den einzelnen Ländern. Die vietnamesische Fischsauce *nuoc mam* beispielsweise ist etwas intensiver als die thailändische *nam pla*.

**Fünf-Gewürze-Pulver** Diese Mischung aus Sternanis, Zimt, Nelken, Fenchelsamen und Sichuanpfeffer wird sowohl in der chinesischen als auch in der vietnamesischen Küche verwendet.

**Galgant** gehört zur selben Familie wie Ingwer, hat aber einen stärkeren, erdigeren Geschmack. Er wird im gesamten südostasiatischen Raum, vor allem auf der indochinesischen Halbinsel sehr häufig verwendet und ist Bestandteil vieler Currypasten. Galgant kann man frisch, tiefgefroren, getrocknet und zu Pulver vermahlen kaufen, wobei die frische oder gefrorene Wurzel das meiste Aroma besitzt. Man unterscheidet zwischen großem Galgant (oder Thai-Ingwer) und kleinem Galgant. Letzterer wird in gemahlener Form auch als Laospulver bezeichnet.

**Garam Masala** Indische Gewürzmischung, für die meist Kardamom, Nelken, Kreuzkümmel, Zimt und schwarzer Pfeffer verwendet werden. Die Zutaten variieren in Indien von Region zu Region. Garam Masala passt sehr gut zu Fleischgerichten.

**Garnelenpaste** Da Garnelenpaste, wie viele andere asiatische Würzmittel, sehr intensiv schmeckt, sollte sie nur sparsam verwendet werden. Sie wird aus gepökelten, fermentierten Garnelen hergestellt und meist in Blöcken verkauft, doch Zusammensetzung und Konsistenz unterscheiden sich von Region zu Region. In Burma heißt sie *ngapi*, in Malaysia und Singapur *belachan,* in Indonesien *terasi,* in Thailand, Kambodscha und Laos *kapi,* die Vietnamesen unterscheiden je nach verwendeter Art von Krustentieren verschiedene Sorten.

**Ghee** ist die indische Bezeichnung für geklärte Butter. Man bekommt Ghee mittlerweile nicht nur im Asialaden, sondern auch in vielen Bioläden und im Supermarkt mit Feinkostregal.

**Hoisin-Sauce** Die rotbraune, dickflüssige Würzsauce wird aus roten Sojabohnen, Sesamöl, Chilischoten, Essig, Knoblauch und Salz sowie Pfeffer hergestellt. Sie eignet sich sehr gut zum Würzen von Fleischgerichten.

**Jaggery** Besonders geschmacksintensiver, nicht raffinierter Palm- oder Rohrzucker, der in Blöcken verkauft wird und aus Indien stammt. Am ehesten im Asialaden erhältlich. Siehe auch Palmzucker.

**Jasminreis** Ein Duftreis, der von der Form der Körner her Basmatireis ähnelt. Jasminreis ist vor allem in der thailändischen und vietnamesischen Küche weit verbreitet, wird aber auch in anderen Regionalküchen Südostasiens verwendet. Beim Kochen wird er leicht klebrig.

**Katsuo bushi** siehe Fischflocken

**Kaffirlimettenblätter** Die hocharomatischen Blätter des Kaffirlimettenbaumes *(Citrus hystrix),* auch indonesische Zitronenblätter, Kaffernlimetten- oder Makrut-Blätter genannt, werden in weiten Teilen Südostasiens als Küchengewürz verwendet. Sie sind dunkelgrün und glänzend und sehen so aus, als seien mehrere Blätter wie in einer Kette hintereinander gewachsen. Man kann sie im Ganzen oder fein geschnitten verwenden. Es gibt sie frisch, gefroren und getrocknet zu kaufen, wobei die frischen oder gefrorenen das meiste Aroma besitzen.

**Kardamom** Es gibt zwei Sorten des Gewürzkardamoms: grünen und schwarzen. Beide gehören zur Familie der Ingwergewächse. Die Samenkapseln umschließen eine papierartige Hülle, die die kleinen schwarzen Samenkörner enthält. Die Kapseln des grünen Kardamoms sind klein und hell, die des schwarzen größer und dunkelbraun. Sowohl die ganzen Kapseln als auch die einzelnen, ganzen oder gemahlenen Samenkörner finden in der Küche Verwendung.

**Klebreis** Wie der Name schon verrät, wird dieser Rundkornreis beim Kochen besonders klebrig. Er wird in China, Korea, Japan, Thailand, Vietnam, Laos und Indonesien angebaut und auch zu Mehl verarbeitet.

**Knoblauch und Schalotten, knusprig frittiert** Ganz ähnlich wie die bei uns fertig erhältlichen Röstzwiebeln findet man im Asialaden knusprig gebratenen Knoblauch und Schalotten (oder Mischungen aus beidem) in großen Tüten, die meist aus Thailand oder anderen südostasiatischen Ländern stammen. Sie werden als würzige, knusprige Garnitur über eine Vielzahl von Gerichten gestreut.

**Kochujang** Scharfe koreanische Würzpaste aus Chilischoten und fermentierten Sojabohnen. Ähnliche Chili-Bohnen-Pasten kennt man in einigen chinesischen Regionalküchen, vor allem in Sichuan. Man bekommt sie am ehesten in auf koreanische Produkte spezialisierten Asialäden.

**Kohl, asiatischer** Unter den Kohlgewächsen gibt es zur Spezies *Brassica rapa* in Asien zwei weit verbreitete Unterarten: den hellen, auch bei uns sehr bekannten Chinakohl *(Brassica rapa pekinensis,* auch Napa-Kohl genannt) und Pak Choi *(Brassica rapa sinensis,* auch Pok Choi, Bok Choi, Senf- oder Blätterkohl genannt). Letzterer hat weiße Stängel und dunkelgrüne Blätter und ähnelt äußerlich dem bei uns heimischen Mangold. Auch Choi Sum *(Brassica parachinensis)* ist ein verwandtes asiatisches Kohlgewächs, jedoch kleiner und delikater, mit hellgrünen Blättern und gelben Blüten. Er wird manchmal auch als chinesischer Blütenkohl bezeichnet. Alle drei Kohlsorten kann man beim Kochen durch eine der beiden anderen ersetzen.

**Kohl, eingesalzener** In China, Vietnam, Laos, Thailand und anderen Ländern werden verschiedene Gemüsesorten, vor allem aber dickes, festeres Blattgemüse in Salz eingelegt und milchsauer vergoren. Die Rezepte und Methoden unterscheiden sich von Region zu Region, das Grundprinzip ist aber immer das gleiche. Eingesalzener Kohl spielt in vielen Rezepten aus China und von der indochinesischen Halbinsel eine Hauptrolle. Unter Bezeichnungen wie *ham choi, phak gad khem, za cai, preserved vegetable* oder *salted greens* bekommt man die Konserven im Asialaden.

**Kombu** Getrockneter, essbarer Seetang, der meist in Streifen oder Blättern angeboten wird. Kombu wird unter anderem zum Würzen der japanischen Fischbrühe Dashi verwendet.

**Koriander, vietnamesischer** Ein Küchenkraut, das auch als vietnamesische Minze, Laksa-Blätter oder *rau ram* bezeichnet wird und einen starken, minzig-pfeffrigen Geschmack hat.

**Krachai** Wurzel, die zur Ingwerfamilie gehört und vor allem in Thailand beliebt ist.

**Kukui-Nuss** Die sehr fetthaltige Nuss des Lichtnuss- oder Kukui-Baumes *(Aleurites moluccana)* ist eine beliebte Zutat der malaysischen und indonesischen Küche. Sie wird ausschließlich geröstet gehandelt, da die rohen Nüsse giftig sind. Falls Sie keine Kukui-Nüsse bekommen, sind Macadamia-Nüsse der beste Ersatz. Sie haben eine ähnliche Konsistenz, schmecken aber süßlicher und weniger bitter.

**Kurkuma** Wie andere Rhizome kann man auch Kurkuma frisch oder getrocknet und zu einem Pulver vermahlen verwenden. Das auffälligste Merkmal der Kurkuma ist ihre leuchtend gelbe Farbe, die für die Färbung der meisten Currypulver verantwortlich ist. Daher auch der deutsche Name Gelbwurz. Frische Kurkuma findet man am ehesten im Asialaden.

**Laospulver** siehe Galgant

**Lotossamen** spielen eine wichtige Rolle in der traditionellen chinesischen Medizin. In der Küche werden sie vor allem für Desserts verwendet. Es gibt sie frisch, getrocknet oder als Konserve zu kaufen. Als Ersatz eignen sich blanchierte Mandeln.

**Macadamia-Nuss** siehe Kukui-Nuss

**Maledivenfischflocken** werden genau wie die japanischen Fischflocken hergestellt, indem man Fisch, meist Thunfisch, unter der heißen Sonne der Malediven trocknet. Neben den Flocken gibt es auch ein Pulver, beides dient als salzige Würze. Siehe auch Fischflocken.

**Mirin** Japanischer Reiswein, ähnlich wie Sake, aber mit geringerem Alkoholgehalt und süßlicherem Geschmack. Er wird zum Würzen von Saucen und Marinaden verwendet.

**Miso** Dicke japanische Würzpaste aus gepökelten, fermentierten Sojabohnen, Reis oder Gerste. Es gibt verschiedene Miso-Sorten; weißes Miso hat eine feinere Beschaffenheit und einen süßeren Geschmack, rotes Miso ist besonders salzig.

**Mooli** siehe Daikon

**Mungbohnensprossen** siehe Bohnensprossen

**Napa** siehe Kohl, asiatischer

**Nashi** Die in Ostasien verbreitete, runde, hell gefleckte Birnenart mit dem botanischen Namen *Pyrus pyrifolia* stammt ursprünglich aus China, ist aber auch in Japan und auf der koreanischen Halbinsel verbreitet. Sie wird auch als Japanische Birne, Koreanische Birne, Asiatische Birne, Chinesische Birne oder Apfel-Birne bezeichnet. Der japanische Name Nashi bedeutet schlicht Birne.

**Nori** Getrockneter, essbarer Seetang, der meist in Blättern verkauft und vor allem für Sushi verwendet wird. Beim Rösten ändert sich seine Farbe vom Rötlichen in ein dunkles Grün.

**Nudeln, japanische** Nudeln sind aus der japanischen Küche nicht wegzudenken. Die bekanntesten Sorten sind Udon- und Soba-Nudeln. Udon-Nudeln werden aus Weizenmehl hergestellt, sind eher dick und weißlich und werden oft für Suppen verwendet. Soba-Nudeln werden aus einer Mischung aus Buchweizen- und Weizenmehl hergestellt. Ramen-Nudeln bestehen auch aus Weizenmehl und kommen ursprünglich aus China, sind mittlerweile aber in Japan sehr beliebt. Sie werden häufig für Suppen verwendet.

**Pak Choi** siehe Kohl, asiatischer

**Palmessig** Dieser milde, trübe Essig wird aus Palmwein gemacht, dessen Ausgangsstoff wiederum der Blutungssaft von Kokospalmen ist. Palmessig ist besonders auf den Philippinen sehr beliebt, man verwendet ihn aber auch in anderen Gegenden Südostasiens.

**Palmzucker** Der unraffinierte dunkle Zucker wird aus dem Blütensaft von Atta- und Nipa- (oder Zucker-) Palmen gewonnen, seltener auch aus Palmyra-Palmen. Palmzucker hat einen viel stärkeren Eigengeschmack als Rüben- oder Rohrzucker. Er wird meist in Form von Kugeln oder am Stück verkauft. In Malaysia heißt er *gul melaka,* in Indonesien *gula jawa.*

**Pandanblätter** Mit den schwertförmigen Blättern von *Pandanus tectorius,* eines Gewächses aus der Familie der Schraubenbäume, umwickelt man in Südostasien verschiedene Lebensmittel, um sie anschließend in dieser würzigen Hülle mit Vanillearoma zu garen. Außerdem gibt man die zusammengebundenen oder fein gehackten Blätter der Kochflüssigkeit von Reis und Currys bei. Durch Auspressen der Blätter gewinnt man eine Essenz, die vor allem zum Würzen von Kuchen und Süßspeisen verwendet wird. Die thailändische Bezeichnungen für Pandanblätter lautet *bai toei,* die indonesische *daun pandan.*

**Paneer** Der indische Frischkäse aus gesäuerter Kuhmilch ähnelt äußerlich Feta und hat einen besonders milden Geschmack.

**Panko** Die knusprigen japanischen Semmelbrösel sind gröber als die bei uns üblichen und werden ausschließlich aus den weißen Teilen des Brotes hergestellt.

**Pilze, japanische** Take ist das japanische Wort für Pilz. Die im Westen bekanntesten Pilzarten sind Shiitake und Enokitake. Dem Shiitake werden in seiner Heimat Heilkräfte nachgesagt. Er hat ein festes Fleisch und ein intensives Aroma. Enokitake verwendet man in Japan vor allem für Suppen und Eintöpfe, sie sind aber auch roh gut genießbar. Sie sollten nur kurz gegart werden, da sonst das besondere Aroma verloren geht. Shimejitake ist auch bekannt als Strohpilz, weil er auf Reisstroh wächst. Er hat hellbraune, feste Kappen und schmeckt nussig. In Europa ist er meist nur getrocknet oder als Dosenware erhältlich.

**Reisessig** siehe Chinkiang

**Reispapier** siehe Teighüllen

**Reiswein** Alkoholisches Getränk, das durch Fermentation von Klebreis oder Hirse erzeugt wird.

**Sake** Japanischer Reiswein. Wird heiß und kalt getrunken und kann durch trockenen Sherry ersetzt werden.

**Sambal, Sambol** Gewürzpaste, ursprünglich aus Indonesien. Wird mittlerweile in vielen asiatischen Küche verwendet. Basis sind rote Chilischoten – scharf! Wird zu Fleisch- und Fischgerichten gereicht.

**Sansho** siehe Sichuanpfeffer

**Schnittlauch, chinesischer** Er hat eher flache Halme und einen kräftigen, an Knoblauch erinnernden Geschmack, daher auch die Bezeichnungen Knoblauch-Schnittlauch, Schnittknoblauch oder Knolau. Chinesische Namen sind *gow choi* oder *ku chai.* Vom Geschmack her erinnert chinesischer Schnittlauch an Bärlauch und kann auch gut durch ihn ersetzt werden. Auch die dekorativen Blütenstände sind essbar und werden in der asiatischen Küche gerne verwendet.

**Sesamöl** Bei Sesamöl muss zwischen dem Öl aus gerösteten und nicht gerösteten Samen unterschieden werden. Das Öl aus nicht gerösteten Samen kann wie andere Pflanzenöle auch zum Braten verwendet werden. Für die dunkle Variante werden die Samen vor dem Pressen geröstet, wodurch ein angenehm nussiges Aroma entsteht. Es wird in kleinen Mengen als Würze verwendet, ist zum Braten jedoch nicht geeignet.

**Shaoxing** Reiswein aus der Provinz Zhejiang; er gilt als der hochwertigste chinesische Reiswein. Man bekommt Reiswein mittlerweile nicht nur im Asialaden, sondern auch in vielen Supermärkten, sollte aber auf eine gute Qualität achten.

**Shichimi togarashi** Eine klassische japanische Gewürzmischung. Sie enthält getrocknete rote Chiliflocken, gemahlenen Sansho, getrocknete Mandarinenschalen, schwarze Hanfsamen, weiße Sesamsamen, weiße Mohnsamen und Nori-Flocken. Eine andere Bezeichnung für Shichimi togarashi lautet Japanisches Sieben-Gewürze-Pulver.

**Shiso-Blätter** Das scharfe Kraut wird in den Küchen Japans, Koreas und Vietnams verwendet, vor allem zum Würzen von Sashimi, Salaten, Fleisch- und Fischgerichten, aber auch für Pickles. Deutsche Bezeichnungen sind Perilla, Sesamblatt oder Schwarznessel.

**Shoyu** siehe Sojasauce

**Sichuanpfeffer** Aus den entleerten Samenkapseln von *Zanthoxylum piperitum* wird der sehr pikante Sichuanpfeffer mit seinem typischen Zitrusaroma gewonnen. Er ist nicht mit schwarzem Pfeffer verwandt und weniger scharf. Sichuan- (oder Szechuan-) Pfeffer spielt nicht nur in der Küche der chinesischen Provinz Sichuan, von der er seinen Namen hat, eine bedeutende Rolle, sondern auch in Korea, Tibet, Bhutan und in Japan, wo er als Sansho bezeichnet wird. Sichuanpfeffer wird im Ganzen oder gemahlen verkauft, häufig werden die getrockneten Samenkapseln erst unmittelbar vor der Verwendung geröstet und zerdrückt. Ältere deutsche Bezeichnungen sind Bergpfeffer, Anispfeffer, japanischer oder chinesischer Pfeffer.

**Sojasauce** Sojasauce wird aus Sojabohnen, Wasser, Weizen und Salz hergestellt und traditionellerweise in einem mehrmonatigen Brauprozess gewonnen. Die bekanntesten und gängigsten Sojasaucen kommen aus

Japan und China. Bei den chinesischen Sojasaucen können helle und dunkle Sauce unterschieden werden: Die dunkle Sojasauce reift mehrere Monate, ist dickflüssig und schmeckt süßlich-aromatisch. Sie wird oft mit Zuckercouleur gefärbt. Die helle Sojasauce ist dünnflüssig, hat eine kürzere Reifezeit und ein leicht salziges Aroma. Die japanische Sojasauce (Shoyu) wird aus fermentierten Sojabohen und geröstetem Getreide gewonnen. Sie hat ein milderes Aroma und ist sehr gut für Marinaden, Saucen, als Dip und als Würze für verschiedenste Gerichte geeignet. Ketjab Manis (»süße Sojasauce«) ist eine indonesische Variante, die süßlich schmeckt und zu Fleisch-, Reis- und Gemüsegerichten passt.

**Surimi** In Japan zerkleinerter Fisch, der mit Zucker gegart und geliert wird. Während sich der Begriff in Japan auf das Herstellungsverfahren bezieht, versteht man in Europa unter Surimi meist Stäbchen aus Krebsfleischimitat.

**Sushireis** Ein Rundkornreis aus Japan, der speziell für die Zubereitung von Sushi verwendet wird.

**Tamarindenmark** Tamarinden sind die fleischigen Hülsenfrüchte des Tamarindenbaumes, auch Sauerdatteln oder indische Datteln genannt. Ihr säuerliches Mark wird in weiten Teilen Süd- und Südostasiens als Würze verwendet. Man kauft es zu Blöcken gepresst, als Konzentrat, Paste oder Pulver. Von den Blöcken gelöste Brocken müssen vor der Verwendung 10 Minuten in heißem Wasser eingeweicht und anschließend durch ein Sieb gestrichen werden, um Samen und zähe Fasern zu entfernen. Die dabei gewonnene Flüssigkeit kann man nach Belieben weiterverwenden.

**Teigblätter** In Asialäden findet man für verschiedene asiatische Teigtäschchen fertige Teigblätter, zum Beispiel runde Stücke aus einem Weizenteig ohne Ei für gedämpfte Dim-Sum-Spezialitäten wie *jiaozie* oder *shao mai*. Der gleiche Teig wird für *guotie* etwas dicker ausgerollt, denn diese Täschchen werden zunächst angebraten und danach gedämpft. Teigblätter für *wan tan* bestehen aus einem Eiernudelteig und sind quadratisch zugeschnitten. Durch das Ei wird der Teig elastischer und bewahrt die Füllung auch beim Frittieren und Kochen in der Suppe, ohne zu brechen. Für Frühlingsrollen gibt es je nach Rezept Teigblätter aus Weizenmehl, Tofu oder Reismehl. Letztere sind hauchdünn und durchscheinend und werden vor allem für die rohen vietnamesischen Sommerrollen verwendet.
**Tempeh** Mit einem Edelpilz fermentierte Sojabohnen, die man vor allem in der indonesischen Küche verwendet. Tempeh enthält viel Eiweiß und Ballaststoffe. Die Zubereitungsarten sind vielfältig: Tempeh kann gedünstet, gekocht, gegrillt oder gebraten werden. Durch seinen milden, nussigen Geschmack passt es zu vielen Gerichten.

**Thai-Basilikum** In der thailändischen Küche werden drei verschiedene Arten von Basilikum verwendet: Am bekanntesten ist das süßliche *bai horapa,* das bei uns gemeinhin als Thai-Basilikum bezeichnet wird. Eher pfeffrig und anhand seiner violetten Stängel deutlich erkennbar ist *bai grapao,* das wir am ehesten unter der Bezeichnung Tulsi oder Indisches Basilikum kennen; es gilt den Hindus als heilige Pflanze. Die dritte Art heißt *bai manglaek* oder Zitronenbasilikum, seine kleinen, flaumigen Blätter werden zum Würzen von Suppen, Salaten und Nudelgerichten verwendet.

**Thai-Ingwer** siehe Galgant

**Tofu** Fettarmer »Quark« aus geronnener Sojamilch. Er ist in zwei Varianten erhältlich: Der brüchige Seidentofu eignet sich für Dips und Dressings. Der feste, gepresste Baumwolltofu eignet sich zum Braten.

**Tulsi** siehe Thai-Basilikum

**Wakame** Leicht süßlich schmeckender essbarer Seetang, der in Japan und Korea seit Jahrhunderten kultiviert wird.

**Wasabi** Ein scharfer Rettich, der in der japanischen Küche als Gewürz eine wichtige Rolle spielt. Man verwendet die frisch geriebenen Wurzeln oder eine fertig gekaufte grüne Paste. Wasabi sollte nur äußerst sparsam eingesetzt werden. Er ist nicht nur sehr scharf, sondern überdeckt mit seinem Geschmack auch leicht alle anderen Aromen.

**Wasserspinat** Diese essbare Art aus der Familie der Prunkwinden *(ipomoea)* wird in vielen Gegenden Südostasiens angebaut und ist auch unter den Bezeichnungen *water convolvulus* oder *morning glory* bekannt. Vorsicht vor Verwechslungen: Andere Mitglieder dieser Familie, die ebenfalls den Namen *morning glory* tragen, sind giftig!

**Zitronenbasilikum** siehe Thai-Basilikum

# Bezugsquellen

Asiatische Lebensmittel sind in Europa seit einigen Jahren weit verbreitet. Asialäden, aber auch Bioläden und gut sortierte Supermärkte bieten Produkte aus den Küchen Asiens an. Wer vor Ort nicht fündig wird, kann auf das reichhaltige Angebot von Internethändlern, die sich auf asiatische Produkte spezialisiert haben, zurückgreifen. Hier eine Auswahl:

**Allgemein**
www.gourmondo.de
www.insiderasia.de (auch Kochutensilien und Kochbücher)

**Indien**
www.maharani-shop.de (auch Kochbücher)
www.moti-mahal.de (auch Bollywood-Filme, Wohnaccessoires und mehr)
www.indu-versand.de (auch Kochbücher)

**Indonesien**
www.tokoindonesia.de (auch Küchenutensilien)

**Thailand**
www.thai-deli.de

**Japan/Korea**
www.japan-feinkost.de
www.dae-yang.de (auch Kochutensilien)
www.asiakauf.com (koreanische Spezialitäten)

# Register


Ananas 178
Hähnchen-Tikka mit Safran 156–157
Gebratener Reis in der Ananas 182
Scharf-saures Fischcurry mit Ananas 193
Andoh, Elizabeth 111
Appam-Mehl 123
Arora, Yogesh 158
Auberginen
Auberginen-Pickle 75, 152–153
Auberginensalat mit Sesam-Dressing 111
Auberginen-Tempura 97
Gefüllte und knusprig gebratene Auberginen 58–59
Grünes Curry mit Fischklößchen 188–189

Backutensilien 244–245, 270
Bali-Hähnchen 257
Bambusblätter 179
Klößchen im Bambusblatt 183
Bambussprossen
Burmesischer Gemüsesalat 198–199
Chinesische Pilze mit Bambussprossen 21
*Kueh pai tee* 248–249
Udon-Nudelsuppe mit Bambussprossen und Enokitake 94
Bananenblätter 178–179, 265
In Bananenblättern gedämpfte Fischküchlein 180–181
*Banh xeo* 208
Basmatireis 123
Bento-Box 113
Gegrillte Salzforelle 114
Bhanubandh, Somkid 230
*Bhuni machchi* 140
*Bibimbap* 113, 116
Bockshornkleesamen 125
Bohnenpaste, gelbe 235
Bohnensprossen mit Frühlingszwiebeln 22
Booth, Shirley 86
Brasse, im Gewürzmantel gegrillte 140–141
Brokkoli, chinesischer 12, 234
Brot, indisches 144–145
*Chapati* 144
*Naan* 145
*Paratha* 146–147
Utensilien zum Brotbacken 144–145
*Bulgogi* 106
Burmesischer Gemüsesalat 198–199
Burmesisches Hähnchencurry mit Nudeln 229

California Roll 84–85
Cashewkerne 123
Kürbis mit Cashewkernen und Gomasio-Dressing 11
Chapati-Mehl 123
*Char siu* 56
Chef Chang 182
Chili-Rindfleisch aus Sichuan 30
Chilidip 206–207
Chiliflocken 68
Chinesischer Schnittlauch 50–51, 234
*Cho kanjang* 107
Chutney
Grünes Kokos-Chutney 170–171
Süßes Mangochutney 150–151
Tomatenchutney 150–151
Cobham, Daranee 193
Congee mit Garnelen und Frühlingszwiebeln 33
Curryblätter 122
Curry-Teigtaschen 272
Currygerichte
Burmesisches Hähnchencurry mit Nudeln 229
Fischcurry aus Kerala 162–163
Grünes Curry mit Fischklößchen 188–189
Hähnchencurry mit Zitronengras 190–191
Helles Gemüsecurry 154
Krabbencurry aus Sri Lanka 155
Kürbis-Schweinefleisch-Curry nach Nyonya-Art 252
Masaman-Lammcurry 192
*Opor ayam* 260
Scharf-saures Fischcurry mit Ananas 193
Wassermelonencurry mit Minze 159
Currypasten
für Goa-Fischcurry 129
für Grillhähnchen 129
für Hammelcurry 129
Gelbe (Thai) 186–187
Grüne (Thai) 186–187
Masamam 185
Penang 262
Rote (Thai) 186–187
Currytopf 136

Daikon 68
Daikon-Pickle 75
Daikon, eingelegter 71
Gedämpfter Schnapper mit Daikon-Fond 114
Dal 134–135
Dämpfbehälter 36–37
Dämpfen im Wok 25
Dashi 93
Davidson, Alan 218
Desserts
Frittierte Eiscreme 119
Grüntee-Eis 119
Kokosreis mit Mangos 231
Safran-Kardamom-*kulfi* 173
Dim Sum
Festliche Teigtäschchen mit Krebs- und Schweinefleischfüllung 56
*Guotie* Schanghai-Art mit Schweinefleischfüllung 49
Hefeklößchen mit würziger Schweinefleischfüllung 57
*Shao mai* mit Garnelenfüllung 52–53
*Shao mai* mit Jakobsmuschelfüllung 54–55
Teigtäschchen mit chinesischem Schnittlauch 50–51
Dips
Chilidip 206–207
Dip mit Garnelenpaste und Limettenblättern 206–207
Dip mit getrockneten Garnelen, Limettensaft und Basilikum 206–207
Erdnussdip 212
Sichuanpfeffer-Salz-Dip 58
Sojasauce-Essig-Dip 50
Doc Cheng 114
*Dou ban xian yu* 26
Dunlop, Fuchsia 26

*Edamame* (unreife Sojabohnen) 68
Eierspeisen
Gebratene Eier 268
Omelett, gerolltes 86–87
*Tamagoyaki* 86
Würziges *ni tamago* 274
Eiernudeln, chinesische 13
Eis
Frittierte Eiscreme 119
Grüntee-Eis 119
Safran-Kardamom-*kulfi* 173
Emi Kazuko 76, 84, 89, 90, 102
Enokitake 68
Erdnüsse
Erdnussdip 212
Erdnusssauce 240–241
Gebratene Trockenfische mit Erdnüssen 268

Festliche Teigtäschchen mit Krebs- und Schweinefleischfüllung 56
Feuertopf 101, 104–105, 250, 251
Fisch
Fischbällchen 235
Fischcurry aus Kerala 162–163
Fischkuchen 235
Fischwürfel in Kokoscreme 227
Gedämpfter Schnapper mit Daikon-Fond 114
Gegrillte Salzforelle 114
Gegrillter Thunfisch auf Maui-Zwiebel-Salat 103
Grünes Curry mit Fischklößchen 188–189
Im Gewürzmantel gegrillte Brasse 140–141
In Bananenblättern gedämpfte Fischküchlein 180–181
In Chilisauce geschmorter Fisch 26–27
In Tamarindenmark marinierte, frittierte Makrele 269
Kambodschanischer Fischsalat 196
Mit Knoblauch gebratene Kalmare 201
Nordvietnamesische Fischspieße 218
Scharf-saures Fischcurry mit Ananas 193
Würzig gefüllte Kalmare 222–223
*siehe auch* Sashimi, Sushi
Fisch, Schneidetechniken 73
Fischsauce 177
*Fried rice* 23
Frittieren im Wok 25
Frittierte Garnelenküchlein 219
Frittierte Reisnudeln nach Xiamen-Art 238
Frühlingsrollen mit Pilzen und Lauch 46–47

*Gado gado* 266–267
Galgant 176, 234
Garam Masala 128, 166
Garnelen
Congee mit Garnelen und Frühlingszwiebeln 33
Feuertopf 252
Frittierte Garnelenküchlein 219
Frittierte Reisnudeln nach Xiamen-Art 238
Garnelen im Knusperkörbchen 246–247

Garnelen-Tempura 96–97
Garnelenspieße auf Zitronengrasstängeln 215
Garnelensuppe 93
*Mee krob* 202–203
Gurke mit Sushifüllung 89
Mit Kokosgewürzpaste gebratene Garnelen 253
Oshi-Sushi mit Krebsfleisch und Garnelen 88
Scharf-saures Lo Mein mit Garnelen 64
Vietnamesische Sommerrollen 212–213
Garnelenpaste 177
235
Gebäck
Glücksküchlein 270
*Kueh-bolu* 275
Gebratener Reis in der Ananas 182
Gebratener Reis Yangzhou-Art 23
Gefäße, essbare 244–245
Geflügel
Bali-Hähnchen 257
Burmesisches Hähnchencurry mit Nudeln 229
Frittierte Reisnudeln nach Xiamen-Art 238–239
Gegrillte Stubenküken 242–243
Hähnchen in rotem Sambal 254–255
Hähnchen Madurai Masala 138–139
Hähnchencurry mit Zitronengras 190–191
Hähnchen-Tikka mit Safran 156–157
Hähnchen-Xacutti 142–143
Kambodschanische Reiskuppel 226
Knoblauch-Koriander-Hähnchen 216–217
Koriander-Ente Nyonya-Art 258–259
Laotische Hühnersuppe 225
Mit Reiswein und Pilzen gedämpftes Hähnchen 43
*Opor ayam* 260
Taubenbrüstchen auf Rote-Bete-Bratlingen 134
Würziges Hähnchenfleisch in Pandanblättern 184
*Yakitori* 102
Gemüse
Auberginen-Pickle 75, 152–153
Auberginensalat mit Sesam-Dressing 111
Auberginen-Tempura 97
Gefüllte und knusprig gebratene Auberginen 58–59
Bohnensprossen mit Frühlingszwiebeln 22
Burmesischer Gemüsesalat 198–199
Chinesische Pilze mit Bambussprossen 21
Dal 134–135
*Gado gado* 266–267
Gedämpftes grünes Gemüse mit Sesamsauce 107
Helles Gemüsecurry 154
Knusprige Reismehlcrêpes mit Sprossen und Pilzen 208–209
Kürbis mit Cashewkernen und Gomasio-Dressing 11
Laotische Pilzpfanne 204
Laotischer Gemüsesalat 228
Okra-Tempura 97
Pfannengerührter Wasserspinat 200
Stangensellerie mit Strohpilzen 22
Thoran mit Okras 132
Vierfache Harmonie Sichuan-Art 21
Wassermelonencurry mit Minze 159
Gemüsehobel 109
Geschirr
chinesisches 60–61
indisches 160
japanisches und koreanisches 112–113, 118
südostasiatisches 265
Geschmorter Schweinebauch in Fünf-Gewürze-Sauce 28
Gewürzdosen 127
Gewürzmischungen und -pasten
Garam Masala 128
Kokosgewürzpaste 253
Paste für Goa-Fischcurry 129
Paste für Grillhähnchen 129
Paste für Hammelcurry 129
Vindaloo-Paste 129
Xacutti Masala 128
Zubereitung 128, 129
Glasnudeln 13
Glücksküchlein 270
*Gobo* (Klettenwurzel) 68
*Gochujang* (koreanische Würzpaste) 71
*Goi cuon* 212
Goldener Reis 224
Gordon, Peter 110
Grillkörbe 214
Grüne-Papaya-Salat 196
Grünes Curry mit Fischklößchen 188–189
Grüntee-Eis 119
*Gulai* 252
Gulati, Roopa 133, 150, 156, 159, 162, 166, 168
*Guotie* Schanghai-Art mit Schweinefleischfüllung 49
Gurke mit Sushifüllung 89
Hackfleisch
Curry-Teigtaschen 272–27
Penang-Frühlingsrollen 23
Würzig gefüllte Kalmare 222–22
Zimt-Masala-Kofta 168–16
Hähnchen in rotem Sambal 254–255
Hähnchen Madurai Masala 138–139
Hähnchen-Xacutti 142–143
Hähnchen, mit Reiswein und Pilzen gedämpftes 43
Hähnchencurry mit Zitronengras 190–191
Hähnchenfleisch in Pandanblättern, würziges 184
Hammelfleisch Tung-Po 35
Hefeklößchen mit würziger Schweinefleischfüllung 57
Helles Gemüsecurry 154
*Hibachi* 101
Hijiki-Seetang 68
Hong Sai Choi 238
Hühnersuppe mit Pilzen 33
Hunan-Topf 32

*Idiyappam* 149
*Idli*-Topf 136
*Ikan bilis* 235
*Ikan goreng asam* 269
*Ikan teri* 235

Jackfrucht 122
Jakobsmuscheln mit Ingwer und Chili, gedämpfte 38–39
Jamswurzel 176, 245
Garnelen im Knusperkörbchen 246–247
*Jiaozi* 48, 49, 65
Joghurttopf 137

Kaffirlimettenblätter 176
Kalamansi-Limetten 234
Kalmare
Kalmare, mit Knoblauch gebraten 201
Würzig gefüllte Kalmare 222–22
Kalte Sesamnudeln 63
Kambodschanische Reiskuppel 226
*Karahi* 136
Kardamomkapseln 125
Käse, indischer 158
*Katsuo bushi* (Fischflocken) 69
*Khao swe* 229
Kichererbsen 123
Vadai 170
*Kimchi yang yeum* (koreanische Würzpaste) 71
Kime, Tom 210
Klebreis, im Lotosblatt gedämpfter 40–41
Klößchen im Bambusblatt 183
Knoblauch-Koriander-Hähnchen 216–217
Knusperkörbchen 245
Garnelen im Knusperkörbchen 246–247
Knusprige Reismehlcrêpes mit Sprossen und Pilzen 208–209
Kochbanane 122
Kochhar, Atul 140
Kochstäbchen 109
Kochutensilien
chinesische 16, 18–19, 32, 36–37, 44, 45
Dämpfbehälter 36–37
Grillkörbe 214
indische 136–137, 144, 148–149, 160–161
japanische 72–73, 92, 100, 108–109
Korbwaren 220
Küchenbeile 16–17, 72–73
Mörser und Stößel 108, 127, 185
Materialwahl 8–9
Speisebehälter, natürliche 178–179
südostasiatische 194–195, 220, 221, 236, 244, 250, 270
Sushi 78–79
Töpfe 32, 136–137, 250
Kohl
Vietnamesischer Krautsalat 197
Kokosmilch 177
Bali-Hähnchen 257
Burmesisches Hähnchencurry mit Nudeln 229
Fischwürfel in Kokoscreme 227
Gegrillte Stubenküken 242–243
Helles Gemüsecurry 154
Kokosreis 268
Kokosreis mit Mangos 231
Krabbencurry aus Sri Lanka 155
Masaman-Lammcurry 192
*Opor ayam* 260
Rindfleisch-Rendang 256
Satay-Spieße 240
Kokosraspel
Grünes Kokos-Chutney 170–171
Hähnchen-Xacutti 142
Mit Kokosgewürzpaste gebratene Garnelen 253
*Thoran* mit Okras 132
Kokosreibe 126
Kokosreis 268
Kokosreis mit Mangos 231
Kokosschalen 221
Kombu-Seetang 69
Körbchen, essbare 244, 245
Korbwaren 220
Koriander 125, 176

Knoblauch-Koriander-Hähnchen 216
Koriander-Ente Nyonya-Art 258–259
Krebsfleisch
California Roll 84–85
Krabbencurry aus Sri Lanka 155
*Mee krob* 202–203
Oshi-Sushi mit Krebsfleisch und Garnelen 88
Kreuzkümmelsamen 125
Küchenbeil
chinesisches 16–17
japanisches 72–73
*Kueh pai tee* 248–249
*Kueh-belandah*-Backeisen 271
*Kueh-bolu* 271, 275
*Kulfi*
*Kulfi*-Förmchen 148
Safran-Kardamom-*kulfi* 173
Kürbis 179
Kürbis mit Cashewkernen und Gomasio-Dressing 11
Kürbis-Schweinefleisch-Curry nach Nyonya-Art 252
Kurkuma 125

Lackware 112
Lammfleisch
Curry-Teigtaschen 272–273
Hammelfleisch Tung-Po 35
Lamm-Biryani 166–167
Lamm-Samosas 164–165
Lammfleisch mit Ingwer und Reiswein 29
Lammfleisch mit Mandelblättchen, würziges 133
Lammkoteletts in Penang-Sauce 262–263
Masaman-Lammcurry 192
Laotische Hühnersuppe 225
Laotische Pilzpfanne 204
Laotischer Gemüsesalat 228
*Lassi* 172
Limetten 176
*Lompang*-Backeisen 244
Lotosblätter 36–37
Im Lotosblatt gedämpfter Klebreis 40–41

Makrele, in Tamarindenmark marinierte, frittierte 269
*Man dou* 28
Mandeln
Würziges Lammfleisch mit Mandelblättchen 133
Mango 122
Süßes Mangochutney 150–151
Kokosreis mit Mangos 231
Masamam-Currypaste 185
Masaman-Lammcurry 192
Matcha 119
*Mee krob* 202–203
Messer, japanische 72–73
Ming Tsai 46
Mirin 71
*Miso shiru* 93
Miso-Paste 71
Udon-Nudelsuppe mit Bambussprossen und Enokitake 94
Mody, Mehernosh 145
Mondkuchen 270
Mörser und Stößel 127, 185
Suribachi 108
Mulijan, Rungsan 182
Mungbohnen
Rote Glücksküchlein 276–277
Mungbohnensprossen 12
Reismehlcrêpes mit Sprossen und Pilzen 208–209
Muscheln
Gedämpfte Jakobsmuscheln mit Ingwer und Chili 38–39
Muschelsuppe 93

*Naan* 145
*Nasi lemak* 268, 269
*Ni tamago,* würziges 274
Nigiri-Sushi 81, 82–83
Nordvietnamesische Fischspieße 218
Nori-Seetang 68
Norimaki-Sushi 80, 82–83
Nudeln
Burmesisches Hähnchencurry mit Nudeln 229
Eiernudeln, chinesische 13
Frittierte Reisnudeln nach Xiamen-Art 238–239
Glasnudeln 13
Kalte Sesamnudeln 63
Kalte Soba-Nudeln 95
Laotischer Gemüsesalat 228
*Mee krob* 202–203
*Pho bo* 210-211
Reisnudeln 13
Scharf-saures Lo Mein mit Garnelen 64–65
Soba 68
Udon 68
Udon-Nudelsuppe mit Bambussprossen und Enokitake 94
Vietnamesische Sommerrollen 212–213
Nudelschneider 45
*Nuoc cham* 208
Nüsse
Karamellisierte Walnüsse Peking-Art 31
Kürbis mit Cashewkernen und Gomasio-Dressing 110
Nyonya-Art
Kürbis-Schweinefleisch-Curry nach Nyonya-Art 252
Koriander-Ente Nyonya-Art 258–259
Okras 122
Okra-Tempura 97
*Thoran* mit Okras 132
Omelett, gerolltes 86–87
*Opor ayam* 260
Oshi-Sushi mit Krebsfleisch und Garnelen 88
Owen, Sri 256

Pak Choi 12
Pak Choi mit Ingwer und Austernsauce 20
*Palak paneer* 158
Palmzucker 177
Pandanblätter 179, 234, 236
Würziges Hähnchenfleisch in Pandanblättern 184
*Paneer* 123
Panjabi, Camellia 173
Papaya
Grüne-Papaya-Salat 196
*Paratha* 146–147
Penang-Frühlingsrollen 237
Perry, Neil 252
Pfannenrühren 20–21
Pfannengerührter Wasserspinat 200
Pfannengerührtes Rehfleisch mit schwarzem Pfeffer 230
*Pho bo* 210–211
Pickles
Auberginen-Pickle 75, 152–153
Daikon-Pickle 75
Japanische Pickles 75
Rüben-Pickle 75
Pilze
Chinesische Pilze mit Bambussprossen 21
Enokitake 68
Frühlingsrollen mit Pilzen und Lauch 46–47
Hühnersuppe mit Pilzen 33
Laotische Pilzpfanne 204
Mit Reiswein und Pilzen gedämpftes Hähnchen 43
Reismehlcrêpes mit Sprossen und Pilzen 208–209
Shiitake 68
Shimejitake 68
Stangensellerie mit Strohpilzen 22
Udon-Nudelsuppe mit Bambussprossen und Enokitake 94
Vietnamesische Sommerrollen 212–213
Würzig gefüllte Kalmare 222–223
Pressen 45, 148–149
*Rau ram* 234
Räuchern im Wok 25
Regenbogenrolle 90
Reiben 108, 109, 126, 127
Reisgerichte
Congee mit Garnelen und Frühlingszwiebeln 33
Gebratener Reis Yangzhou-Art 23
Gebratener Reis in der Ananas 182
Goldener Reis 224
Im Lotosblatt gedämpfter Klebreis 40–41
Kambodschanische Reiskuppel 226
Klößchen im Bambusblatt 183
Kokosreis 268
Kokosreis mit Mangos 231
Lamm-Biryani 166–167
Reis mit Klippfisch und Hähnchenfleisch 34
Reis, schwarzer 177, 235
Reiskocher 92
Reismehlcrêpes mit Sprossen und Pilzen 208–209
Reisnudeln 13, 177
Reispapierblätter 13, 177
Vietnamesische Sommerrollen 212–213
*Rendang* 256
Rindfleisch
*Bulgogi* 106
Chili-Rindfleisch aus Sichuan 30
Koreanischer Feuertopf 104–105
*Pho bo* 210–211
Rindfleisch mit Sesamsauce 20
Rindfleisch-Rendang 256
Satay-Spieße 240–241
Rippchen in schwarzer Bohnensauce 261
Rote Bete
Taubenbrüstchen auf Rote-Bete-Bratlingen 134
Rote Glücksküchlein 276–277
Rüben-Pickle 75

Safran 125
Hähnchen-Tikka mit Safran 156–157
Safran-Kardamom-*kulfi* 17
Salate
Auberginensalat mit Sesam-Dressing 111
Burmesischer Gemüsesalat 198–199
*Gado gado* 266–267
Gegrillter Thunfisch auf Maui-Zwiebel-Salat 103
Grüne-Papaya-Salat 196
Kambodschanischer Fischsalat 196
Laotischer Gemüsesalat 228
Salat mit Schwertfisch-Sashimi und Miso-Dressing 76–77

Tomatensalat 140
Vietnamesischer Krautsalat 197
Salzforelle, gegrillte 114
Sambal Oelek 235
Sambal
Hähnchen in rotem Sambal 254–255
Scharfes Chili-Sambal 268
Sambol
Tomaten-Sambol 152–153
Zwiebel-Sambol 152-153
Samosas
Lamm-Samosas 164–165
Sashimi 74
Satay Babi Goreng 264
Satay-Spieße 240–241
Saucen und Dressings
Chilidip 206
*Cho kanjang* 107
Dip mit Garnelenpaste und Limettenblättern 206
Dip mit getrockneten Garnelen, Limettensaft und Basilikum 206
Dressing mit zerstoßenem Sesam 111
Erdnussdip 212
Erdnussdressing 266
Erdnusssauce 240
Gomasio-Dressing 110
*Nuoc mam cham* 208
Miso-Dressing 76
Rotes Sambal 254
Sauce mit scharfer Bohnenpaste 26
Scharf-saure Sauce 64
Scharfes Chili-Sambal 268
Sesam-Dressing 63
Sojasauce-Essig-Dip 50
Tonkatsu-Sauce 98
Scharf-saures Lo Mein mit Garnelen 64–65
Scharfes Chili-Sambal 268
Schmoren im Wok 25
Schnapper, gedämpfter, mit Daikon-Fond 114
Schneidewerkzeuge, südostasiatische 194–195
Schweinefleisch
Festliche Teigtäschchen mit Krebs- und Schweinefleischfüllung 56
Geschmorter Schweinebauch in Fünf-Gewürze-Sauce 28
*Guotie* Schanghai-Art mit Schweinefleischfüllung 49
Hefeklößchen mit würziger Schweinefleischfüllung 57
Kalte Sesamnudeln 63
Kambodschanische Reiskuppel 226
Klößchen im Bambusblatt 183
Kürbis-Schweinefleisch-Curry nach Nyonya-Art 252
Penang-Frühlingsrollen 237
Rippchen in schwarzer Bohnensauce 261
Satay Babi Goreng 264
Schweinefleisch-Vindaloo 130–131
*Tonkatsu* 98–99
Würzig gefüllte Kalmare 222
Seetang
Hijiki 68
Kombu 69
Nori 69
Wakame 69
Sesam
Auberginensalat mit Sesam-Dressing 111
*Cho kanjang* (Sesamsauce) 107
Dressing mit zerstoßenem Sesam 111
Gedämpftes grünes Gemüse mit Sesamsauce 107
Kürbis mit Cashewkernen und Gomasio-Dressing 110
Rindfleisch mit Sesamsauce 205
Schwarzer Sesam 68
Weißer Sesam 68
Sesamnudeln, kalte 63
*Seviya*-Presse 148
*Shao mai*
*Shao mai* mit Garnelenfüllung 52–53
*Shao mai* mit Jakobsmuschelfüllung 54–55
Shichimi Togarashi (Gewürzmischung) 68
Shiitake 68
Vietnamesische Sommerrollen 212–213
Shimejitake 68
Shiso-Blätter 68
Shoyu 71
Simonds, Nina 64
Singh, Vivek 134
*Siu mai* siehe *shao mai*
Soba-Kästchen 113
Soba-Nudeln 68
Kalte Soba-Nudeln 95
*Som tam* 196
Spieler, Marlena 197
Sreedharan, Das 132
Srisawatt, Tym 262
Stäbchen 62
Sternanis 125
*String hoppers* 149
Suppen
Garnelensuppe 93
Gedämpfte Wintermelonensuppe 42
Hühnersuppe mit Pilzen 33
Laotische Hühnersuppe 225
Miso Shiru 93
Muschelsuppe 93
*Pho bo* 210–211
Udon-Nudelsuppe mit Bambussprossen und Enokitake
*Suribachi* 108
Sushi, Grundtechniken 80–81
California Roll 84–85
Gurke mit Sushifüllung 89
Nigiri-Sushi formen 81
Norimaki-Sushi 80, 82–83
Oshi-Sushi mit Krebsfleisch und Garnelen 88
Regenbogenrolle 90
Tazuna-Maki 90–91
Uramaki-Sushi 81
Werkzeug 78–79
Sushireis 69, 79

*Tamagoyaki* 86
Tan, Christopher 274
Tandoor 145
Tandoori-Spieß 161
*Tau kwa* 266
Taubenbrüstchen auf Rote-Bete-Bratlingen 134
*Tawa* 136
Tazuna-Maki 90–91
Techniken
Fisch schneiden 73
Küchenbeil 17
Pfannerühren 20
Sashimi schneiden 74
Stäbchen 62
Sushi formen 80–81
Teigtäschchen formen 48
Wok 24–25
Zerkleinern von Gewürzen 126–127
Teigtäschchen 48
Festliche Teigtäschchen mit Krebs- und Schweinefleischfüllung 56
*Guotie* Schanghai-Art mit Schweinefleischfüllung 49
*Jiaozi* 48
Teigtäschchen mit chinesischem Schnittlauch 50–51
*Shao mai* mit Garnelenfüllung 52–53
*Shao mai* mit Jakobsmuschelfüllung 54–55
*Tempeh* 235
Tempura
Auberginen-Tempura 96–97
Garnelen-Tempura 96–97
Okra-Tempura 96–97
Tempura-Topf 92
Teppanyaki-Grill 100
Thai-Auberginen 176
Thai-Mango 176
Thompson, David 188
Thoran mit Okras 132
Thunfisch, gegrillter, auf Maui-Zwiebel-Salat 103
*Tod man goong* 219
Todiwala, Cyrus 138
*Toei* 184
Tofu
frischer 71
frittierter 71, 235
süßer 117
Tofuportionierer 45
Tofuteigblätter
Penang-Frühlingsrollen 237
Tomaten-Sambol 152–153
Tomatenchutney 150–151
*Tonkatsu* 98–99
Trang, Corinne 208
Trockenfische 235
gebratene 268
Tulsi 176

Udon-Nudeln 68
Udon-Nudelsuppe mit Bambussprossen und Enokitake 94
*Ujigori* 119
*Umeboshi* (sauer eingelegte Ume-Früchte) 71
Uramaki-Sushi 81, 82–83

Vadai mit grünem Kokos-Chutney 170–171
Vadai-Presse 148
Vietnamesische Sommerrollen 212–213
Vietnamesischer Krautsalat 197
Vindaloo-Paste 129
Vogelaugen-Chilischoten 176

Wakame-Seetang 68
Walnüsse Peking-Art, karamellisierte 31
Wasserbadtopf 32
Wassermelonencurry mit Minze 159
Wasserspinat, pfannengerührter 200
Wild
Pfannengerührtes Rehfleisch mit schwarzem Pfeffer 230
Wintermelonensuppe, gedämpfte 42
Wok 18–19, 24–25
Würzig gefüllte Kalmare 222–223
Würzpasten
*Gochujang* (koreanische Würzpaste) 71
*Kimchi yang yeum* (koreanische Würzpaste) 71

Xacutti Masala 128, 142
Yakitori 102, 114
Yamaguchi, Roy 103

Zimt-Masala-Kofta 168–169
Zitronengras 176, 178, 234
Garnelenspieße auf Zitronengrasstängeln 215
Hähnchencurry mit Zitronengras 190–191
Zwiebel-Sambol 152–153

# Die Autoren

**Elizabeth Andoh** (S. 111) studierte an der University of Michigan, als ihr Professor ihr riet, sich um ein Postgraduierten-Stipendium in Japan zu bewerben. Damit nahm ihr Leben eine unerwartete Wendung: 1967 fand sie sich auf der Insel Shikoku wieder und studierte wenig später an der »Yanagihara Kinsaryu«-Schule für traditionelle japanische Küche in Tokio. Dort lebt sie bis heute mit ihrem japanischen Ehemann und betreibt eine eigene Kochschule. Daneben arbeitet sie seit über 30 Jahren als Korrespondentin für das renommierte Magazin *Gourmet* und hat Kochbücher wie *Washoku: Recipes from the Japanese Home Kitchen* verfasst.

**Yogesh Arora** (S. 158) arbeitete in verschiedenen Restaurants in Singapur und Neu-Delhi, bevor er 1996 am »Raffles Hotel« begann. Die exzellente indische Küche des Restaurants »Tiffin Room«, die zum Weltruhm des Hotels beiträgt, ist größtenteils sein Werk.

**Somkid Bhanubandh** (S. 230) leitet seit den 1980er-Jahren zwei Thai-Restaurants in Eastbourne, Südengland. Ihr Können hat sie von verschiedenen Altmeistern der königlichen Thai-Küche erworben, deren Festbankette der königlichen Familie und hohen Staatsgästen vorbehalten waren. Mit ihrem einzigartigen Stil, der das Beste der thailandischen Küche mit der europäischen Kochtradition und einer multikulturellen Präsentation zu verbinden weiß, hat sie sich eine große Fangemeinde erworben.

**Shirley Booth** (S. 86) lebte viele Jahre in Japan, studierte dort die Küche der Zen-Klöster und ist nicht von ungefähr eine Autorität in Sachen japanische Küche. Sie unterrichtet sowohl Europäer als auch Japaner in vegetarischer Zen-Kochkunst und hat mehrere Filme zum Thema gedreht. Ihr Buch *Food of Japan* wurde preisgekrönt.

**Chef Chang** (S. 182) heißt eigentlich Rungsan Mulijan, wird aber liebevoll Chef Chang genannt, denn *chang* bedeutet auf Thai »Elefant«, und Chef Chang ist seit 1985 die treibende Kraft des »Blue Elephant« in Brüssel, einem Restaurant, aus dem sich eine heute weltweit expandierende Kette entwickelt hat. Außerdem ist er der kulinarische Leiter des »Blue Elephant Cookery Institute« in Bangkok, das Schüler aus aller Welt anzieht.

**Doc Cheng** (S. 114) kam 1882 in Penang als verwöhnter Spross einer wohlhabenden Familie unter dem Namen Cheng Soon Wen zur Welt. Er studierte in Oxford Medizin und wurde Mitglied des renommierten britischen »Royal College of Suregeons«. Seine Freizeit verbrachte er damit, die kulinarischen Genüsse von Soho und Chelsea zu erkunden. Nach seiner Rückkehr nach Singapur eröffnete er seine Praxis nicht zufällig in der Nähe des berühmten »Raffles Hotels«. In dessen Restaurant verbrachte er schon bald mehr Zeit als in seinen Behandlungsräumen. Doc Cheng und seine kulinarische »Medizin« wurden zur Legende, auf die sich das gleichnamige Restaurant im »Raffles« bis heute beruft.

**Daranee Cobham** (S. 193) verbrachte 15 Jahre damit, die Thai-Küche bei einigen der bekanntesten Experten zu studieren, bevor sie ihr »Royal Thai Restaurant« in Monaco eröffnete. Ihre beeindruckenden Kenntnisse spiegeln sich in dessen Spitzenmenu mit königlich-thailändischen Gerichten wider.

**Alan Davidson** (S. 218) war nicht nur britischer Diplomat und Historiker, sondern auch ein renommierter Autor für kulinarische Themen. Berühmt sind sein enzyklopädisches Werk *Oxford Companion to Food* und das 1972 veröffentlichte Buch *Mediterranean Seafood*. Er war es auch, der die Küche von Laos mit zwei Büchern im Westen bekannt machte.

**Deh-ta Hsiung** (S. 35) wird weltweit als Autorität in Sachen chinesische Küche angesehen. Er wurde in Beijing geboren, bereiste ganz China und ließ sich schließlich in Guangzhou nieder, bevor er nach London übersiedelte. Dort unterrichtete er viele Jahre lang an der Kochschule von Kenneth Lo und schrieb zahlreiche Bücher, darunter *Die chinesische Küche. 200 Originalrezepte aus dem Reich der Mitte; China kulinarisch entdecken* und *Asiatische Küche*.

**Fuchsia Dunlop** (S. 26) ist als Autorin und Beraterin tätig. Die Britin hat die chinesische Küche jahrelang erforscht. Sie spricht fließend Mandarin und hat sich in den 1990er-Jahren in Chengdu am »Sichuan Institute of Higher Cuisine«, Chinas führender Kochakademie, ausbilden lassen. Neben ihren viel gelobten Büchern *Sichuan Cookery* und *Revolutionary Chinese Cookbook* hat Fuchsia Dunlop Beiträge für diverse Magazine verfasst und ist regelmäßig im britischen Fernsehen zu sehen.

**Emi Kazuko** (S. 76, 84, 89, 90, 102) ist eine führende japanische Kochbuchautorin und Journalistin, die in London lebt. Sie hat eine Vielzahl maßgeblicher Bücher zur japanischen Kochkunst geschrieben, darunter den *Kochkurs für Feinschmecker: Japan*, den Bestseller *Easy Sushi* und das Grundlagenwerk *Japanisch kochen*.

**Peter Gordon** (S. 110) ist Küchenchef und Teilhaber des Restaurants »The Providores and Tapa Room« in London und gilt als Pionier der Fusion-Küche in Europa. Zu seinen Kochbüchern zählen Titel wie *Salads: The New Main Course* und *Vegetables: The New Food Heroes*. In Großbritannien, den USA und seiner Heimat Neuseeland kennt man ihn überdies aus zahlreichen Fernsehsendungen.

**Roopa Gulati** (S. 133, 150, 156, 159, 162, 166, 168) lebte 18 Jahre lang in Indien, arbeitete als Beraterin für die Hotelgruppe »Taj« und trat als Fernsehköchin auf. Zu Hause in Großbritannien hat sie sich als Fernseh- und Radiojournalistin, Restaurantkritikerin und Autorin einen Namen gemacht.

**Hong Sai Choi** (S. 238) ist es zu verdanken, dass das Restaurant des »Furama Hotels« in Singapur zum Inbegriff einer exquisiten chinesischen Küche werden konnte. Er ist ein ausgewiesener Experte in der Zubereitung von Spezialitäten wie Abalonen und chinesischen Vogelnestern. Heute arbeitet er im »Huang Ting Restaurant« in Beijing, das als eine Bastion der feinen chinesischen Küche gilt.

**Tom Kime** (S. 210) arbeitete in Spitzenrestaurants wie dem Londoner »River Café« und dem »Darley Street Thai« in Sydney. In Letzterem erlernte der gebürtige Brite die hohe Kunst der königlichen Thai-Küche. Er hat mehrere Kochbücher verfasst und arbeitet regelmäßig für diverse Magazine und das Fernsehen. Im Dorling Kindersley Verlag erschienen *Sweet + spicy: Tom Kimes Aromaküche; Street food. Authentische Rezepte von Mexiko bis Thailand* sowie *Asia-Snacks. Kleine Köstlichkeiten von Persien bis Japan*.

**Atul Kochhar** (S. 140) serviert in seinem Londoner Restaurant »Benares« eine moderne britisch-indische Küche, die die hochwertigsten regionalen Zutaten mit meisterhafter indischer Würz- und Zubereitungstechnik verarbeitet. Dafür wurde er sogar mit einem Michelin-Stern ausgezeichnet. In Hampshire und Dublin betreibt er zwei weitere Restaurants. Seine Bücher *Fish, Indian Style* und *Simple Indian: The Fresh Tastes of India's New Cuisine* sind Bestseller. Auf Deutsch erschien bereits *Die neue indische Küche. Atul Kochhars preisgekrönte Rezepte.*

**Ming Tsai** (S. 46) ist der Inhaber und Küchenchef des preisgekrönten Restaurants »Blue Ginger« in Boston, das eine innovative west-östliche Küche pflegt, die ihre Wurzeln im chinesischen Erbe hat. Ming ließ sich in Frankreich, Japan und verschiedenen US-amerikanischen Spitzenrestaurants ausbilden. Er moderiert eine eigene Fernsehsendung namens *Simply Ming* und tritt als Fernsehkoch bei NBC auf. Außerdem hat er die Kochbücher *Blue Ginger: East Meets West Cooking* und *Ming's Master Recipes* veröffentlicht.

**Mehernosh Mody** (S. 145) zeichnet seit 1986 für das Angebot des renommierten Londoner Restaurants »La Porte des Indes« verantwortlich. Er stammt aus Mumbai und kombiniert diese kulinarischen Wurzeln mit einem ganz persönlichen, modernen Stil, der unter anderem von der französisch geprägten Küche Pondicherrys und anderer indischer Regionen inspiriert ist.

**Sri Owen** (S. 256) stammt aus Sumatra und kam 1964 nach Großbritannien. Sie kochte häufig für die Freunde ihres Mannes. Dabei wurde ein Literaturagent auf sie aufmerksam, und ihr erstes Kochbuch erschien. Heute ist Sri Owen eine feste Größe in der britischen Kulinarik-Szene und eine international bekannte Autorin und Lehrerin. Bücher wie *Die indonesische Küche: 110 Originalrezepte* oder *Die klassische asiatische Küche* sind längst Standardwerke.

**Camellia Panjabi** (S. 173) ist Direktorin der weltweit operierenden Restaurantkette »Masala«. Zur Gruppe gehören unter anderem das älteste indische Restaurant Großbritanniens, das »Veeraswamy«, das preisgekrönte »Amaya« und eine Reihe von »Masala Zone«-Lokalen in und um London.

**Neil Perry** (S. 252) gilt als Botschafter der asiatischen Küche in Australien. Er ist Mitinhaber und Küchenchef einer Reihe von hochgelobten Restaurants wie dem »Rockpool« und dem modernen chinesischen Restaurant »Spice Temple« in Sydney. Letzteres ist dafür bekannt, der traditionellen asiatischen und insbesondere chinesischen Küche vornehmen Glanz zu verleihen.

**Nina Simonds** (S. 64) reiste im Alter von 19 Jahren nach Taiwan, um unter der Leitung chinesischer Meisterköche das Handwerk zu lernen. Später sah sie sich Restaurants um, die auf die Regionalküchen von Jiangsu, Hunan und Kanton spezialisiert sind. Seit 28 Jahren unterrichtet sie an verschiedenen US-amerikanischen Kochschulen. Sie hat neun Bücher zur chinesischen Küche und Kultur veröffentlicht, darunter *Genuss pur: China* und *China kulinarisch entdecken.*

**Vivek Singh** (S. 134) hat eine steile Karriere als Koch hinter sich: Nach Abschluss der Kochschule begann er bei der Hotelkette »Oberoi«, wo er schon mit 26 Jahren Chefkoch des »Oberoi Rajvilas« in Jaipur wurde, dem Flaggschiff der First-Class-Hotelgruppe. Seit 2001 arbeitet er im Londoner »Cinnamon Club« daran, den europäischen Blick auf die indische Küche zu revolutionieren, indem er auf brilliante Weise indische Gewürze und Aromen mit westlichen Kochtechniken verbindet. Er hat eine Reihe von Kochbüchern geschrieben und an dem im Dorling Kindersley Verlag erschienen Band *Curry: Die 120 besten Rezepte von Indien bis Afrika* mitgewirkt.

**Marlena Spieler** (S. 197) hat bereits an über 50 Kochbüchern mitgewirkt und sich in ihrer amerikanischen Heimat einen Namen als kulinarische Europakorrespondentin beim *San Francisco Chronicle* gemacht. Für ihre Bücher und Kolumnen wurde sie vielfach ausgezeichnet.

**Das Sreedharan** (S. 132) stammt aus einem kleinen Dorf in Kerala, im Süden Indiens. Sein 1994 in London eröffnetes vegetarisches Restaurant »Rasa« erhielt sofort enormen Zuspruch. Inzwischen hat sich sein exzellenter Ruf auf sieben weitere Lokale ausgedehnt. Das Sreedharan war unter anderem in Jamie Olivers Sendung *The Naked Chef* zu sehen und hat diverse Kochbücher geschrieben. Im Dorling Kindersley Verlag erschien das Buch *Curry: Die 120 besten Rezepte von Indien bis Afrika*, an dem er mitgearbeitet hat.

**Tym Srisawatt** (S. 262) erlernte die thailändische Küche am berühmten »Wandee Culinary Institute« in Bangkok. In London eröffnete sie mit ihrem Mann das »Mantanah Thai Restaurant«, ein kleines, unscheinbares Lokal, das innerhalb weniger Jahre eine Reihe von Preisen einheimste, vor allem für ihre vegetarischen Gerichte. Heute arbeitet sie als Beraterin und engagiert sich im britischen Verband der Thai-Restaurants, der es sich zur Aufgabe gemacht hat, die thailändische Küche in Europa hochwertiger und authentischer zu machen.

**Christopher Tan** (S. 274) ist Autor, Berater, Food-Stylist und Fotograf und hat für zahlreiche Magazine und Zeitungen gearbeitet. An Orten wie dem »National Museum of Singapore« oder dem »Culinary Institute of America« hält er Vorträge zu kulinarischen Themen.

**David Thompson** (S. 188) begann seine Karriere als Koch, Restaurantchef und Kochbuchautor mit der Eröffnung seines Restaurants »Darley Street Thai« in Sydney, das unter die Top Ten der besten Thai-Restaurants der Welt gewählt wurde. Bis heute setzt er Maßstäbe für eine authentische königlich-thailändische Küche, inzwischen in seinem Londoner Restaurant »Nahm«, das sich als erstes Thai-Restaurant mit einem Michelin-Stern schmücken darf. Sein auch auf Deutsch erschienenes Buch *Thai Food* gilt als Standardwerk.

**Cyrus Todiwala** (S. 138) absolvierte seine Ausbildung in Indien und kam 1991 nach Europa, wo er einen bahnbrechenden Kochstil entwickelte, der traditionelle indische Techniken und Aromen mit ungewöhnlichen Zutaten kombiniert. Er ist Inhaber und Küchenchef der »Café Spice Namasté« in London. Sein innovativer, frischer Zugang zur indischen Küche und seine Verdienste um die britische Gastronomie brachten ihm sogar einen hohen britischen Orden ein.

**Corinne Trang** (S. 208) wurde von der *Washington Post* als »Julia Child der asiatischen Küche« bezeichnet. Die in New York lebende preisgekrönte Kochbuchautorin und Reiseschriftstellerin ist eine Spezialistin für asiatische Kochkunst und Kultur. Zu ihren Veröffentlichungen zählen Titel wie *The Asian Grill* oder *Noodles Every Day*. Auf Deutsch erschien *Kochen wie in Vietnam: Eine kulinarische Entdeckungsreise*.

**Roy Yamaguchi** (S. 103) hat das renommierte »Culinary Institute of America« in New York absolviert. Sein erstes eigenes Restaurant eröffnete der aus Tokio stammende amerikanische Fernsehkoch im Jahr 1988 in Honolulu. Heute umfasst die Kette »Roy's Restaurants« mehr als 30 Lokale auf Hawaii, in den USA, auf Guam und in Japan. Sie alle pflegen den von ihm entwickelten Fusion-Stil aus hawaiianischen, asiatischen und internationalen Elementen.

# Dank


## DANK DES AUTORS TERRY TAN

Da ich an Karma glaube, kann ich den verheißungsvollen Anruf der Literaturagentin Teresa Chris nicht unerwähnt lassen, die mich fragte, ob ich nicht jemanden kenne, der ein Buch über asiatische Kochutensilien schreiben könnte. Ich antwortete ihr, dass ich das selbst könne, und so kam der Kontakt zum Verlag von Jacqui Small zustande. Ihr gilt mein tiefster Dank für ihr Vertrauen und für das Engagement, mit der sie diese neue, erweiterte Ausgabe des Buches vorangetrieben hat.

Ich wäre aber sehr nachlässig, wüsste ich nicht auch all jenen zu danken, die die Erstausgabe dieses Buches mit auf den Weg gebracht haben. Allen voran meiner damaligen Lektorin Jenni Muir für ihre unerschöpfliche Geduld, ihre Hilfe beim Finden von Rezeptautoren und ihre bemerkenswerte Fähigkeit, aus meinem oft verworrenen Manuskript schlau zu werden. Ebenso geht mein Dank an Valerie Fong, Art-Director der ersten Ausgabe, für ihren unschätzbaren künstlerischen und kulturellen Input, ihre unermüdliche Energie und ihre Hilfe während der hektischen Wochen im Fotostudio. Ich stehe auch in der Schuld von Tym und Tony Yeoh, die mir dabei halfen, seltene indonesische Kochutensilien und Informationen über das kulinarische Erbe Thailands ausfindig zu machen. Ähnliches gilt für meine Verwandten, die ihre Küchen leer räumten und mir ihre Kochutensilien zur Verfügung stellten. Die inspirierende Zusammenarbeit mit den Fotografen Michael Paul und Nat Rea hat Bilder entstehen lassen, die den Charakter der Gerichte und der Utensilien zum Vorschein bringen.

Ganz wichtig ist es mir, meinen tief empfundenen Dank und meine Wertschätzung all jenen gegenüber zum Ausdruck zu bringen, die diese neue, »verjüngte« Ausgabe geprägt haben. Es kommt mir tatsächlich wie ein ganz neues Buch vor, mit mehr als doppelt so vielen Rezepten, mit zusätzlichen Tipps und Techniken und dem Augenmerk auf der großen Vielfalt, die die verschiedenen asiatischen Regionalküchen auszeichnet. Mein Dank geht daher an die Lektorin Siobhán O'Connor, die mir mit ihrer Begeisterung, ihrer Kreativität und ihrem kulinarischen Wissen geholfen hat, dieses Buch in seine neue und verbesserte Form zu bringen – ganz zu schweigen von ihrer Fähigkeit, mit dem geschriebenen Wort umzugehen und sich für Authentizität und Verständlichkeit gleichermaßen einzusetzen. Ihr ist es zu verdanken, dass das bereits Vorhandene verbessert und erweitert wurde und weitere Köche ihre Rezepte beisteuerten. Außerdem möchte ich Maggie Town danken, deren kreative Fähigkeiten als Art-Director nicht nur den neuen Look dieses Buches geprägt haben, sondern auch die schönen Bilder der hinzugekommenen Rezepte. Vielen Dank dem Food-Stylisten Sunil Vijayakar, ohne dessen versierte Hand und kulinarisches Auge die Gerichte niemals so verlockend aussähen, und an den Fotografen Sian Irvine, der all das so wunderbar mit seiner Kamera eingefangen hat.

Schließlich danke ich meinen Freunden und Kollegen bei der Restaurantkette »Blue Elephant« in Großbritannien für ihre Beiträge, ebenso den Köchen der Hotels »Raffles«, »Furama« und »Shangri-La« in Singapur und all den anderen Kollegen weltweit. Besonderen Dank auch an die Firmen Typhoon Europe Ltd. und Yoshikin, die uns ihre Produkte zur Verfügung gestellt haben.

## DANK DES VERLAGS

Wir danken Emi Kazuko und Roopa Gulati für die Unterstützung beim Fotografieren und bei der Beschaffung von Utensilien und Informationen zu ihren Spezialgebieten bei der Produktion der Erstausgabe. Wir danken auch für die Rezepte, die sie für diese Neuausgabe zur Verfügung gestellt haben. Betty Fong danken wir für die Unterstützung bei der Vorbereitung der Erstausgabe.

Schließlich möchten wir folgenden Rezeptautoren danken (und zwar in der Reihenfolge ihrer Rezepte): Fuchsia Dunlop (26), Deh-Ta Hsiung (35), Ming Tsai (46), Nina Simonds (64), Emi Kazuko (76, 84, 89, 90, 102), Shirley Booth (86), Roy Yamaguchi (103), Peter Gordon (110), Elizabeth Andoh (111), Doc Cheng's (114), Das Shreedaran (132), Roopa Gulati (133, 150, 156, 159, 162, 166, 168), Vivek Singh (134), Cyrus Todiwala (138), Atul Kochhar (140), Mehernosh Mody (145), Yogesh Arora (158), Camellia Panjabi (173), Chef Chang (182), David Thompson (188), Daranee Cobham (193), Marlena Spieler (197), Corinne Trang (208), Tom Kime (210), Alan Davidson (218), Somkid Bhanubandh (230), Hong Sai Choi (238), Neil Perry (252), Sri Owen (256), Tym Srisawatt (262), Chris Tan (274)